't VERWAERLOOSDE FORMOSA

Amsterdam, 1675

被遺誤的台灣

荷鄭台江決戰始末記

荷文原著 **C. E. S.** (荷蘭末代台灣長官揆一)

英 譯 **Rev. William Campbell** (甘為霖牧師)

漢 譯 **林 野 文**

導 讀 **許 雪 姬**

前衛出版
AVANGUARD

感 念

台灣經典寶庫6
《被遺誤的台灣》

本書由

棉品實業股份有限公司

董事長 洪 清 峰 先生

認養贊助出版

永誌感謝與讚美

前衛版《被遺誤的台灣》漢譯說明

本書最初的荷蘭原著 *'t Verwaerloosde Formosa*，在1675年於阿姆斯特丹出版，作者署名為C. E. S.，學界認定係荷蘭末任台灣長官揆一（Frederic Coyett）所著，C. E. S.就是指Coyett et Socii（揆一及其同僚）。本書有德、法、日、英、漢等語的譯本。英譯本現有三種：甘為霖牧師（Rev. William Campbell）編譯的 *Formosa under the Dutch*（London, 1903）的第三部分「中國人征服福爾摩沙」、日治時期台灣總督府荷蘭譯員Pierre Martin Lambach英譯的 *The Neglected Formosa*（未出版），以及Inez de Beauclair女士編的 *Neglected Formosa*（San Francisco, 1975）。漢譯本現有四種：以谷河梅人日譯本（據Lambach英譯本日譯）為底本的魏潤庵譯本（分載於《台灣通志館館刊》創刊、2、3號）、以甘為霖英譯本為底本的李辛華、李振華譯本（1955，現代國民基本知識叢書第三輯）、以Lambach英譯本為底本的周學普譯本（1956，收錄在《台灣經濟史三集》），以及以甘為霖英譯本為底本的廈門大學鄭成功歷史調查研究組譯本（1962年初版，1981年再版，收錄在《鄭成功收復台灣史料選編》，此譯本為節譯本）。

本書做為第五種漢譯本，係以甘為霖英譯本為底本。甘為霖譯本刪除了原書的兩處。第一，原書關於福爾摩沙及其住民的描述，因內容相當接近干治士牧師（Candidus）的報告，而這份報告已收錄在 *Formosa under the Dutch* 的第一部分，故甘為霖牧師省略未譯（有興趣的讀者請參考甘為霖英譯、李雄揮漢譯，《荷據下的福爾摩莎》（前衛，2003））。第二，原書關於中國人對島上荷蘭人所施暴行的補述，因 *Formosa under the Dutch* 的第二部分有若干相關記載，甘為霖牧師也省略未譯，但這部分頗重要，故本書根據A. Blusse van Oud Alblas先生的英譯（收錄在Inez de Beauclair女士編的英譯本，頁89-103）完整譯出，特向Inez de Beauclair女士及A. Blusse van Oud Alblas先生表達謝意。

本書在甘為霖譯本少數幾處不妥處，也附上Inez de Beauclair譯本或Pierre Martin Lambach譯本的漢譯，供讀者參照。本書漢譯過程中，參考了既有的漢譯本，特向這些前輩表達謝意。

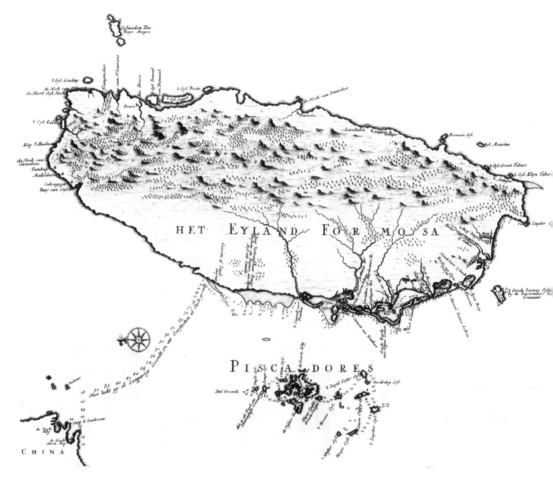

著名的福爾摩沙老地圖【引自《新舊東印度誌》】

導讀

許雪姬（中研院台史所研究員）

　　"*Neglected Formosa*" 一書，由 C.E.S. 所著，主要在說明荷蘭最後一任台灣長官 Frederick Coyett（揆一）❶ 如何面對與因應鄭成功進攻台灣的種種消息；而當鄭成功登陸鹿耳門，又如何在幾無援軍的情況下，奮力抵抗，最後和談，投降退出台灣的經過。全書無疑地是在為 Coyett 辯護，說明其並未失職，之所以會失去台灣，是因為不論 Zeelandia 城、Utrecht 堡、Provintia 城的防禦工事早有先天不足的問題，面對鄭成功的襲擊，即使要加強防禦工事，也已經是緩不濟急。其次，本書指出 Batavia 的領導階層，在 Nicolas Verburg（富爾堡）的唆弄下，不僅不能體會 Coyett 所面臨的困境，還一味指責 Coyett，對台灣的救援，也是緩其所急，急其所緩，即使前後派出 Jan van der Laan（范德蘭）、Jacob Caeuw（卡烏）也無濟於事。第三，以 Coyett 手下的兵力，實無法抵抗國姓爺所率領的 25,000 名兵力，何況這批軍隊，並不像傳聞的中國兵般衰弱，個個都是身經百戰的勇士。第四，鄭成功對待荷蘭人種種暴行，以及一個投誠的逃兵 Radis（羅狄斯），將荷蘭守軍的虛實透露給鄭軍，皆使荷人喪失了繼續作戰的信心。雖然鄭成功方面也曾面臨糧食短缺、人船逃亡等問題，但 Coyett 最後只能認清現實投降，方能保障荷蘭人身家財產，這是不得不的做法。

---

❶ Batavia 當局不滿 Coyett，因此 1661 年 6 月再派 Herman Clenk van Odesse 來台接任，他於 1661 年 7 月 30 日抵台。

本書（被遺誤的台灣），可說是當事人說明鄭成功和 Coyett（鄭方與荷方）自 1646 年起交手的經過，有關 1646-1662 年間這段歷史，雖有清代官員的奏摺文書，也有楊英的《從征實錄》記載，更有 Batavia、Zeelandia 留下的種種檔案，但都無損於本書由 Coyett 觀點來現身說法的價值。尤其為了徵信於後世，並為揆一辯誣，引用 35 件議事錄，如：長崎商館議事錄（第 1

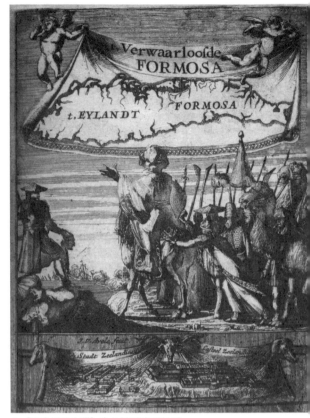

▲《被遺誤的台灣》荷文原版扉頁版圖

號）；Batavia 評議會致大員長官的信函（如第 2 號）；大員長官致 Batavia 評議會的信函（如第 4 號）；大員長官的決議錄（如第 5 號）；或 Zeelandia 城決議錄（如第 7 號）；摘自大員日誌（如第 11 號 C）的資料；還有漢人寫的信件（如第 12、13 號）……等等。第 36 號則是公證人的 Solicitor's Act 和兩萬五千荷盾的保證金。由這些引證的文件，讓讀者適時地瞭解大員長官（即台灣長官）面對的問題，以及其決策，對了解鄭、荷間的對峙有極高的史料價值。

　　《被遺誤的台灣》一書，最早在 1675 年，於荷蘭之阿姆斯特丹 (Amsterdam) 出版，作者 C.E.S. 據稱是揆一及其同僚，因距 1662 年荷蘭人退出台灣才十多年光景，故史料價值極高。幾個與此段史實有關的國家，莫不迻譯，以下筆者舉出截至目前為止的日、英、

中譯本，加以介紹。日治時期有兩個日文譯本及一個英文譯本，亦即日治期間，台灣總督府聘請荷人 Pierre Martin Lambach（朗白漢）所譯的英文版，但未出版。1930 年谷河梅人以上述英譯本譯成《閑却されたる台湾》，由台灣日日新報社出版，但非全譯，而是摘譯本；第二個日譯本是由平山勳所譯，採用 William Campbell（甘為霖）的英譯本直譯，收入《台灣社會經濟史全集》中。戰後，1988 年有生田滋教授根據荷蘭文原本加以譯註的《閑却されたるフォルモサ》，收在岩波書店的大航海時代叢書第 II 期，但刪掉許多附錄的證據資料。

英譯本除前述朗白漢之外，還有 Inez de Beauclair 所編之 "Neglected Formosa: a translation from the Dutch of Frederic Coyett's *'t Verwaerloosde Formosa*"，由 San Francisco 的 Chinese Materials Center 於 1975 年出版；另一個版本則是 William Campbell（甘為霖）所編譯的 "*Formosa Under the Dutch*" 一書的第三部分，他將之改稱為 Chinese conquest of Formosa（中國人征服台灣），且並非全本，而將 C.E.S. 原著中的第一卷有關台灣的略記 ❷，以及附錄：鄭成功的部下對荷蘭牧師所做的暴行刪除。

至於中譯本，最早是以谷河梅人日譯本為底本的魏潤庵譯本，分載於《台灣通志館館刊》（創刊、2、3 號）。其次是李辛陽、李振華聯手譯成，書名是《鄭成功復台外記》，此本是以甘為霖譯本為主，但將甘為霖刪除的第一卷，以朗白漢的英文譯本重譯補足，全書由中華出版事業委員會在 1955 年出版，這個版本也非僅僅在第

---

❷《台灣略記》，為荷蘭傳教士 Candidus 所著之 *Discourseen cort verhael van 't Eiland Formosa*（《台灣島的對話與簡短的故事》），這可能是 *Formosa Under the Dutch* 一書中已收 Candidus 的《台灣略記》，因此第三部分就不再將 *Neglected Formosa* 中的卷一譯出。

一卷用朗本，而是甘本與朗本「所敘事實間有出入者，即於行間詳加夾註，甘本或有細微刪節之處，亦會依朗本予以補充」。另一中譯本由周學普所譯，譯名爲《被遺誤的台灣》，本書以朗本爲英譯底本，收入台灣銀行經濟研究室所編，台灣文獻叢刊第 34 種《台灣經濟史三集》中，於 1956 年出版，比前書僅晚了一年。中國方面，在 1962 年出版（1981 年再版）以甘爲霖英譯本爲底本的廈門大學鄭成功歷史調查研究組譯本，收錄在《鄭成功收復台灣史料選編》之中，此譯本爲節譯本。

林野文 2011 年的譯本，是台灣在前述中文譯本後的 56 年，才又出現的新譯本，因此彌足珍貴。他以甘爲霖英譯本爲翻譯底本，以甘本原有的 Chinese conquest of Formosa，分成三部分，1. Preliminary Events（P.383 起），2. Arrival and victory of Koxinga（P.412 起），3. Authentic Proofs（P.459 起），加上甘本也一併刪除 C.E.S. 原本的卷末，有關鄭軍暴行的史料記敘。這部分，Inez de Beauclair 編的 "*Neglected Formosa*" 一書中，則有收錄，篇名爲 "Addition of some considerable facts touching the true cause of the Chinese cruelties and tyranny committed upon the Pastors, Schoolmasters, and the Netherlanders there"，因此，林本與 C.E.S. 原版相較，僅少了甘本未譯的，有關台灣風土民情的卷一部分。林本的內容包括，卷一中國人入侵台灣的歷史背景；卷二國姓爺的來襲、圍城與勝利；第三部分是若干重要事項補述：中國人對於福爾摩沙上的荷蘭牧師、教師及其他人員所爲的暴行紀實。

迻譯者面對史書（亦可稱史料），最大的困難在於書中的人名、官名、專有名詞的翻譯，如何精確地符合史實。其次是書中原譯敘述錯誤，如何忠於原書翻譯，又在註中加以糾正，這一點譯者也盡

量做到了，如第 1 號摘自 1646 年 11 月 11 日長崎商館議事錄，其中談到明朝皇帝和一官（鄭芝龍）已被逐出福州，譯者加註為「明朝皇帝被一官逐出福州」；又如介於第 2 號、第 3 號中的一段，談到國姓爺對中國情勢尚未絕望，計畫未到可執行的情況下，島上漢人的行動是太過倉促，並且對國姓爺計畫認知有誤。譯者即加註，此指郭懷一事件，以此來提供更清楚的資訊給讀者。第三，譯者發現語意不正確，在確認甘本所譯有誤之下，也參考了 Beauclair 的英譯本，予以修改，如頁 63 註 29。

　　不過譯者雖然盡力了，但仍有一些缺憾，就個人認為，如果要再譯 C.E.S. 的原書，應自荷文迻譯較佳，目前已出版的《熱蘭遮城日記》就是如此，而非如今日中文本的《巴達維亞城日記》是轉譯自日文版。然而，國內有能力自古荷文譯成中文的學者，不會超過十人，而這少數的學者並無法有充分的時間來迻譯，更可歎的是，我國一向不注重翻譯事業，翻譯成果並不併入「研究成果」中，試問有人願意從事這種吃力不討好的工作嗎？

　　導讀者一向不是研究荷治時期的歷史者，原本應該婉拒這項差事，但林文欽社長拿著本書的稿件到台史所來拜託，我乃不好意思拒絕。原本想請翁佳音副研究員協助，也因他說看了胃痛，乃不得不硬著頭皮讀下去，並將譯者認為有問題，用紅筆畫出幾十處地方，請我的助理蔡函縈、胡芷嫣、徐淑賢合作，一一做調整，我要特別謝謝他們。我認為這本書對一般讀者了解鄭、荷雙方攻防戰的歷史會有助益，但做為研究者，要研讀 C.E.S. 的書，最好看荷文本，否則直接看英譯本，我還是期望，有朝一日，學界能有人發願由荷文直譯為中文。

2011/09/04

漢譯者序

荷蘭人殖民台灣（福爾摩沙 Formosa）前後凡三十八年 (1624-1662)。歷任長官更迭頻繁，唯獨末代長官福雷德里克・揆一 (Frederic Coyett) 任期最久。他從 1656 年起受命為荷蘭殖民政府駐福爾摩沙的長官，一直到 1662 年福爾摩沙被中國國姓爺（即鄭成功）攻占，因而不得不撤離為止。他在受命長官之前，曾在 1648-1652 年任上席商務員兼副長官。也就是說，他長駐福爾摩沙多年，而且都身任要職，所以對當時福爾摩沙的政經措施、人文地理、涉外事務以及鄰邦的情勢，不但都廣泛瞭解，也都親自參與，並且身歷其境，那麼，就透徹認知福爾摩沙當時大環境和島內狀況而言，實在找不到任何人可以和他媲美。後來鄭成功為了逃避滿清軍隊的追擊，準備由中國轉進到福爾摩沙，以圖偏安，乃率大軍猛烈來犯。荷蘭殖民當局的總部卻因應遲鈍，而且錯誤百出，導致揆一長官也無能為力，只好屈辱投降，抱恨撤離福爾摩沙，他自己還因此被歸罪，受刑終身監禁在今印尼班達附近的一個叫 Ay 的小島上。後來因為親友和兒女們極力奔走，才獲准移囚到其荷蘭祖國的本土上，以迄於過世。吾人非常尊崇這位悲劇英雄，也肯定他在晚年所撰記的《被遺誤的台灣》(`'t Verwaerloosde Formosa`)，實為經典之作，深具歷史價值，值得世人研讀。幸好，有有志之士將其荷蘭文原作譯成英語，在歐美地區廣為發行。吾人亦不避淺陋，試再將其英文本譯成中文，以供在台灣的同好們品評，並能不吝教正。

台灣的歷史由於統治者一再變換，而這些統治者又全是異族強

權，有創作歷史及解釋歷史的權力和偏好。他們爲了延續對台灣的掌控，以利其永久從台灣掠取不公不義的政經暴利，就處心積慮的掩蔽，甚至廢棄台灣的史實，有時還加以杜撰，讓台灣人民史觀留白或認知錯亂，就人云亦云，盲目認祖歸宗，這等於不計眞實之自我，任由統治者黑白胡扯，這就是台灣史料一直付之闕如，或雜亂歪曲的由來。造成像吾人這種自認對歷史頗有興趣而的確略有涉獵的近似知識份子，都認爲那是空白枯燥、平淡無奇，也是無關緊要的一小部分歷史過程，或對台灣歷史一直懵懵懂懂。而對歷史不感興趣，或不屑研讀的各階層知識份子，對台灣歷史的一知半解，或錯誤認識，當然在所難免。至於普羅大眾，對台灣歷史的渾然不知，然後被導向邪惡的漩渦，讓許許多多台灣人糊裡糊塗的把自己的歷史，粗糙的和那些瞎掰出來的境外歷史片斷，「有」縫接軌，眞讓人心有戚戚焉呀！

　　《被遺誤的台灣》是寫實而完整的歷史紀錄，令人讀後不得不相信我們台灣先民其實有很多可歌可泣、曲折而精彩的故事，卻絲毫未被忠實的詳細或簡略記載或撰述。那麼，那些失落的寶貴史料，應是我等福爾摩沙遺民努力去挖掘、搜尋、擷取，然後加以整理、編輯、著書，以供當代及後代台灣人民正確而豐富的認知自己的歷史，進而砌成台灣情和台灣心的主要課題吧！

林野文

目次

卷一：中國人入侵台灣的歷史背景

卷二：國姓爺的來襲、圍城與勝利

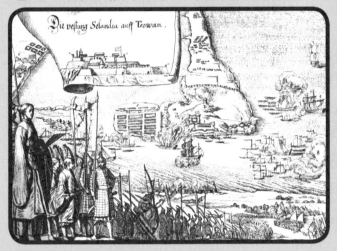

若干重要事項補述

中國人對於福爾摩沙上的荷蘭
牧師、教師及其他人員所為的
暴行紀實

[卷一]

中國人入侵台灣的歷史背景

1. 國姓爺的處境 ❶

　　凡是聽說過近來中國大動亂歷史的人，一定知道韃靼人
(Tartars, 即滿清) 如何以少數民族之輩，在短時間內征服龐大的明帝
國，對它施以永久屈辱性的占領。

　　當然，明朝臣民並非全都投降新政權，仍有或多或少的抵抗行
動。在反清行列中，有一個出身卑微、名叫一官 (I-quan, 即鄭芝龍)
的英雄人物，成為以明帝皇親為號召的反抗組織的都督。他的能力
和特質，讓他從沒沒無聞中脫穎而出。最初，他領著少數志同道合
的追隨者搭乘小船，入海為盜，然後勢力逐漸壯大，很快就擁有一
艘大船，並成為大批水手的首領。接著，他攻擊其他船隻，在短短
幾年間，成為一股足以威脅明帝國的勢力。明朝軍隊數度想征剿
他，卻都被他巧妙英勇地擊退。當時明朝皇帝還須應付許多棘手難
題，只好寬赦他的海盜行為，並封他為防海游擊(Admiral)。他有了
這個官職後，便順勢成功地發展，後來更晉升為驅逐韃虜的總兵
(General)。戰爭進行多年，甚至在明朝皇帝駕崩後，一官仍繼續抵
抗入侵者，但他最終發現自己的資源逐漸耗竭，不得不和韃靼人議
和。可是，韃靼人並不信任他，在 1630 年將他送到北京的大清朝
廷，處以終身監禁。❷

　　一官的兒子國姓爺 (Koxinga, 即鄭成功)，追隨父親的腳步，走上
了反清之路。極度痛恨韃靼人的國姓爺，收編四散各地的明朝遺

---

❶ 漢譯者按：全書所有小節皆為譯者自加，以方便讀者閱讀。
❷ 漢譯者按：此處時間有誤。鄭芝龍是在 1646 年降清，之後被移送北京，1661 年遭處斬。

民和軍隊，自任爲首領，形成一股強大的武力，在海陸兩路給予韃靼人迎面痛擊。他一方面冷不防地攻擊堅強的韃靼兵馬，讓他們遭受可恥的失敗，另一方面攻掠許多城鎮和村莊，完成顯赫不凡的功績，讓征服了數百萬中國人民的韃靼人警覺，他們必須用更大的工夫才能摧毀這號人物。頑抗的國姓爺，形同韃靼人征服全中國的唯一阻礙，因此韃靼人集中全力來攻擊他，讓他孤立一隅。無力回天的國姓爺，被迫轉向海洋發展。他在陸上的勢力逐漸被削弱，但海上的勢力卻日益強大：因爲韃靼人不諳航海，無

▲ 國姓爺鄭成功【引自《The Island of Formosa: Past and Present》】

心海上貿易，而且他們現已占領物產豐富的中國，不太需要外在世界的供應。上述的情勢發展，產生了兩大影響：其一，國姓爺由於擁有異常強大的海上力量，已足以和韃靼人抗衡多年；其二，鄰近的國家開始害怕國姓爺會攻上門來，此即諺語所說：「當鄰家牆壁失火時，你就會開始擔心。」(*tune tua res agitur paries cum proximus ardet.*) 他們恐懼國姓爺一旦被逐出中國，爲了生存，他可能會帶著黨羽攻襲過來，用韃靼人對付他的方法來對付他們，就像大魚吃小魚，小魚就吞食更小的魚，所謂「弱肉強食」的現象。

2. 東印度公司在福爾摩沙

荷蘭東印度公司 (The Netherlands East India Company, 以下簡稱「公司」) 擔心這個惡運會降臨在他們所統治的福爾摩沙之上，因為這個島嶼鄰近中國海岸，且土地遼闊、肥沃，很可能引起國姓爺的覬覦。❸

公司在占有福爾摩沙之前，先在澎湖 (Pekon, 或稱澎湖群島 Pescadores) 築一堡壘，謀求和中國通商。澎湖比福爾摩沙更接近中國大陸約 12 哩，因這個緣故，中國人覺得荷蘭人在澎湖設立通商據點很礙眼。於是中國官員勸誘荷蘭人撤離澎湖，移居福爾摩沙，條件是：允許公司可以無限制地與中國貿易，中國人也會攜帶各式

赤崁
台江內海
→大員
→熱蘭遮城
→北線尾
→鹿耳門

▲ 大員島四周

---

❸ 漢譯者按：在揆一的原書中，接下來是對福爾摩沙及其住民的描述，因為這些文字相當接近干治士牧師（Candidus）的報告，而這份報告已收錄在《荷據下的福爾摩莎》的第一部分，故甘為霖牧師省略未譯，有興趣的讀者請參考甘為霖（William Campbell）英譯、李雄揮漢譯，《荷據下的福爾摩莎》（台北：前衛出版社，2003）。

中國貨物和產品前往福爾摩沙。荷蘭人非常渴望能插足中國貿易，遂同意這個要求，並承諾不會干擾福爾摩沙上既有的漢人移民，讓他們的一切作息照舊，也准許新的中國移民前來定居、經商。結果，很多中國人迫於戰亂，渡海移居福爾摩沙，形成一處除婦孺外，約有兩萬五千名壯丁的殖民社區。這些壯丁大部分從事商業和農耕。就農耕來說，他們所生產的稻子和蔗糖，不僅足以供應全島所需，每年還能用船隻運到其他印度地區出售，我們荷蘭人就從中獲得不少利益。

公司選定福爾摩沙西岸外一塊貧瘠、名叫大員 (Tayouan, 即今之安平) ❹的小沙洲為根據地，其面積約一平方哩，四面環海，和福爾摩沙本島之間隔了一道海峽，海峽最寬處約兩倍大砲的射程。公司在大員沙洲上建築了一座石造堡壘或城堡，取名為熱蘭遮 (Zeelandia)。熱蘭遮城建在高起的沙堤上，是一座以磚塊砌成的方形堡壘，構造精細。城牆若干處厚達六呎，城翼厚四呎。城堡四周還圍繞一道三呎高、十八吋厚的防禦牆。所有角落都以沙土填實。

熱蘭遮城的大砲架設得過高，砲管只要稍微朝下，砲彈幾乎就會垂直射進地面。更糟糕的是，熱蘭遮城的所在位置很差，再加上外圍沒有護城壕溝 (不管是乾的還是有水的)、外牆、防禦柵或其他外部壁壘保護，因此它就跟鄉村的普通農家一樣，很容易接近。後

---

❹甘為霖註：大員（Tayouan），有時亦拼作台窩灣（Taoan）或台灣（Taiwan）。必須謹記在心的是，這是對 280 年前座落在台灣西南沿岸的一座小島或長沙洲的稱呼；由於泥沙淤積，該島已經跟台灣本島連為一體，現在稱作安平（Anping）。1624 年荷蘭人被迫遷離澎湖時，他們就是選擇在大員建立總部，之後也在其上建造熱蘭遮城，做為他們的主要堡壘，以及荷蘭長官的住所。在熱蘭遮城以北的沙質平原上，居住著很多土著、漢人和荷蘭人，他們在此從事貿易，供應殖民地所需。隨著居民及建築的擴增，這一地區開始被稱作熱蘭遮市鎮。

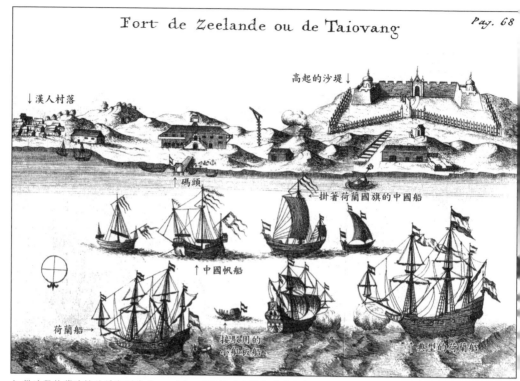

Fort de Zeelande ou de Taiovang

Pay. 68

↓漢人村落

高起的沙堤↓

↑碼頭

←掛著荷蘭國旗的中國船

↑中國帆船

荷蘭船→

↓接駁用的
小舢板船

↑典型的荷蘭船

▲ 從這張熱蘭遮城的早期圖像（1629年），可清楚看出該城建在高起的沙堤上【引自《聯合東印度公司的成立與發展》】

來，城堡增建了幾座稜堡，並圍起一道城牆，上頭還設有柵欄，但整體的防禦功能卻毫無增強，因為熱蘭遮城的大砲無法掩護這些增設的稜堡，它們本身也無法自衛。除此之外，由於居民大量增加，公司還得維持更多的守軍。

　　城堡內鑿掘了一兩口水井，但井水是鹹的，又不衛生，所以飲用水通常要用船從鄰近的福爾摩沙本島運來。

　　早期在福爾摩沙，荷蘭人只需對少數赤身裸體的原住民和一些沒有武裝的漢人農民稍加警戒，所以當時的建堡者顯然只考慮船隻裝卸貨物是否便利，很少考慮地理位置的優劣。如上所述，目前這個位置完全不適合設防築城。福爾摩沙的面積夠大，更佳的建堡地

點多得是，他們應該可以做得更好才對。當時的工作人員想必缺乏築堡方面的知識，因為熱蘭遮城不僅所在方位極差，且建築上有很多瑕疵，又缺乏防禦功能。我實在無法想像，他們為何要選用如此不適宜的地點，因為有很多更優越的地點可以選擇；我也無法想像，他們為何不把這個城堡建得更具防禦功能，因為這些都是不需增加支出便可辦到的事。

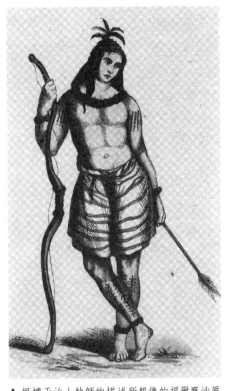

▲ 根據干治士牧師的描述所想像的福爾摩沙原住民【引自《製作福爾摩沙》】

不過，我們只能遷就布料來裁製衣服，也就是說，這裡經常缺乏優秀的工程師，地方官員也時常昏庸無能，所以他們有時會盲目地執行各項工程，帶給上級龐大且不必要的浪費，造成無可補救的損失。對此，荷蘭母國的董事們 (Directors) ❺ 難辭其咎，因為他們在用人擇才時，並不重視應徵者的才能，反而看重應徵者與公司官員的人事關係。足以顯示官吏之無能及蠢動妄

---

❺ 漢譯者按：聯合東印度公司的十七人董事會是東印度總督及評議會的上司，負責任命總督、頒授指令；東印度總督及評議會則是台灣長官及評議會的上司，負責任命長官、頒授指令。參見鄭維中，《荷蘭時代的台灣社會：自然法的難題與文明化的歷程》（台北：前衛出版社，2004），頁 427。

▲ 想像的原住民公廨。原住民以豬、米及酒來祭神。兩位尪姨陷入催眠狀態，正在屋頂上祈禱唱歌。牆壁上掛著動物頭顱。【原書附圖】

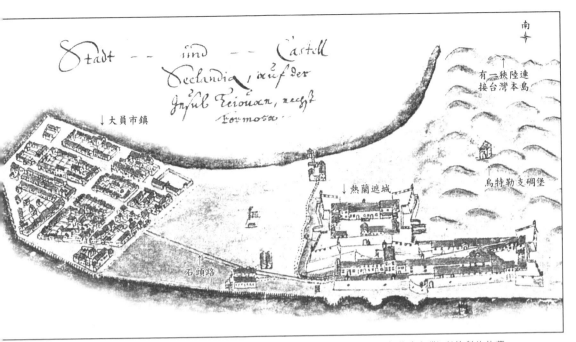

南

↓大員市鎮

有一狹陸連
接台灣本島

烏特勒支碉堡

↓熱蘭遮城

石頭路

▲ 一位受雇於東印度公司的德國士兵（Carspar Schmalkaden, 1648-1650年待在台灣）所繪製的熱蘭
遮城與大員市鎮【引自《東西印度驚奇旅行記》】

進的例子，不勝枚舉，但現在只需舉例前述的外部工事即可。這一
工事其實還有另一缺陷，那就是在一個手槍射程之外，有一座較
高的沙丘，能夠直接威脅到它。他們爲了彌補這個缺失，又在那
座小丘上建了第三座昂貴的石造要塞，稱作烏特勒支碉堡 (Rondunit
Utrecht)，並在裡面安置了一門大砲和許多士兵。事實上，根本不
需要建造這座要塞，或乾脆把整座沙丘剷平也可以，因爲一旦烏特
勒支碉堡淪陷，周圍的城牆和整個熱蘭遮城都要隨之失守，我們稍
後就會看到這種情況發生。烏特勒支碉堡四周有幾座相同高度或更
高的沙丘，他們爲什麼沒有如法炮製，在上頭修築更多的防禦工事
呢？看來他們只是沒有想到罷了，因爲他們似乎認爲公司很富有，
能輕易負擔這些支出。

　　失策一個接著一個出現，讓公司董事們在派遣員工時變得更加

審慎明辨，當有誠實能幹的人前來應徵時，他們不再輕率地加以排斥，甚至設法增加這類員工的人數。

城堡廣場之東，逐漸有些漢人移民集結定居，形成一個四周沒有圍牆的市區 (Quartier)，或稱熱蘭遮市鎮 (City of Zeelandia)。熱蘭遮市鎮的其他三面，被福爾摩沙本島和大員之間的內海所圍繞，小船容易進出靠泊。

3. 國姓爺覬覦福爾摩沙的各種徵兆

國姓爺在中國遭逢不利，便開始窺伺福爾摩沙。他無法長期隱藏這個意圖，因為外界在數年前就已察覺到此事。1646 年，公司首次從日本方面獲悉這個消息，此事記載於同年 11 月日本長崎 (Nangasaky) 商館所起草的決議。(請閱「可靠證據」第 1 號)

荷蘭董事們擔心中國人會攻打福爾摩沙，因此在 1650 年的十七人董事會 (Committee of Seventeen) ❻ 上決議：即使在和平時期，熱蘭遮城的守軍也不得少於一千兩百名。1652 年，某位搭乘我方艦隊要從中國返回荷蘭的耶穌會 (Jesuit) 神父，當他中途抵達巴達維亞 (Batavia, 即今雅加達) 時，私下警告公司說：國姓爺在中國戰況失利的情況下，已將眼光投向福爾摩沙，甚至開始煽動當地的漢人移民反抗荷蘭人。(請閱「可靠證據」第 2 號)

---

❻ 甘為霖註：十七人董事會在阿姆斯特丹開會，對荷蘭東印度公司的諸項事務擁有最高的決策權。所有殖民地的評議會，包括巴達維亞評議會在內，都要向它報告，並全盤接受它的決定，宛如聽取最高法院的裁決那般。它通常被簡稱為「十七人」(The xvii)。

摘自1646年11月11日長崎商館議事錄

昨天有一艘發自福州 (Hokchiu) 的中國帆船抵達此地，上頭有數名僕役和一批已半數毀壞的砂糖。我們透過通譯得知，韃靼人在中國境內和明朝軍隊作戰，連戰皆捷，占盡優勢；明朝皇帝和一官已被逐出福州 ❼，前者逃到了泉州 (Chinchew)，後來這兩座城市都被燒毀，引起其他地區極大的恐慌和悲慟。我們也得知，有人指引這些不願屈服的中國逃亡者留意大員要塞，因為他們或許能在那裡建立堅強的據點。雖然對中國逃亡者來說，福爾摩沙是理想的退守和安身之地，但吾人盼望並相信全能的上帝會阻止這種情況產生，否則大員將陷入糧食、家畜和農產品遭掠奪殆盡的險境。因此，有必要考慮一下，是否要為大員開發新的市場，或是放任事態自行發展即可。

　　這個警告被 1652 年發生的事件所證實。❽當時，島上的漢人移民自認被荷蘭人欺壓太甚，極思解放；於是他們在國姓爺的鼓勵下，懷著可以獲得國姓爺支援的期待，鋌而走險，挺身反抗荷蘭

❼ 漢譯者按：此句甘爲霖原譯作：「明朝皇帝被一官逐出福州」，與史實不符，故修改之。
❽ 漢譯者按：即郭懷一事件。郭懷一（?-1652），泉州同安人，在荷蘭統治時代移居今台南市永康區一帶，爲當地頭人。1650 年前後，由於蔗糖業不振，加上荷蘭人課稅蠻橫，終於引起漢人不滿，郭懷一遂密謀起事。但事洩，郭懷一爲其結拜兄弟所密告，不得不於 1652 年 9 月 7 日率眾攻打普羅民遮城。當日，郭懷一戰死，餘眾往南退逃至高雄湖汪（後紅），漢人此役被誅殺者，在數千人。或言郭懷一是鄭成功部將，但並無當時的中、荷文獻可資佐證。請參見許雪姬（總策劃），《台灣歷史辭典》（台北：行政院文化建設委員會，2004），頁 821。

摘自1652年7月25日巴達維亞評議會致
大員長官富爾堡 (Nicolaes Verburg) 的信函

前述的耶穌會神父 (Pater Jesuyt) 來告，目前中
國紛紛謠傳，一官之子國姓 (Koxin) 被韃靼人逼得
很緊，已無法在中國立足容身，只好率領強大武力到海上當起海
盜，並將眼光瞄準福爾摩沙，打算在那裡安頓下來。我們相信上
帝會阻止此事發生，但最好還是告知閣下這些消息，讓閣下繼續
籌備防衛事宜，並持續保持警戒。

人。他們大多是農民，只有少數人擁有武器，大部分人只有木棍和
竹篙。因此，在忠誠的原住民盟友協助下，這場動亂很快就被荷蘭
人鎮壓下來。荷蘭人射殺了少數叛亂者，便輕易擊潰那些沒受過作
戰訓練的叛亂群眾，迅速撲滅此一反抗火焰。事實上，在國姓爺對
中國情勢尚未絕望、征台計畫未到可執行的情況下，島上漢人的行
動是太過倉促，並對國姓爺的計畫認知有誤。這個事件讓公司進一
步訓令福爾摩沙長官，必須嚴密監視國姓爺的一舉一動，因為他涉
嫌鼓動島上的漢人移民叛亂，想趁機占領福爾摩沙。(請閱「可靠證
據」第 3 號)

　　福爾摩沙長官富爾堡 (Verburg) 在 1654 年 3 月發給巴達維亞評
議會的信函中，認為這是一場很嚴重的叛亂，他說：「我的毛髮
悚然，不斷擔憂國姓爺染指福爾摩沙的野心。」(詳情請見「可靠證
據」第 4 號) 一群缺乏武裝的農民所發起的微弱反叛，竟讓富爾堡嚇

摘自1653年5月26日巴達維亞評議會致富爾堡長官的信函

我們接到閣下寄來的第一封信，得知漢人企圖顛覆福爾摩沙的荷蘭當局（即漢人在1652年的叛亂），深感驚駭，並頗感焦慮。所幸這場叛亂已被察覺，並加以鎮壓撲滅。為此，我們要永遠讚美上帝之名。

同時，我們也或多或少地懷疑，那些刁民若不是受到某些有力人士（可能是中國的國姓爺）的支持或煽惑，應該不至於起而謀反，但迄今尚未有明確的證據可以證明此種猜測。公司相當幸運，因為福爾摩沙的漢人領袖非但沒有參與謀叛，甚至還告發他們同胞的陰謀，而且當地的原住民仍對我們非常忠誠，英勇地消滅了這些叛亂份子。閣下賞給每位漢人首領一匹布（cangan）或一塊 nietquaina，做得很對。但我們仍不可太信任漢人或原住民。不能太信任原住民的原因，是因為他們和漢人有更多的往來接觸，漢人也經常抹黑我們荷蘭當局，所以這些原住民很容易受到挑撥，起身反抗我們。假設這種情況不幸發生了，而漢人也得到充分的火力供應，我們就極有可能被逐出福爾摩沙，遭圍困在大員沙洲。這樣一來，公司就會遭受難以言喻的損害，因為要重新奪回這些領域，勢必得克服諸多困難和支出龐大費用才行。無論如何，絕不可讓漢人擁有槍械或其他武器，必須嚴格管制這類器物的輸入，以免再次爆發反叛我們的陰謀。

我們依然相當憂慮國姓爺來犯。根據從三桅船乳牛號（de Koe）救出的荷蘭同胞及漢人所提供的情報，國姓爺已數度遭韃靼人擊敗。無疑地，他終究會被迫撤離廈門（Aymuy），率領部眾轉進到更安全的地方，這個地方可能就是福爾摩沙，因為他和我們一樣，

瞭解該島擁有肥沃的土地及其他優點。

　　但上述乳牛號的船員也告訴我們，國姓爺並沒有受到部屬的熱烈愛戴，因為他的統治手段太過嚴厲，也無法提供必要的維生物資，所以部屬紛紛棄他而去。因此，我們希望當國姓爺被迫逃離中國時，身邊只剩下少數的追隨者。我們還聽說有很多人投靠韃靼人，因為投靠者不僅得到寬赦，還獲准保有全部財產，並獲得比在國姓爺底下更為優渥的待遇。然而，我們有充分理由相信，此刻要比以往更加警戒，切不可掉以輕心，必須小心翼翼地注視一切情事，因為我們要以少數兵力來防衛這塊龐大地區，讓它免於外敵入侵，絕對需要異於尋常的智慧和勇氣。

得驚魂不定，他的憂慮程度顯然與實際的危險不相稱。然而，當富爾堡在巴達維亞的東印度評議會獲得一個席位後，他對待福爾摩沙長官揆一 (Coyett) 的方式，就與此刻所展現的憂懼心情大相逕庭了。心懷惡意憤恨的富爾堡❾，在東印度評議會裡駁斥揆一屢次提出的國姓爺及其野心的忠實警告，企圖讓巴達維亞的總督和評議員們，對他的繼任者 (指福爾摩沙長官一職) 產生惡劣印象。富爾堡設法讓這些高官們相信，根本無須擔心戰爭，一切全係肇因於揆一的膽小懦弱。1661 年 6 月 21 日，東印度評議會在富爾堡的建議下，發給揆一一封信，用諷刺揆一膽識的語氣寫道：「閣下尊貴的前任者

---

❾ 漢譯者按：富爾堡擔任台灣長官期間，除了爆發郭懷一事件外，他還與島上的宗教系統發生衝突。當時身為行政官僚的揆一，站在教會的立場，因而與富爾堡結下仇恨。請參見許雪姬（總策劃），《台灣歷史辭典》，頁 877。

摘自1654年3月10日富爾堡長官呈巴達維亞評議會的信函

要有效治理一個地區，使之免於災難，比征服一個地區並採取高壓統治，需要更多的知識和智慧，這是一項不變的道理。因此，被委以此項重任者，必須時刻提防內外的一切敵意陰謀，以避免突遭攻擊而陷入混亂和無助。尤其做為福爾摩沙的長官，更須夙夜匪懈地保持警戒，不能有絲毫的倦怠及輕忽。

對於這些艱難困苦，我個人擁有豐富的體驗，每思及此，常令我焦慮到毛髮悚然。福爾摩沙面臨這麼多的災難和危險，我能夠不擔憂嗎？如果我們檢視該地內部，就會發現很多半野蠻的原住民，他們因愚昧無知而臣服於我們，但他們一旦獲得更多知識，可能就不會像現在這麼乖順安份。他們能夠出動十萬名的戰士，我們的軍力能夠和他們相提並論嗎？除此之外，島上還聚居著各形各色的漢人移民，他們不斷從各方面窺伺偵查這片土地，能夠輕易地籌劃陰謀，1652 年 9 月 10 日漢人所發起的那場既突然又危險的叛變，就足以為證。

同樣地，我們也必須關注外來的威脅。福爾摩沙座落在中、日兩大強國之間，兩國皇帝可能會垂涎忌妒我們在福爾摩沙的統治。我們也無法防止這兩國內部出現有力人士，因反叛合法君主而被迫轉進福爾摩沙的情況。事實上，不久前就盛傳，長期和韃靼人交戰的中國大臣、一官之子國姓爺，一旦被逐出中國，就打算率領部眾強占福爾摩沙，在這裡建立自己的王國。

從未畏懼眼前的危難，總是面無懼色地堅守崗位，閣下應效法此範例，不該讓自己被嚇得驚惶失措。」然而，如果此君在 1652 年因一群手無寸鐵的農民的威脅就嚇得毛髮悚立，那麼在 1661 年，他若依舊是福爾摩沙長官，面臨國姓爺前來攻擊福爾摩沙的局面（國姓爺一方面得到更多這類農民的支援，另一方面又率領兩萬五千名武器精良、訓練有素、勇敢善戰的士兵），他會嚇成什麼模樣呢？很顯然的，他不只會嚇得毛髮直立，應該是整個人魂飛魄散吧！

此事顯露了人們如何嚴以律人，寬以待己；也顯示出董事們不夠用心，沒有讓東印度公司免於職員之間的不睦、猜忌之害。如果有人問我解決這類事情的意見，我會說，總督和主要評議員們應在員工們，尤其是高級幹部們，一發生相互爭執時，立刻召集相關人員，傾聽他們的爭論之處，如果可能的話，便加以調解；或是要求他們在二十四小時內自行達成友好協議。如果上述兩項方案都失敗，就把相關爭論者全部免職，命令他們搭乘最早的船班返回荷蘭；回到荷蘭後，隨便他們要爭執多久都行，反正已不會損及公司的利益。如果有幾個案例能應用這種方式來解決，我敢保證，人的自利心就會自動把東印度公司內部所有的爭執不睦清除殆盡。

然而，此事與我無關。我不是公司員工，沒有領公司薪水，只不過提一下自己認為可行的忠告，好放下內心重擔，以免被壓得喘不過氣。

雖然福爾摩沙的漢人叛亂很快就被敉平，秩序也恢復如往常，可是荷蘭人仍擔心漢人會再度謀叛，而且規模還會更大、更成功。為了更有效管制漢人殖民區和一些不安分的居民，荷蘭人於 1653 年在福爾摩沙本島建築了一座新城堡，取名為普羅民遮城

(Fort Provintia, 即現在的赤嵌樓) ⑩，它座落在赤崁 (Sakam) ，與大員和熱蘭遮城隔海對望。此城堡也由磚塊砌成，有四個城角，建得有些簡陋。

普羅民遮城若有充足的駐軍，無疑能夠鎮壓任何農民和原住民的突襲，但若是要經受圍城、抵抗砲擊，它無疑過於脆弱、簡陋；因此，敵人發起第一次進攻時，它就會立即投降，如我們稍後將看到

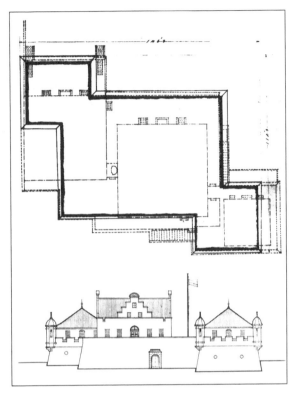

▲ 普羅民遮城平面及正面圖【引自《續台灣文化史說》】

的那樣。所以，我認為這座城堡是我們所犯的另一個大錯，它應該在一開始就建得更加堅固，尤其這樣做並不會增加太多的費用。

1654-55 年期間，甚少商船從中國航向福爾摩沙，卻有甚多國

⑩ 甘為霖註：荷蘭人在大員小島建築熱蘭遮城之後，為加強陣地起見，又在大員正東約兩哩的赤崁（位在福爾摩沙本島）築起普羅民遮城。台南市西門之內仍可見普羅民遮城的遺跡。當我在 32 年前初抵福爾摩沙時（即 1871 年），普羅民遮城比現在顯著得多，但幾年後，中國人移除了部分殘壁，並在其原址上興建了海神廟。另，尼布達號（Nerbudda）及安妮號（Ann）的 197 名生還者，當他們於 1842 年在台灣府北門外被處決之前，其中若干人就是被監禁在普羅民遮城內。

▲ 赤嵌樓的前身就是普羅民遮城，圖為赤嵌樓的文昌閣（左後）與海神廟（右）【引自《台灣的行政區變遷》】

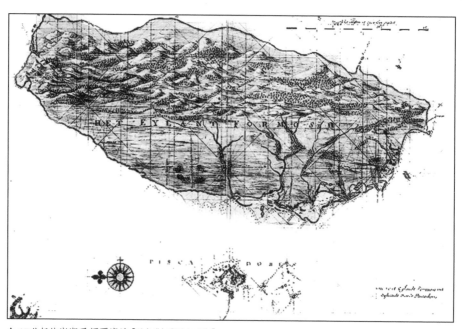

▲ 17世紀的澎湖及福爾摩沙【引自《台灣的誕生》】

姓爺將有不軌企圖的傳言，引起時任福爾摩沙長官的凱撒 (Caesar)
的警戒。他派了一條小船到澎湖，探查國姓爺的一切動靜 (請閱「可
靠證據」第 5 號)。關於國姓爺即將侵台的傳言甚囂塵上，一天比一
天盛行，凱撒長官擔心會遭受圍城，便在熱蘭遮城內囤積了十個月
份量的柴火，並用木條來加強城角和周圍的壁壘。他也知道大員的
駐軍太少，根本無法抵擋國姓爺的登陸，因此向巴達維亞總部請求
增派軍隊 (請閱「可靠證據」第 6 號)。

可靠證據
第 5 號

摘自1655年3月6日大員長官凱撒 (Caesar) 的決議錄

我們感到非常詫異，因為已經很久沒有見到
任何帆船從中國沿岸開來了。關於此一不尋常事
態的來龍去脈，我們曾積極地探詢漢人長老 (Chinese Cabessas) 和
當地商人。根據他們的說法，那是因為中國大官國姓爺和韃靼人
之間又爆發了戰爭，所有中國船隻都被國姓爺扣為軍用，因此無
法從事貿易。這個說法似乎有些道理，但我們還是不能忘記先前
經常流傳的謠言：這個中國大官有朝一日會攻打我們美麗的寶
島。這些謠言的確值得關注，因為它們不僅在大員流傳，也傳至
日本，甚至經由漢人首領 (Cuftaff) 遠達巴達維亞。我們必須保持
清醒和警戒，以免遭受敵人突襲。

附註：由於凱撒長官的這番陳述，評議會無異議同意派遣一
艘設備齊全的帆船，由軍需長彼德茲 (equipage-master Aucke Pieters)
及通曉華語的中士舟滋 (sergeant Pieter Jansz) 指揮，前往澎湖調查
究竟。

摘自1655年11月14日凱撒長官致巴達維亞評議會的信函

幾乎可以確定，國姓爺擔心遲早會遭到韃靼人攻擊。因為不久之前盛傳說：韃靼大軍正從北京出發，逐步逼近福州，國姓爺在大驚之餘，便將幾座他認為不夠堅固的要塞和城堡拆毀，其中包括安海 (Anhay) 和漳州 (Sansieuw) 這兩座著名商城。漳州尤其聞名，因為整個地區及廈門所在的那條河流，都是以它來命名的。漳州已被夷為平地，片瓦無存。諸位長官可以想像，有多少成功商人和富裕城民因而淪為赤貧，像難民般四處離散的慘狀。

除國姓爺自己的部下外，任何人若被發現擁有多餘錢財，便會被要求獻給國姓爺，以做為資助他與韃靼人交戰的軍費。如果有人膽敢拒絕，國姓爺就會立刻將他們處死。這種做法真是太殘忍了，百姓們都認為，他根本是在自取滅亡。

我們今天派遣一艘軍需長彼德茲指揮的小帆船前往澎湖群島，查看是否有國姓爺的戰船在那裡巡弋，同時調查這是不是中國商船許久未到的癥結所在。我們強烈地懷疑──當地漢人也持相同看法，因此更加深了我們的懷疑──國姓爺的眼光已不懷好意地投向大員，這就是他為何要扣留所有船隻以充實艦隊的原因。不過，我們已做好各種抵抗的準備，例如我們已在熱蘭遮城內囤積了八至十個月份量的柴火等等。

從國姓爺下令大量製作攻城雲梯 (storm-ladder) 的舉動，可以證實他這些日子以來的確心懷不軌。因此，我們在城翼儲放許多木條和石塊，遭攻城時就派得上用場。雖然目前還沒有發生什麼事，但謹慎警戒總沒有害處。誰知道現在不正是遵循諸位長官所

告誡的，必須時刻張大眼睛，不可有任何疏忽的時候？萬一國姓爺真的攻打福爾摩沙，我們最擔心的，就是無法阻止他登陸，因為他有數處地點可以登陸，而且能夠全面切斷我們的糧食補給。目前我軍的人手均忙於防守各要塞，實在無力應付這種緊急狀況。即使召回各地駐軍，也沒有足夠兵力來執行大規模的抗敵行動。我們請求諸位長官留意此種情況。如果能在打狗 (Tankoia, 即今高雄)⑪建立防禦據點，將對我們非常有利。我們認為此事刻不容緩。

4. 揆一來到福爾摩沙

之後，約在 1644 年⑫，忠誠、幹練但不幸的揆一 (Frederic Coyett) 以高級商務員 (Head Merchant) 的身分，任職於東印度公司，並成為巴達維亞司法評議會 (Council of Justice) 的成員之一，在巴達維亞城當了三年半的高級商務

▲ 揆一肖像【引自《台灣歷史辭典》】

---

⑪ 甘為霖註：打狗位在柴山（Ape's Hill）之北，從大員南下需幾小時的航程。荷蘭占領時代，打狗有一個寬闊的淺灣，時常有小船停泊；但日後由於泥沙淤積不斷，該處海岸線的面貌出現了極大變化。福爾摩沙當局認為打狗相當重要，故提議在此設防。

⑫ 漢譯者按：甘為霖原作「1654 年」，跟整段敘述不符，茲根據 Beauclair (1975) 改為 1644 年。Lambach 譯本也作 1644 年。

員。他接著出任福爾摩沙政府的評議會主席 (fist Councillor)，爲期約十年。在此期間，他由於卓著的信譽和優異的能力，兩度掌管對日貿易這項光榮職務。正如他的長官在 1656 年 10 月 13 日致巴達維亞總部的公文所說：「我們很高興摖一閣下又簽了爲期三年、月薪 150 荷盾 (Floris) 的職務合約。他的能力高強，且因久居東方而閱歷豐富，是個非常令人懷念的人才。」

這位紳士在 1656 年底被任命爲福爾摩沙長官，他一上任即充滿熱誠，試圖重新開啓中國貿易，以增進東印度公司和國姓爺之間的友誼。在前任凱撒長官時代，國姓爺封鎖了中國貿易，禁止大小船隻航行於中國和福爾摩沙之間，對公司在北方的貿易造成極大損害。

因此，評議會在 1657 年一致決定 (請閱「可靠證據」第 7 號)，派遣一位使節，攜帶幾封信函和一些禮物，前往中國會見國姓爺及其大臣們。受命使者是一位最幹練的福爾摩沙漢人，即公司通譯何斌 (Pincqua, 斌官) ❸。就在同年的 8 月某日，何斌從中國帶回重新通商的授權，和一封國姓爺致福爾摩沙長官的禮貌信函。國姓爺在信中友好地聲明：他除了與公司維持誠摯友誼和睦鄰關係外，別無他圖；他之所以禁止中國和福爾摩沙通商，純粹是因爲部下叛亂所致；現在情形已經改變，所以他就撤銷先前的禁令，准許中國商人和福爾摩沙如以往般進行貿易。

---

❸ 漢譯者按：何斌爲荷蘭東印度公司所倚重的著名漢商，後因與台灣的荷蘭人及其他漢商有財務糾紛，並被控暗中替鄭成功在台灣收稅，因而逃亡廈門，並力說鄭成功占領台灣。鄭成功攻台後期，何斌與鄭成功關係不佳，被外放他地。但到了鄭經時代，何斌還是充當與英荷交涉的重要人物。請參見許雪姬（總策劃），《台灣歷史辭典》，頁 334。

摘自1657年3月5日熱蘭遮城決議錄

可靠證據 第7號

我們將送往巴達維亞的最後一批信件發出後不久，無異議地同意致函給中國大官國姓爺，向他提出我們的最佳忠告。我們同時也致函 Sikokon [14] 和鄭泰 (Sanja, 祚爺) [15]。為了確保這些信函能夠安全送達，我們請通譯何斌代勞，他是我們的漢人老友中最傑出的一位。何斌為人幹練，和國姓爺又有交情，所以我們託付他幾封最重要的信函，以及一份贈送給國姓爺的薄禮。

由於幸運地重啓中國通商之門，所以在 1652-57 年間處於蕭條狀態的福爾摩沙，又再度繁榮起來，一方面有買賣中國貨物所得的龐大利潤，另一方面有輸出大量獸皮、獸肉和砂糖所賺取的巨大收益，所以公司得到先前任何長官任內不曾有過的空前獲利。這可從 1658 年的歲末結算來看，當年的帳目盈餘超過先前的任何年度。農業方面也有很大的進展，以至於有大量的穀物輸出中國和其他地區。

除了繁榮之外，這段期間還有另一個特徵，那就是福爾摩沙原住民和漢人相處融洽，並都遵守法令。簡言之，一切都重現曙光，因此揆一長官受到下屬及同輩的尊崇和愛戴，也深受上級的賞識。

---

[14] 漢譯者按：根據楊彥杰，《荷據時代台灣史》（台北：聯經，2000），頁 272：Sikokon 是指鄭成功之叔父鄭鴻逵。

[15] 漢譯者按：鄭泰是鄭芝龍堂侄，鄭成功堂兄，此時任職戶官。

▲ 熱蘭遮城與台江內海。此圖明顯誇大了熱蘭遮城，將它畫得特別大，以致於和大員市鎮之間幾乎沒有距離【引自《荷使第二及第三次出訪中國記》】

例如東印度總督馬綏克 (Maatzuyker) 在 1658 年 6 月 2 日致揆一的信中寫道：「除了此事 (有關航海權的許可) 外，我們對閣下的卓越管理和統治感到高度欣慰和滿意。」又在 1659 年 6 月 2 日的信中寫道：「雖然諸事未能盡如人願，我們本年度還是再次對閣下的治理和統治感到最大的欣慰。」 1660 年 4 月 23 日又再次寫道：

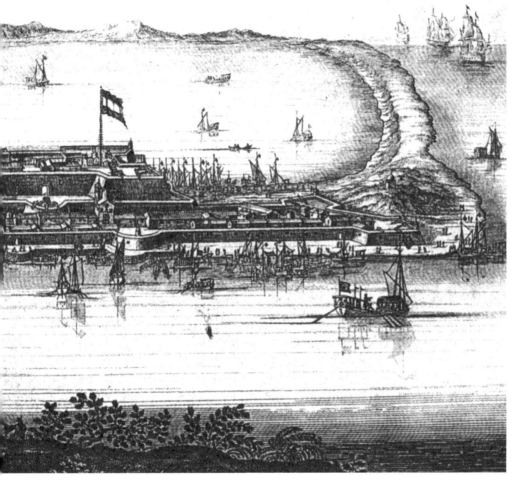

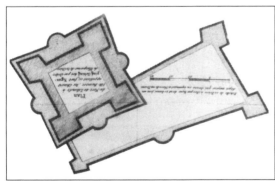

▲ 熱蘭遮城設計圖【引自《台灣的誕生》】

「十七人董事會對於閣下的優秀表現均表欽佩，決定頒贈閣下『東印度評議會特別委員』(Councillor-Extraordinary of India) 的榮銜。祝閣下喜悅，願神賜福。」

5. 何斌抽稅事件

　　有一樁與前述通譯何斌有關，後來在福爾摩沙引起軒然大波的事件，必須先加以記述。此事件導致了嚴重後果，並讓揆一長官遭受巴達維亞總部的嚴厲斥責，雖然他實際上與這件事毫無關聯，對此，任何公正無私之士皆可輕易判斷，從下列記載即可明辨其中的是非曲直。當何斌前往中國晉見國姓爺的時候，他遇見一位深受國姓爺器重的中國官員，名叫鄭泰 (Sangae)。鄭泰和其他中國人一樣，具有唯利是圖、貪婪好財的性格，所以他就向國姓爺提議說，對於從福爾摩沙航往國姓爺領域的中國船隻，在輸出港 (即福爾摩沙) 抽稅，要比在輸入港 (即廈門) 抽稅有利得多。為了證明這項提議可行，鄭泰便請求國姓爺把這項抽稅特權交由他來掌管，後來他果然花了一大筆錢得到國姓爺的准許。鄭泰認為，何斌非常適合這項收稅工作，就唆使他接受這個肥缺，擔任福爾摩沙的抽稅代理人。

　　何斌為貪求這種不義之財，一回到福爾摩沙就立刻進行抽稅行動。他向商人解釋道，只要在福爾摩沙交完稅，到廈門就不必繳了。他也要求船長在啟航前將稅款付清，並發給完稅收據。

　　這個抽稅行動在漢人之間秘密執行了很長一段時間，福爾摩沙長官、稅務官 (city Collector)、會計長 (chief Treasurer) 和檢察官 (the Fiscal) [16] 都被蒙在鼓裡，一直到 1659 年 2 月此事才曝光。於是長

---

[16] 漢譯者按：荷蘭文 Fiskaal，本是羅馬帝國中擔任皇帝財產管理者的官職名。公司的檢察官為公司利益的代理人，積極偵辦違反公司法律、命令的犯罪，並遏制公器私用的走私和逃漏稅行為。參見鄭維中，《荷蘭時代的台灣社會：自然法的難題與文明化的歷程》，頁422。

官下令檢察官進行調查，並逮捕何斌，將他解送司法評議會審理，最後褫奪了公司賦予他的所有職位和特權，同時課以高額罰鍰。(請閱「可靠證據」第8、9號)

　　突遭上述懲處的何斌，被很多上門追討的債主逼到破產，最後乃逃亡至鄭泰處，並由其引薦給國姓爺。國姓爺相當賞識何斌，在

摘自1659年3月1日大員決議錄

　　盛傳國姓爺授權那位漢人通譯何斌——他最近已回到大員——向所有開往中國的商船收稅，因此我們昨天下令須仔細調查此事，並做出一份報告。

　　我們也順利傳喚了幾位行跡可疑的漢人領袖，我們有理由相信，他們清楚國姓爺的計畫。經過嚴厲的審問後，他們最後供稱，目前居住本地的何斌，一直以中國大官國姓爺的名義，向所有開往中國的商船徵收出口稅。他們也聽說，廈門的中國大臣鄭泰委託何斌承包此稅，年需徵收一萬八千兩稅額。他們還聽說，自從何斌擔任我們致函國姓爺的使者以來——即從1657年8月迄今——他便向所有輸出品收稅，如獵物、魚、蝦、糖及其他商品；如果有人一時繳不出現金，就得立下借據，保證於將來某日繳還，然後由他先代為墊付；但他允許幾個熟人不必繳稅即可出航。為了證明此事，他們舉出下例：他們的兩條商船曾帶回兩份特別印刷的文書，上頭以國姓爺的名義要求支付前述稅款；當他們繳完稅後，便從船長那邊收到一份何斌親筆書寫並蓋印的收據，這份收據大約是在十三個月前開出的。

我們聽完對何斌的所有指控，以及他本人的部分供認和辯解後，雖然對整起事件還未能完全釐清，但已能明顯看出何斌犯下嚴重的罪行。如果三舍 (Samsiack, 音譯) 的指控屬實，即何斌就是導致福爾摩沙稅負增加、商船絕跡的罪魁禍首，那麼他就更罪加一等了，因為受損嚴重的不僅是東印度公司，還包括此地的居民。

我們決定重新徹查，並採取相應的措施。上述對何斌的指控，以及他自己的招供，都將轉交給本市的檢察官，以協助他進行調查和其他必要的訴訟程序。

摘自1659年4月21日熱蘭遮城議事錄

上述司法評議會已做出判決，撤銷被告通譯何斌的職位及榮銜，褫奪其漢人長老和市民的地位，並免除其做為公司通譯的身分；同時剝奪他數年來所享有的向航行於赤崁沿岸的渡船——舢板徵稅的權利，以及在本地砍伐、販賣柴火的特權 ❼。他被監禁在熱蘭遮城後的通譯薪資 (從2月起) 予以停發，並處以三百里耳 (realen) 的罰金 (分八期繳納)，罰金三分之一歸東印度公司，其餘三分之二歸 Eysscher 先生和做為本案審理的費用。

---

❼ 漢譯者按：此句甘爲霖譯作：「他被證實的罪名如下：數年來，他向航行於赤崁附近的舢板、以及砍伐和販賣柴火的人徵稅。」似有誤，故改採 Lambach 的翻譯。

往後的征台戰役中也帶他隨行，顯然是認爲他可以揭露荷蘭人在福爾摩沙的許多祕密，並可提供一些寶貴的情報。然而，國姓爺後來在攻打福爾摩沙的整場戰役中，卻不曾對所圍攻的荷蘭人使出任何值得一提的軍事高招。雖然一般人總是不斷地主張：就是在何斌的建言下，國姓爺才來進犯福爾摩沙；荷蘭人對於福爾摩沙的漢人移民 (當中有很多人像何斌那樣熟悉荷蘭人的情況) 所採取的預防措施，因何斌的逃離而歸於無效；絕不能讓國姓爺得到一位聰明的間諜，否則他就會知悉福爾摩沙的一切情事。我敢說，如果國姓爺欠缺的只是何斌所能提供的情報，那麼他就不會等待如此久才採取侵略行動。我們應該謹記在心的是，尋常百姓對這類事情的判斷總是目光如豆，被自身的情感所左右。

6. 三月月圓日，國姓爺來襲時？

　　言歸正傳。雖然福爾摩沙的情勢因重啓中國貿易而平靜下來，外敵入侵的威脅似乎也已消除，但國姓爺迫於情勢，總有一天會突襲福爾摩沙的陰霾，還是揮之不去。

　　因此，東印度總督和評議會在 1657 年警告福爾摩沙長官揆一，請他務必小心戒備，原文如下：「我們希望重申先前的指令，閣下務必時刻提防國姓爺的野心，讓他無法危害或困擾我們。一切有賴閣下的仔細警戒。」無疑地，這些話表現出關切之意，但仍看不出他們對這項議題有透徹的認識，或真的害怕會失去福爾摩沙。因爲，對於揆一長官所做的苦諫：「爲了福爾摩沙的安全，不但絕對要重建幾座已殘破的要塞，還要增建幾座新要塞」，巴達維亞的

官員雖承認部分提議有其必要，卻始終沒有採取行動，藉口是公司無力再支出大筆經費，福爾摩沙已成爲財政的一大負擔云云。誠然，公司在福爾摩沙的支出高於它所獲得的利益。但如果公司沒有能力、也沒有意願保有福爾摩沙的話，當初又何必在那裡大費周章、大興土木呢？諺語說得好：「創業難，守成亦難。」 (*Non minor est virtus quam quaerere parte tueri.*)

公司最初占有福爾摩沙時，要嘛就不要在上頭興建如此規模的防禦工事，要嘛在興建完成後，就要提供一切必要的維護和防禦協助，即使這樣做必須耗費些許成本也在所不惜。因爲如此一來，就能夠維持公司的聲望，讓所有印度地區的國家不敢輕舉妄動，特別是當他們親眼目睹，公司連國姓爺這般可怕的敵手都可以擊退。但現在卻不得不擔憂，其他民族 (他們至少跟國姓爺的手下一樣好戰) 看到國姓爺幸運的軍事勝利，很可能會大受鼓舞，群起效尤，造成公司莫大的困擾及巨額的軍事支出。所謂防微杜漸，公司只要多挹注福爾摩沙一些資源，讓它維持必要的防衛能力，就可以輕易避免上述諸種後果。

然而，在我們國家中，事情並不總是順利地爲所當爲。很多人都沉醉在征服的喜悅裡，認爲公司盡全力拓展領域是一樁好事，根本沒考慮這些征服是否眞的有利，會不會到頭來變成累贅。因此，並不是所有可以併吞的領土都要加以併吞，行動前還須三思，愼重考慮背後的利弊得失。

1658-59 年，大批漢人逃到福爾摩沙避難，並傳來消息說：國姓爺在南京遭韃靼軍隊重創，因而退守廈門，並準備攻打福爾摩沙云云。這些消息引起了此地漢人移民社區一片譁然。各種謠言滿天

飛，但就整體情勢觀之，現在已沒有人會懷疑國姓爺入侵福爾摩沙的決心。

這期間也觀察到另一現象：福爾摩沙的中國商人所輸出的貨物遠多於他們的進口，大員的債務人則盡量延遲他們的還款速度，這自然引起荷蘭官員的疑慮，

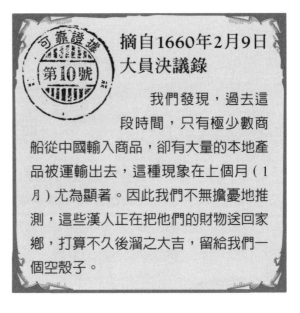

摘自1660年2月9日大員決議錄

我們發現，過去這段時間，只有極少數商船從中國輸入商品，卻有大量的本地產品被運輸出去，這種現象在上個月（1月）尤為顯著。因此我們不無擔憂地推測，這些漢人正在把他們的財物送回家鄉，打算不久後溜之大吉，留給我們一個空殼子。

覺得這些漢人根本不存好心。(請閱「可靠證據」第 10 號)

此外，主要的漢人長老❸和幾位有名望、有錢的漢人，在 1660 年 3 月 6 日前來警告長官和評議會 (他們顯然害怕保密過久會對自己不利)：漢人社區對國姓爺即將攻打福爾摩沙的傳言感到非常恐慌；有些人已準備要逃亡，他們相信，在福爾摩沙原住民舉行地方會議 (Assembly) ❹的時候 (即將在三月月圓的那一天進行)，國姓爺就

---

❸ 漢譯者按：荷蘭人在治理漢人移民時，主要是採「以漢治漢」政策。荷蘭人把漢人移民集中在若干特定區域居住，利用當中的有力人士進行約束，這些人被稱作長老或僑長，負責管理居住區的移民，並有義務向荷蘭人報告一切重要事件。參見鄭瑞明，〈安平追想曲——十七世紀前葉荷蘭人在福爾摩莎〉，收於《台灣學系列講座專輯（一）》（台北：國立歷史博物館，2008），頁 108。

❹ 漢譯者按：地方會議是荷蘭人統治台灣原住民的一種制度，分為北部、南部、東部、淡水等四個集會區，每年 3-4 月舉行，各社長老宣誓效忠荷蘭人，報告各社統治狀況，荷蘭人則賦予這些長老自己村內的統治權，並授與鑲銀公司徽章的藤杖做為權力象徵。1660 年那年，南路原定在 3 月 26 日、北路在 3 月 23 日舉行地方會議，後皆未能舉行。參見鄭瑞明，上引文，頁 105-106。

▲ 福爾摩沙地方會議【引自《東西印度驚奇旅行記》】

會率領軍隊和大批戰船進攻福爾摩沙。

　　這些警告，讓福爾摩沙長官和評議會更加確信國姓爺即將入侵，於是不得不全力挽救公司的危險處境，採取一切措施來抵抗敵人入侵及保全公司財物。

　　他們基於下列理由，斷定國姓爺一定會攻打福爾摩沙：

　　1. 前述國姓爺即將入侵的一切警告與傳言。

　　2. 前述漢人長老們的警告和漢人社區的全面性驚慌和騷亂。

　　3. 國姓爺最近在南京遭逢慘敗，為了逃避韃靼軍隊的追擊，他必須轉進到一個安全的地方。

　　4. 福爾摩沙近在咫尺，物產豐富，所以對國姓爺來說，占領福爾摩沙比占領其他地方更為有利。

5. 即使國姓爺沒有辦法將福爾摩沙占爲己有，憑他手下所支配的大批船隊，也極有可能登陸福爾摩沙大肆掠奪，劫取軍隊所需的糧食、穀物、牲畜和其他物品。他們現在已被韃靼軍隊逼到角落，若想在中國本土掠奪食物和其他必需品，顯然將面臨極大的危險，但如果換成掠奪福爾摩沙，就沒有什麼好怕的。因爲福爾摩沙有許多適合登陸的地點，而且荷蘭殖民當局的駐軍太少，只夠保護自己的堡壘，不可能主動出擊外頭的敵人。

6. 國姓爺顯然對福爾摩沙不懷好意❷，因爲他違背自己先前的承諾，嚴重地干擾福爾摩沙和中國之間的通商往來，長時間不准任何商船航往福爾摩沙。無疑地，他想利用這些船舶來運輸侵略福爾摩沙所需的軍隊和軍需品。

7. 因爲擔憂戰爭即將爆發，福爾摩沙的中國商人所出口的貨物遠多於進口，甚至公開或秘密地把自己的貨物、財產運往中國。福爾摩沙長官和評議會據此下了結論：國姓爺即將攻來，福爾摩沙的厄運近了。(請閱「可靠證據」第 11 號A)

7. 福爾摩沙進入全面警戒

於是，所有要塞都配置了充足的士兵、彈藥和其他軍需品，並通告城堡外圍的住民：國姓爺即將來犯，所有人都要準備抵抗。在此同時，原住民的地方會議被延到翌年，並下令漢人一律不得進入

---

❷ 漢譯者按：此句甘爲霖原譯爲：「國姓爺顯然很瞭解福爾摩沙的狀況」，但與後文的敘述不符，故根據 Beauclair (1975) 改譯之。Lambach 譯本與 Beauclair (1975) 相同。

摘自1660年3月6日大員決議錄

長官召開這次會議，準備告知一些重要情事；若沒有上帝的慈悲干預，它們恐怕會引發很嚴重的後果。首先，今天下午四點，三哥（Sacko, 音譯）前來報告說，他昨晚從大目降（Tavokan, 今台南新化）附近的鄉間住宅回來時，聽聞到國姓爺即將對福爾摩沙宣戰的傳言，他認為有必要讓長官知悉此事；至於其他細節，他並不清楚，也無法得知這類傳言是由誰傳出的。他的母親、妻子和兄弟的妻子昨晚均因此事徹夜痛哭。三哥請求我們，在危急時能提供安全的避難所。

不久之後，六哥（Lacco, 音譯）和童興（Tonhip, 音譯）也前來求見長官，前者是為了要領取他所交付的黃金的收據。當這兩人和三哥相遇，並獲悉三哥為何而來後，也承認他們聽過這類傳言，並說這一切都是何斌在背後作怪。

他們離開一小時後，漢人齊哥（Zekoy, 音譯）前來晉見長官，懇求長官務必相信他，並把他歸入通報者之列。齊哥表示，曾從幾位不便透露姓名的人那裡得知，國姓爺將在下次滿月時，率領兩萬五千名士兵，由五位傑出將領指揮，渡海侵犯福爾摩沙。國姓爺的一半兵力會從北邊登陸，另一半則從南邊登陸，每邊均配有兩千名穿著鎧甲的戰士。國姓爺已在澎湖僱用四十名漁夫，做為若干船隻的領航員或船舵手。他也通令所有參與此次遠征的戰士，須在本月14日（農曆）準備就緒，並舉行誓師儀式，祈求大業成功。

齊哥判斷，這些傳言的真實性已不容置疑，所以建請長官務必大量儲備物資、糧食和柴火等等。

　　評議員們聽完長官的敘述後，全都展現赤誠之心，誓言捍衛這座託付給他們的富庶且得來不易的島嶼。此類謠言（它們已流傳了數年之久，但從未像現在這麼清楚明顯）絕非無足輕重，應視為可信的消息才對，因為它不僅與許多眾所周知的事實相吻合，更因為以下這幾個浮現在我們腦海的理由：

　　1. 不久之前，國姓爺在南京遭韃靼人包圍和突擊，損失了大部分士兵和七、八名大將。他最近回到睽違四年的廈門，可能自覺軍士和戰船都已大為折損，不得不著手侵襲福爾摩沙之事。韃靼人的勢力已擴及南方地區，可能也是促使國姓爺決定攻擊福爾摩沙的因素之一，因為不久前便傳言說，韃靼人將採取更加趕盡殺絕的手段，甚至直搗廈門圍剿他。

　　2. 掠奪的欲望，將引領國姓爺前來福爾摩沙大肆搶劫穀物，並先消滅若干人口，為奪取這座島嶼的美麗土地及財富預行鋪路。

　　3. 無疑地，已有人向國姓爺詳細說明征服福爾摩沙的諸多利益。

　　4. 國姓爺可能會侵略福爾摩沙的謠言才剛傳出（去年十一月間），本地市民就開始把大批貨物運往中國；漢人顯然在預作準備，一俟戰事爆發便要立即脫身。

　　5. 若干漢人市民開始變賣財物，其中有些已先行離境，其餘的也因害怕敵軍到來而準備離境。

　　6. 儘管天氣非常良好，很適合航行，卻未見任何商船從中國駛來。

　　根據這些事實，以及漢人所陳述的種種事項，我們覺得非立刻著手強化根據地不可；唯有如此，我們或許才能在上帝的

憐憫下，抵擋住國姓爺的侵略野心。雖然我們缺乏甚多戰備物資，尤其兵員特別不足，無法在敵人易於登陸的前哨地點派駐必要守軍，但我們仍須竭盡全力地自衛，至少要堅持到巴達維亞的救援抵達，或以某種方式得到這些極度迫切的物資為止。

我們已通令各地民眾（不論是在鄉村、沿海偏僻地區或其他地方）必須提高警覺，因為這不僅是為了他們的安全，更是為了我們的安全。我們也一致同意傳令福爾摩沙各地官員（他們須往下傳達給部屬）：所有荷蘭人，從學校教職員到士兵，應立刻佩帶一支適用的荷蘭槍枝，原住民則應依他們的傳統方式武裝起來。

所有人都要做好準備，一旦偵測到海面有危險，就得立刻接受召喚。住在 Zant 溪和大甲溪 (Patientia river) 之間的居民，從最北端的村落起，都要全副武裝地集結在虎尾壠 (Favorlang)，以遏阻敵人從該處海岸登陸。住在 Zant 溪這邊的居民，則在蕭壠 (Soulang, 今台南市佳里區) 集合，一有警報，就要馬上向魍港 (Wankan, 今嘉義縣布袋鎮好美里) 推進，以防守那裡的海岸。

但南部的原住民大都不可靠，尤其當敵人從打狗這一適合登陸的地點上岸時，更是如此。因此，我們認為須命令駐打狗官員普登 (Hendrick Poorden) 召集附近村莊的全體荷蘭人，在得到進一步指令之前，先將他們聚集在那裡，提供他們適當的武器裝備，並夥同最值得信任的志願盟友，一同來迎擊敵人。同時命令漢人農民帶著牲口集中在這裡，不能放任他們住在遠處的理由，前已述及。

北部村落的原住民若拒絕武裝，就把他們和漢人農民一起送到虎尾壠。各地指揮官應盡快向我們申請供教職員使用的槍枝。各地兵力應盡量集中，最好將駐在 Tockodocot 哨崗的兵力

調往虎尾壟。為了能即時因應任何陰謀叛變，我們也下令所有前哨站緊盯海面，保持高度戒備，一發現危險徵兆就立刻發出警報。

雖然福爾摩沙地方會議 (Landtdagen or Diets) 照例排定在接下來的月圓日舉行，但值此動盪時刻，數種因素讓我們不得不中止該會議，尤其是前述的國姓爺即將來犯的傳言。顯而易見的是，如果照樣舉行地方會議，將眾多地方官員調離工作崗位，讓一群極易叛亂的人民未受督導監控，無異是送給他們一個公開反抗國家的良機。因此我們決定停辦今年的地方會議，並通知各地官員，及時將此訊息傳達給各村落長老。

普羅民遮城。所有漢人長老和若干有名望的漢人都被拘留在熱蘭遮城當人質，以防止他們和敵人串通，也防止他們自立為領袖，號召手下的商人、農民和其他人發動叛變。另外，福爾摩沙當局也關閉對中國的出口貿易，以免商船淪為敵人戰船，並讓敵人獲悉福爾摩沙的狀況。

不僅如此，福爾摩沙當局也通令所有穀物必須從各處鄉村運進熱蘭遮城；所有漢人必須保持平靜，作息如常；非法在魍港島 (island of Wackau) 存放貨物的漢人漁民，必須立即返回福爾摩沙[21]。3 月 10 日，福爾摩沙長官和評議會派遣一艘快船攜帶信函到巴達

---

[21] 漢譯者按：此句甘為霖原譯為：「在魍港卸貨的漢人漁民必須立即離開。」但與後文的敘述不符，故根據 Beauclair (1975) 改譯之。

維亞，向總督和評議會報告前述國姓爺準備侵犯福爾摩沙的種種傳言，以及福爾摩沙當局所做的防衛準備。

次日，傳來漢人正醞釀起事的消息。這些漢人前往與荷蘭當局友好的原住民村落，極力誇耀國姓爺的戰力，說國姓爺的士兵從頭到腳都穿有鐵甲，荷蘭人的火槍 (musket) 根本無法射穿云云。另外，魍港的漁民非但沒有遵命歸來，反而停泊在一處遙遠的沙洲，在那裡圖謀叛亂。㉒ (請閱「可靠證據」第 11 號B)

於是，評議會通令所有漢人須在最短時間內攜帶全部行囊，從森林遷往熱蘭遮城附近，如此便可嚴加監控，並在爆發騷亂時立即施加懲罰。同時，評議會也派遣一艘中國帆船向巴達維亞總部報告這些狀況，但因季風之故未能成行。

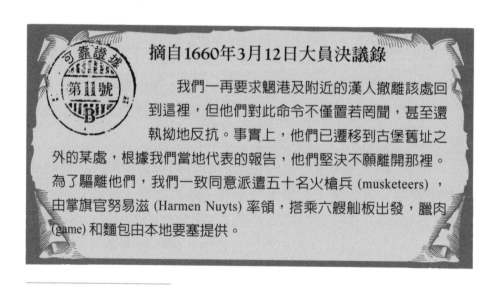

摘自1660年3月12日大員決議錄

我們一再要求魍港及附近的漢人撤離該處回到這裡，但他們對此命令不僅置若罔聞，甚至還執拗地反抗。事實上，他們已遷移到古堡舊址之外的某處，根據我們當地代表的報告，他們堅決不願離開那裡。為了驅離他們，我們一致同意派遣五十名火槍兵 (musketeers)，由掌旗官努易滋 (Harmen Nuyts) 率領，搭乘六艘舢板出發，臘肉 (game) 和麵包由本地要塞提供。

㉒ 漢譯者按：甘為霖譯本沒有這句，茲根據 Beauclair (1975) 補譯，如此方可連接「可靠證據」第 11 號 B，因為其內容就是在講述魍港漁民不聽荷蘭之令及荷蘭當局的處理方式。Lambach 譯本與 Beauclair (1975) 相同。

▲ 明朝海商與婦女【引自《東西印度驚奇旅行記》】

　　不久之後，某位中國小帆船的船長從澎湖回到原居地大員，被福爾摩沙長官和評議會盤問有關國姓爺的備戰情形。這個人撒了一些可惡的謊言，矢口否認攜有任何中國人的信件，但經嚴密搜查後，發現他身上帶著十八封居住在中國的漢人寫給福爾摩沙親友的信函。（請閱「可靠證據」第 11 號 C）幾乎每封信都提到，國姓爺已大肆準備侵略福爾摩沙，勸告他們的親友盡快攜家帶眷離開福爾摩沙，就是兩手空空回來也無所謂。（若干信件，請閱「可靠證據」第 12、13 號）

　　荷蘭官員確定國姓爺即將來犯後，下令所有尚未遷徙到熱蘭遮城附近的漢人，立刻攜帶所有動產遷去。在較遠曠野處約有十袋穀物，本該依照命令送進熱蘭遮城，因恐不及在國姓爺登陸前送達，只好就地燒毀，以免淪為國姓爺的戰利品。

　　鄉村所有房子的門窗都被拆下來，運到普羅民遮城儲存。

摘自1660年3月16日大員日誌

今天有艘「估仔」(Koya) [23] 從澎湖運米來此，船上有八名水手，以及兩名婦女和四個小孩。因為船長 (taykon, 舵公) 做了許多不實的陳述，所以遭到監禁，並扣留他身上所攜帶的十八封信函。這些信大多是寫給本地的市井小民，幾乎每封都提及國姓爺即將率兵來犯的傳言，有些寄信人還勸告他們的親友趕快帶著全部財產逃離福爾摩沙，就算兩手空空離開也無所謂。

1660年1月20日，兩個大員漢人寫給他們在巴達維亞的兄弟的信函

你們年輕時就離開我們前往巴達維亞，迄今你們應已變化頗多，也稍微變老了吧！我們常懷念你們，也經常夢及，日日盼望你們歸來。我們很想知道你們近況如何，如果你們能來同聚，我們會多麼欣喜啊！我們目前和其他人一起在大員寄舶而生 (live and board)，因時勢動盪，沒賺到什麼錢。我們祈求上蒼保佑，讓你們賺到足夠的錢，早日回到這裡，因為你我是手足至親。或許你們在那裡過得很好，朋友眾多，但月是故鄉圓，還是回到中國沿海吧！何況你我比朋友更親，彼此掛念著對方。我們非常期待你們能在5月搭乘荷蘭船來此，然後我們立即返回中國沿海，因為傳言國姓爺不久便要率軍來攻打福爾摩沙了。如果你們不願前來，仍想待在那裡，我們就把你們當作背棄妻兒朋友的不義之人。言盡於此，上面所說是好是壞，望兄弟三思。

摘自一個澎湖漢人寫給其兄長的信函

分離甚久，不知近況如何？從事何種生意？是盈是虧？如果你略有獲利，請續留當地發展；若有虧損，不如立刻前來澎湖，我們可以共同生活、經商。目前大員已不像過去那般有利可圖，因為國姓爺有意要出兵攻打它。過年後迄今，沒有任何一條船從中國駛來，人心惶惶，不知未來將如何。每天都有新謠言傳來，其中一則說韃靼人將派遣若干戰艦突擊國姓爺。大員已不宜久留也。

(1) 另一封漢人信函的譯文——最近你的堂兄弟 Zoko 懇切地希望你能帶著妻兒和所有財物回來，我亦認為這是最佳忠告。大員雖是個好地方，但我覺得還是不宜久留。我很擔心你，若爆發戰爭或其他動亂，不知你要如何脫身。

(2) 第二封漢人信函附件的譯文——我又回到了澎湖，照樣耕作。我擔心我的妻小在大員並不安全，希望他們在收成後，不管豐歉與否，都要帶著收穫回到這裡。我兄弟 Haine 會盡力協助，迅速送我妻小前來。請相信我，也請不要忽視這封信，因為我每晚都滿懷恐懼，深恐當地發生騷亂。我再次請你保護我的妻小，你應可想像我此刻的心情，希望你在讀此信時，就像見到我一樣。

附註：雖然其他被扣留的信函也提及國姓爺大肆籌備襲擊福爾摩沙的訊息，但我們無須一一引述，從上面的二、三封，就可加以類推。

　　許多載運漢人逃跑的小船都被追捕回來，一些航行於海岸、準備載運逃難者及其財物的小船，也都予以追捕或破壞。另外，那些聚集在打狗和小琉球 (island of Lamey) 的漢人，也都滴血未流地加以驅散。出於同樣理由，先前獲准居住在小琉球的十三名漢人農夫，也被召回。

　　4月3日，三艘帆船從中國抵達此地。其中二位船長伴稱完全不知道國姓爺備戰的情形；第三位船長則說，他曾聽過一些傳言，只知道國姓爺遭韃靼軍隊追擊，已瀕臨危急存亡之秋。這三人都否認帶有信件，但未獲採信，被拘禁了二十天左右，才因沒有證據而獲釋。

　　約在此時，幾位漢人長老也涉嫌與敵人通信，因爲有名漢人向荷蘭長官通報說，國姓爺的某個官員曾寫三封信給幾位被扣爲人質的漢人長老。但審問這些長老和那位被認爲攜帶這些信件的船長時，他們的供詞卻相互矛盾。我們大費周章地搜尋，卻只找到幾封舊信。此外，前述長老中有個名叫三哥 (Zako, 音譯) 的，他當著長官的面斷然宣稱，完全不清楚國姓爺的侵略企圖和備戰情形，但這個傢伙先前明明向長官報告過這方面的訊息，當時還有副長官華福倫 (Jan Aergnes van Waveren) 在場爲證。因此，我們經過一些審問後，決定對三哥、3月19日被捕的那位「估仔」 (Koya, 小帆船之意) 船長及另外兩三人再進行更全面的嚴厲盤問，他們都犯了欺騙撒謊之罪，全是可疑的漢人。(請閱「可靠證據」第14號)

　　在這起事關重大的事件中，只有這五名漢人遭到拘留，並在嚴懲的威脅下受到審問，試問，他們那種可恥的撒謊行徑不該受此對待嗎？然而，這事卻在巴達維亞掀起軒然大波，好像有數千名漢人

受到拷打似的。在上述的嚴屬審訊中，三哥依舊頑強地否認先前說過的話；但估仔船的船長承認，他先前故意隱瞞國姓爺備戰的情形和即將渡海攻來的謠傳；另一個漢人也供認，他的確知道有些危險，但不敢讓他人知道。(請閱「可靠證據」第 15 號)

可靠證據 第14號　摘自1660年6月14日大員日誌

　　這幾位涉及國姓爺陰謀的漢人接受審問時，盡說些狡猾、卑鄙、毫不可信的謊言及前後矛盾的推論，因此評議會經過全盤考量後，決定要將前述的船長和 Samfiacx (這兩位嫌疑最重) 扣留在城堡，每天加以拷打，或至少兩天一次，直到他們供出所有實情為止。從犯 Jucko (Samfiacx 之子) 是信函的代筆者，因罪狀較輕，只留置在城堡內做為人質。

可靠證據 第15號　摘自1660年4月13日 (星期四) 大員日誌

　　今天下午，漢人人質急切地求見長官。這項請求獲得准許後，華福倫 (van Waveren) 也被召來出席。當數名漢人到場後，長官便質問三哥 (Sacko)，上星期六他前來通報國姓爺正在大舉備戰的消息時，有沒有說過他返家時發現妻子和兄弟 Dirck Janssens 之妻正在號啕大哭，星期五整夜都哭個不停？他有沒有請求我們在危急時提供安全的庇護所？對此，三哥斷然否認，並試圖以極端模稜兩可的話語來自圓其說。

在 4 月 19 日至 25 日之間，有一艘估仔船和七艘中國帆船從廈門抵達大員。經過我方仔細盤查，他們一致證實國姓爺確曾大張旗鼓地準備侵犯福爾摩沙，但因韃靼人此時對國姓爺的壓迫稍有減緩，且國姓爺也得知福爾摩沙已全面警戒，並獲悉揆一長官已向巴達維亞請求增援，加上其他緣故，看來國姓爺已改變襲擊福爾摩沙的計劃，暫時按兵不動，以待更適宜的時機。

這些船隻也攜來一封致揆一長官的信，那是國姓爺底下一名叫Gampea㉔的官員所寫的。這封信大意是：他 (指Gampea) 聽說福爾摩沙內部因誤傳其藩主國姓爺有意採取敵意行動，正陷於極大的騷亂，對此他甚感吃驚；為其藩主的名譽，他有責任向揆一長官嚴正聲明，此一傳言純屬荒謬無稽，國姓爺從未對大員懷有野心，絕不會為了一塊沒多大價值的土地，徒然勞民傷財云云。看來，這個中國官員想欺惑揆一長官有關國姓爺的計謀，但長官並沒有那麼容易受騙，絕不會輕信其內容。

雖然大員的百姓仍持續警戒，準備抵抗外敵來襲，但由於傳言的國姓爺入侵時刻早已過去，國姓爺並沒有真的攻來，所以當地漢人的驚恐心情稍微舒緩下來，情勢再度恢復平靜。福爾摩沙原住民也更加確信巴達維亞會派遣強大的援軍前來相助。

於是，一切又回歸往日的安寧。4 月 29 日，漢人農夫被允許回到他們的村落，並可渡過最遠處的河流，耕作他們對岸的農地。不過，對他們的管束比以前嚴格許多。同時，前往中國的通商航

㉔ 漢譯者按：從發音和事蹟推論，Gampea 很可能是指「洪旭」。請參見楊彥杰，《荷據時代台灣史》，頁 280。

道重新開啓，因此彌補了先前因準備防禦所遭受的損失。其他可喜的現象有：7 月 1 日，各種特許證 (licenses) 和租約 (leases) 再度租出，價格還比往年略高，只有南部若干地區例外㉕；第一次及第二次的稅也比以往更順利地收齊；農民相當賣力地耕作，所以全境耕作地只比去年少 768 mergens㉖，當時的耕種總面積爲 12,252 mergens。到了 10 月，甘蔗的耕種面積也達到福爾摩沙歷年來的

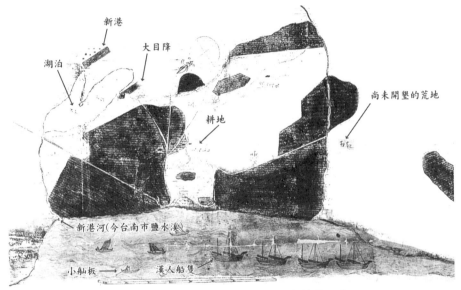

▲ 一份荷蘭時代赤崁地區的稻作地圖 (1644年)【引自《邂逅福爾摩沙》第二冊】

㉕ 漢譯者按：此句甘爲霖譯爲：「全境的農作利潤（只有南部一些田地例外，它們的出租價格較往年高）達到從未有過的佳境。」似有誤，故改採 Beauclair (1975) 的翻譯。Lambach 譯本與 Beauclair (1975) 大致相同。

㉖ 漢譯者按：「Morgen，又作 Mergen 或 Margen。這是中世紀 German 社會中的土地面積的單位。在不同的地方，其大小稍有差異。在荷蘭，有四個不同的地方性的 Morgen：即 Rynland (8,516m²)、Amstelland (8,129m²)、Waterland (10,770m²)、Helder (3,180m²) 等是。……荷蘭人在台灣計算土地面積時，普通是用 Morgen，然不知其所用者，究係那一地方的制度。憑推測，就其大小而言，用的似是 Rynland 制。」請參見：中村孝志，〈荷領時代之台灣農業及其獎勵〉，收於《台灣經濟史初集》（台北：台灣銀行經濟研究室，台灣研究叢刊第 25 種，1954），頁 62。

最高水準。

這些情形，都有大員案卷可以為證，足以駁斥那些對揆一長官和福爾摩沙評議會的不公平指控，即：他們所做的種種不必要的防禦準備，傷害了整個福爾摩沙及其居民。

8. 巴達維亞當局的態度

在上述那封 3 月 10 日的信函中，福爾摩沙長官揆一及評議會向上級報告了敵人入侵的可能性，並請求盡快派遣一支強而有力的軍隊前來協防。這封信讓巴達維亞的總督和評議會立即瞭解到，一旦國姓爺決定攻打福爾摩沙，當地的荷蘭當局將陷入極端危險的局面，因為他們手頭上的薄弱兵力，根本無法抵抗如此強大的敵人。因此，巴達維亞的高官們都很贊成揆一長官及其評議會所採取的種種謹慎、斷然的防禦措施，知道這是為了抵抗敵人入侵及維護公司尊嚴所必需者。巴達維亞當局在 1660 年 4 月 22 日的回函中（用以答覆上述 3 月 10 日的去函），清楚顯示出贊同的態度：

讓我們印象最深刻的，就是國姓爺強大的軍事威脅所帶來的難題……。我們必須承認，若國姓爺真的如你們在 3 月 10 日的信上所預測的時刻來犯——希望上帝能阻止他——我方必會遭受極大的損失，因為憑我們手頭上的微弱兵力，實在無法抵擋如此強敵，更不用談保護我們在平原上的居住地。依我們看來，閣下若能妥善運用普羅民遮城以保住赤崁地區，並在那些最靠近熱蘭遮城的村落居民的協助下，保全他們自己的村落和熱蘭遮城及熱蘭遮市鎮，便是

一樁了不起的功績。否則情況將慘不忍睹，因為熱蘭遮城及其市鎮所座落的那片貧瘠沙洲，根本無法生產可勉強維持生命的必需品，甚至連乾淨的飲用水都付之闕如，一切物資都得從福爾摩沙本島運來。我們深信，以閣下的英勇氣概，必能善用手上所有資源，竭力抵抗來敵……。然而，我們認為准許太多漢人農民定居於內陸地區是個極大的錯誤，因為這樣一來，我們就既不易掌握，也無法管束，更難於強制撤離這些漢人；為了不讓赤崁附近的土地荒廢掉，並避免因政令鬆弛，讓圖謀不軌的刁民有機可乘，流竄各鄉間，我們遲早要將他們統統撤回。允許他們居住在太遠的地方，必會引起很大的麻煩及擔憂；反之，若讓他們群居於赤崁地區，就不必擔心他們會叛亂聚集。當初在赤崁築起壯觀的普羅民遮城的主因，就是要監視這些不滿份子的舉動，並在叛亂發生時，立刻施加必要的鎮壓手腕。

巴達維亞當局在 1660 年 6 月 16 日的來函上又寫道：

由於國姓爺恐將來犯，我們相信閣下應已做好必要的防範措施，將原來儲存在赤崁及其他地區的漢人農家的糧食，都搬移到大員囤積，以防被敵人搶去當軍糧。我們知道原訂在 3 月 23 日及 3 月 26 日召開的福爾摩沙地方會議，已延期到往後更適當的時機。❷⑦

---

❷⑦ 漢譯者按：此句甘為霖原譯為：「根據閣下對 3 月 23 日及 3 月 26 日舉行的福爾摩沙地方會議的描述，我們得知中國方面已不再傳來令人擔憂的消息，國姓爺將俟往後適宜的時機才會來犯。」前後不符，似有誤，故改採 Beauclair (1975) 的翻譯。Lambach 譯本與 Beauclair (1975) 相同。

在如此艱難的局勢下，再怎麼謹慎也不為過，我們對於閣下至今所採取的應變行動，深表嘉許。

巴達維亞總部的高官們，對於福爾摩沙長官和評議會所採取的抗敵措施，固然予以贊同，卻很難相信國姓爺有挑戰東印度公司的氣魄。他們對自己信心滿滿，認為單憑東印度公司響亮的名號，就足以遏制任何侵略野心。這在上述 1660 年 4 月 22 日的來函上清楚可見，他們這樣寫道：

我們的去函若能得到國姓爺的回覆，固然可喜，但以目前情勢看來，似乎機會不大，除非國姓爺即將侵台的謠言（此一謠言流傳已久）突然煙消雲散。❷⑧國姓爺經深思熟慮後，應該會希望以一份公平合理的通商契約來取代戰爭才對。我們尚難相信國姓爺會攻擊東印度公司（除非他被逼到走投無路的地步），因為他十分清楚，得罪我們會替他自己帶來多大的麻煩。國姓爺主要就是藉助我們的力量，才能和韃靼人對峙那麼久。

福爾摩沙的遺誤與喪失，福爾摩沙長官和評議會認為是肇因於兩個主要因素，吾人可在此提出來檢討一番。

第一，對於先前所提及的國姓爺意圖染指福爾摩沙的諸多傳言（它們陸陸續續來自大員和其他地方，因此不能視為愚蠢的猜測，而應視作

---

❷⑧ 漢譯者按：此句甘為霖原譯為：「我們的去函並未得到國姓爺的回覆，但我們現在也不需要了，因為那些有關國姓爺軍隊即將侵犯福爾摩沙的傳言，已經像輕煙一樣隨風消失。」似有誤，故改採 Beauclair (1975) 的翻譯。Lambach 譯本與 Beauclair (1975) 大致相同。

顯現敵人陰謀的確切徵兆)，巴達維亞的官員們❷雖然了然於胸，卻依舊自欺欺人地認定，這片籠罩福爾摩沙的烏雲終究會被風吹散，不會帶來狂風暴雨。除非國姓爺真的登陸福爾摩沙，否則他們絕不相信這種可能性。這可從他們先前的數封信函得到證明。

第二，巴達維亞總部過於吝嗇，拒絕提供經費來修護荒廢的要塞和新建少數的工事，這些都是讓福爾摩沙擁有堅固的防衛能力所必需的。事實上，他們也知道福爾摩沙的防衛實力遠遠不足，仍需大幅增強。要證明此點，只需引用巴達維亞總督和評議會寫於 1660 年 4 月 22 日的信函即可。這封信提到：

關於閣下提議在打狗另築一座堡壘，並修復破損的維多利亞圓堡 (Rondeel Victoria) 和被海水沖毀的魍港要塞 (Ronduit Wankan) 之事，我們尚未明確決定，但不久將會告知我們的結論。在此要先表明，我們不贊成在福爾摩沙增建新的要塞，倒寧願減少既有的堡壘數量，因為經驗告訴我們，大肆興建許多城堡和要塞，以及隨之而來的領土擴張，卻沒有提供必要的駐防兵力，將是多麼危險的事。祈求上帝保佑，讓我們能夠縮小占領地的範圍，避免發生這種危機。不然的話，本公司很快就會喪失對大員和整個福爾摩沙的掌控。維持目前在各地廣設堡壘的政策，將會招致四面八方的禍患，讓我們陷入無法自衛的困境，畢竟稀少的資源難以成就宏大的目標。

---

❷ 漢譯者按：此句甘為霖原譯為：「……福爾摩沙的官員們」，似有誤，故改採 Beauclair (1975) 的翻譯。Lambach 譯本與 Beauclair (1975) 相同。

他們在 1660 年 7 月 16 日的信上也寫道：

關於閣下建議在打狗 (該處不僅是中國帆船的避風港，更可讓整支艦隊輕易登陸) 建築堡壘一事，我們礙難同意。因為我們不可能在全島各處敵人可以登陸的地點都修築防禦工事，更沒有足夠的士兵可以派往駐防。閣下定可瞭解總部心有餘而力不足。事實上，維持目前福爾摩沙的駐軍就已夠讓我們精疲力竭了。因此，我們還期望減少目前的要塞，而非增加。

由於上述的反對理由，使福爾摩沙長官和評議會在進行一些必要的改建和增建工程時，也遭到巴達維亞高官們的斥責。

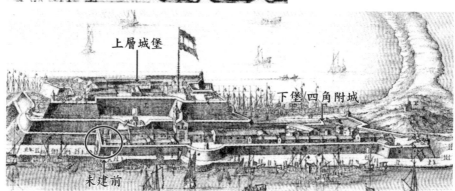

▲ 對比這兩張圖片，即可看出新建稜堡的確切位置

例如，揆一長官和評議會發現，熱蘭遮城靠海那邊有一凸出之處，僅環繞一面極單薄的圍牆，從各個面向都很難掩護，但它在戰略上卻極為重要，一旦失守，全城就會跟著淪陷。因此，長官和評議會在那裡新建一座石造稜堡，上頭還安置大砲，因此增強了城堡靠海那面的防禦能力，且能夠保護濱海一帶的防禦工事，並得以監控整個市鎮。在我們往後遭受圍城期間，這座稜堡果然顯現出極高的軍事價值，它對敵人所造成的傷害，大於所有其他防禦工事的總和，並阻擋了敵人從此面而來的一切攻擊。

　　然而，針對這項石造工程，巴達維亞的高官們卻在 1660 年 4 月 2 日來函指出：

　　閣下擅自作主，既未事先知會我們，更未請求我們許可，就在下堡 (the lower Castle)⑩ 東側修築如此堅固的稜堡，實屬荒唐。儘管在危急之際，我們也承認此一建築並非全無必要，但我們仍要在此合理地表達我們的不滿。請閣下往後務必更加謹慎，切勿在得到我們的認可及正式同意之前，就進行如此重大的工作。

　　這種責備讓福爾摩沙長官和評議會感到意外，難以接受，因為他們原以為會獲得上級的讚賞。敵人隨時可能來犯，下堡的東面卻缺乏防禦功能，所以他們只不過在那裡修築亟需的堅固石造稜堡，

---

⑩ 漢譯者按：此處的 the lower Castle 譯作「下堡」，後文的 Network 則依循江樹生教授而譯作「四角附城」（或稱角城）。甘為霖英譯時雖採用兩種不同的譯名，但依江教授之解說，四角附城與下堡是相同的。請參見江樹生，《鄭成功和荷蘭人在台灣的最後一戰及換文締和》（台北：漢聲雜誌社，1992），頁 29；冉福立著、江樹生譯，《十七世紀荷蘭人繪製的台灣老地圖》（台北：漢聲雜誌社，1997），上冊，頁 167；下冊，頁 56。

以期彌補這一缺陷罷了。巴達維亞總部也認為這項工程有其必要，卻因為花了錢，福爾摩沙長官又沒有事先請准，就予以責難。但仔細想想，福爾摩沙長官的請示若要得到巴達維亞總部的回覆，至少需要等候七個月，如果敵人在此期間來犯，朝城堡這處最脆弱的地方發動攻擊的話，福爾摩沙當局也會因死等核准卻不積極作為而受到譴責吧！

　　誠然，福爾摩沙官員經由修築這座石造稜堡，以及先前一次又一次的提出請求和警告，不斷呼籲還有哪些地方需要加強防禦的作為，已充分顯示任何有益於公司的事，他們無不全力以赴，戮力而為。不解的是，他們在困境中努力捍衛公司利益的熱誠，為何是受到責備而非嘉勉？何以要用令人沮喪的話語來反對、斥責他們，否決掉他們提出的有用建議呢？因為這些阻礙，讓他們的雙手好像被綁住，無法依據戰爭原理和實際需要來抵抗敵人的侵犯，很多足以遏阻敵人逼近的必要措施，也都無法付諸實現。

　　如果巴達維亞高官們真的有心要抵抗如此強敵、保衛福爾摩沙的話，就不該過於吝惜公司資金，要提供福爾摩沙必要的資助以應付這個緊急局面才對。可惜，他們無法忍受公司代表在福爾摩沙的花費遠超過收益的作為。在這種情況下，國姓爺只要放出要入侵福爾摩沙的風聲，當地的公司代表就被迫要持續保持警戒，因而提高花費，光是這招就足以擊垮我們。我們除了加強防禦外，唯一可行的策略便是取得轄靼人的協助，設法損耗國姓爺的實力，如此就無須怕他，或逼他承諾絕不會發動可怕的攻擊。但對公司來說，這樣做是否比純粹採取守勢更有利，仍是一個疑問。

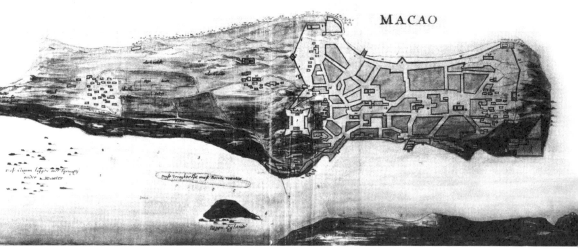

▲ 1640年的澳門【引自《台灣的誕生》】

9. 范德蘭率領遠征軍前來

從這時起,巴達維亞高官們對於援救大員一事,似乎變得冷淡,毫無作為。他們認為,一旦國姓爺真的來犯,福爾摩沙幾乎是守不住的。1660年3月10日的來函可看出這種立場,信中提及巴達維亞評議會通過的決議時,有如下這段話:「國姓爺侵犯我們在福爾摩沙的殖民地的計畫,並不會因震懾本公司的抵抗而放棄。」**❸**

此段話清楚表達了國姓爺的強大和公司的脆弱;有些人認為,這就是巴達維亞在支援大員上總是進展無多的主因之一。也有人主

---

❸ 漢譯者按:此句甘爲霖原譯作:「國姓爺因爲擔心會遭到本公司的強烈抵抗,是不敢侵犯我們在福爾摩沙的殖民地的。」似有誤,故改採 Lambach 的翻譯。

張，戰爭的傳言將如輕煙般隨風消逝，國姓爺不敢眞的攻擊公司，因此，爲抵抗國姓爺所支出的一切費用毫無意義，簡直是把鈔票白白丟掉。另有些自稱熟悉整個情況的人，主張不該平白派出支援福爾摩沙的艦隊，應該讓這一艦隊在回航巴達維亞的途中，連同大員的駐軍，順道攻占葡萄牙人在澳門的城堡。如此，在國姓爺沒有攻擊福爾摩沙的情況下 (很多人認爲國姓爺不敢進攻)，就可以彌補這支艦隊的開銷。

由於上述計畫，巴達維亞總部才決議派遣一支艦隊來支援福爾摩沙。1660 年 7 月 16 日，他們派出由范德蘭 (Jan van der Laan) 指揮的十二艘船隻和六百名士兵，並發出遠征澳門的訓令給福爾摩沙長官和評議會，其內容如下：

由於兵員不足，我們此時本有充分理由拒絕這項冒險行動，因爲今年度並沒有從海陸兩路派遣如此規模的遠征軍到大員的迫切需要。但既然已採取了行動，若發現福爾摩沙情勢風平浪靜，此一遠征軍就該用來襲取澳門。不過，考量到國姓爺侵犯福爾摩沙的不確定性極高，我們的軍隊也許很難從福爾摩沙支開，所以攻取澳門的計劃或可暫緩。相信閣下在評議會的忠告下，必會詳細思慮，請切記這兩件事同樣重要；我們不希望失去此刻占領澳門的機會，但也必須優先處理當前最迫切的事務。

他們給范德蘭的訓令，內容幾乎一致：

爲了這個理由，我們派出強大的艦隊和兵員來支援福爾摩沙。

可是，如果國姓爺來犯的傳言再次煙消雲散（像以前經常發生的那樣），為了彌補派出這支堅強艦隊的費用，依照東印度評議會的決議，艦隊的主力應在回程中襲擊澳門，但前提是確定大員沒有發生任何麻煩，一切危險已經結束，情勢又重歸和平。因此閣下必須暫時駐守在大員或澎湖群島，等候進一步的指令，並在不牴觸我們的訓令下，聽從揆一長官及其評議會的指揮。閣下停留期間的長短，取決於國姓爺的動靜和揆一長官及其評議會的定奪。

於是范德蘭率領這支艦隊出發（但一艘叫 *Worcum* 的船除外，它一直沒有抵達大員），並在澳門補給用水，此舉引起葡萄牙人的疑心，這事也讓他後來在大員受到斥責。范德蘭在澎湖群島時，宣稱要在澳門幹出一番轟轟烈烈的事業。遲至 1660 年 9 月，他才到達大員的港口。這實在稱不上是一支生力軍，因為很多士兵都生病了，比較適合送到醫院治療，而非送來這處需承擔重任之地。不過，儘管有這些缺點，他的艦隊最終還是抵達了大員，這對東印度公司來說是一項大利多，國姓爺的攻擊因而受阻，被迫再次推遲，等待來日良機。由於這支艦隊延遲許久才到達目的地，所以漢人百姓原本已開始相信，福爾摩沙在本年度將無法得到巴達維亞的支援，而國姓爺本人也是如此熱烈期盼著。因此謠傳四起：國姓爺重新考慮其久懸的計劃，決定在陰曆 8 月 13 日（即陽曆 9 月下旬）付諸實踐；國姓爺的若干先鋒船已從廈門出發，駛過大擔島 (Totoa) 了。

一名住在福爾摩沙的漢人皮革商朱哥 (Juko, 音譯) 證實了這個訊息。他在 1660 年 10 月 25 日搭乘公司的領航船 (pilot-boat) 從澎湖回到福爾摩沙，宣稱他在今年陰曆 5 月時，在廈門拜訪了他的友

人——潛逃中國的通譯何斌；長談中，何斌向他表示，大員已在劫難逃，並出示一個普羅民遮城的木造模型，強調國姓爺有意在陰曆8月攻打福爾摩沙，但鄭泰並不贊同，其他官員也認為時機未到，表示尚有軍火不足和其他問題，故應將遠征推遲至穀物收成的前一個月。何斌說，攻打福爾摩沙勢在必行，且國姓爺已雇用了三百名對福爾摩沙沿岸瞭若指掌的航海人員。

朱哥之後在澎湖停留了一個星期，他聽到幾個來自中國的漢人說：國姓爺因聽聞了巴達維亞派出強大軍隊來支援福爾摩沙，所以又開始猶豫是否要發動攻擊。

往後荷鄭雙方正式交戰時，我們俘虜到的兩名國姓爺士兵也證實了上述事項。在 1661 年 9 月 7 日和 10 月 20 日的審問時，他們都坦承國姓爺確實打算，看來也已準備妥當，在 1660 年的 3 月和 9 月襲擊福爾摩沙。

駐日本的荷蘭官員在 1660 年 10 月 15 日的來函也證實此事，其內容為：他們 (指駐日荷蘭官員) 從中國人及通譯處得知，國姓爺確曾打算在前述日期採取行動，但他後來又決定，情願像戰士般戰死在祖國沙場。 (請閱「可靠證據」第 16 號)

公司在暹羅 (Siam) 的代理人於 1660 年 6 月 30 日的來函，也證實了同樣的情形。 (請閱「可靠證據」第 17 號) 但何需這麼多證據呢？光看在巴達維亞派來的艦隊抵達前不久，國姓爺又再度封鎖中國與福爾摩沙之間的航路的舉動，就可猜出他對公司不懷好意了。

摘自1660年10月15日J. Boucheljon先生及長崎評議會致福爾摩沙長官和評議會的信函

三桅船斯普威號 (*Spreeuwe*) 上月 11 日安全抵達此地，我們收到了 64,890 件乾燥完好的皮貨，以及閣下於 8 月 12 日及 16 日的來函。我們欣聞國姓爺企圖侵犯福爾摩沙的野心，已因上帝的奇妙指導而化為雲煙。根據近來幾位到此的中國人所述，國姓爺看來曾打算要侵犯福爾摩沙，但他後來似乎改變了心意，說他寧願像戰士般戰死在祖國沙場，也不想客死他鄉；畢竟這個「他鄉」不只得出兵征服，還須費很大勁才能安全固守。

摘自1661年6月J. van Ryck先生及暹羅評議會致福爾摩沙長官和評議會的信函

上一季從中國沿海和日本駛來的中國帆船僅有五艘，且已全被國姓爺急召回去了。另外，兩艘中國人在此新造的大船，也航往中國沿海，上頭主要載運了米、乾糧、硝石、硫磺、鉛和錫等。

此地的中國人公開宣稱，許多與公司往來的中國商人也秘密地通報我們：國姓爺目前被韃靼人追擊得甚緊，已保不住廈門，所以他開始召回所有船隻，準備進行遠征，本季就會付諸行動。他的目標是攻占最近的島嶼，極可能是呂宋 (Luzon) 或福爾摩沙。

國姓爺一旦為情勢所迫，不得不撤離廈門，他就打算在這兩個島嶼之中擇一落腳。為此，他已在廈門召集了一支由兩百艘帆船組成的艦隊，所有船隻都有充分的補給和大量的兵力。後果將會如何，唯有等待時間和上帝的揭曉。

這些傳言極為不利，因此有必要託最近從巴達維亞發出的船隻代為轉達，事先警告諸位先生，希望你們能採取適當的防備措施。

依我看來，閣下將 Costy 和范德蘭的部分船隻留下，以備災難發生時（祈求上帝阻止它發生）派上用場的做法，極為謹慎妥當。如果災難真的降臨福爾摩沙，就可能會在中國人之間引起若干騷亂。

10. 范德蘭執意征伐澳門

儘管這些證據歷歷在目，但范德蘭的作為簡直匪夷所思。在大員，大家都叫他「蠻不講理的約翰」（Against-all-reason John），據說他在政治和警務方面跟《伊索寓言》裡的豬一樣精明。范德蘭是個唐突無禮的人，沉溺於吹牛，個性輕率、驕傲、愚蠢、頑固，舉止偏執粗魯；任何人只要和他相處一、兩個小時，就會注意到這一切特質。關於國姓爺即將來犯的傳言和確切徵兆，福爾摩沙長官和評議會全都一五一十地告知范德蘭，這個傢伙也以他自己的方法，將所有訊息檢驗一番，但他所得出的結論，卻是不分青紅皂白地（*tanquam caecus de coloriby*）斷然聲稱：所有傳言、警告、推測、調查、截獲的信件，以及福爾摩沙上漢人移民社區的驚恐、逃亡和集

結，甚至長官和評議會關於國姓爺必定來犯的陳述等等，全都毫無根據、不可信，跟老太婆在紡車旁的饒舌話沒什麼差別。他認為，這些不過是一群骯髒漢人所講的閒言碎話，根本不足採信；沒有任何證據、可能性或跡象指出國姓爺會危害福爾摩沙，或對福爾摩沙有任何邪惡的企圖。因此，他斷定，為防衛福爾摩沙所做的努力和花費全無必要，將來要加以避免，因為國姓爺一定不會來犯。他進一步表示，即使出現最壞的情況，國姓爺真的膽敢來犯，以福爾摩沙豐沛的資源，要對付他們綽綽有餘，甚至只需動用一半的防禦工事和兵力，就足以擊退那些中國狗 (他這樣形容中國人) ，因為他們根本不是士兵，頂多只比娘娘腔強些。

　　諸如此類蔑視敵人的話語，范德蘭說了一大堆。他新來乍到福爾摩沙，就立即對國姓爺可能來犯的議題提出一套自己的見解；他自認只要在陌生國度待上二、三個星期，就能夠抓住事態的真相，並迅速提出未來行動應循的途徑。無論如何，他自信在很短的時間內就能夠透視狡滑的中國人的秘密，不像福爾摩沙長官、評議會和其他官員，他們雖全然瞭解中國人的本性和特質，卻需要花費許多年，才能掌握一點點中國人的狀況。

　　既然如此，這個「蠻不講理的約翰」在 1660 年 10 月 6 日的福爾摩沙全體評議員面前，也頑強地堅持己見，斷言關於國姓爺的所有討論將像過去一樣歸於雲煙，因為目前並沒有看見國姓爺艦隊的任何蹤影，也不見其他顯露敵意的徵兆。他又強調，由於福爾摩沙毫無危險，一切平靜有序，為了彌補這支救援艦隊白跑一趟的花費，福爾摩沙評議會應根據早先東印度總督及評議會的命令，盡快做出遠征澳門的決議。

　　福爾摩沙長官和評議會向范德蘭說明其見解並不合理，也指出國姓爺即將來犯的傳言，並未因巴達維亞派來艦隊而稍停，至今依舊甚囂塵上。他們進而明言，國姓爺一再推遲攻擊，不是因為他的計劃有絲毫改變，而是他想趁增援艦隊離去後的最佳時機，出乎我們意料之外，一舉來襲。這就是國姓爺未在今年 3 月或 9 月來犯，一再延宕，等待更佳時機的唯一原因。

　　再說，國姓爺慘敗於南京，元氣大傷，並遭韃靼人猛烈追擊，所以他能否在中國長久支撐下去，已成疑問。因此，他被迫要尋求一個安全的避難所，眼前看來，入侵福爾摩沙就是他的最佳選擇。

　　可見，這些不斷提出的國姓爺企圖染指福爾摩沙的證據，不能全視為膚淺的揣測。事實上，國姓爺的魔掌已近在咫尺，因為他再度禁止中國船隻航向大員，並將這些船隻全鳩集在他的手中，從這些舉動就可以清楚得知，他已做好突襲福爾摩沙的準備，一切只待良機來臨。

　　另外，若遵照巴達維亞的命令進行澳門遠征，就必須從福爾摩沙運走六百名最勇敢的士兵，那麼全島所有要塞和據點的守軍就剩不到九百名了，其中至少有二百五十人還在醫院裡治療，且因水土不服，復原得相當緩慢。因此，如果這些最有能力、最訓練有素的士兵大部分被調走，那麼在這危險時刻，除了一些傷員外，島上就只剩一些未經訓練的年輕士兵，他們根本抵擋不住敵人最微弱的攻擊，這無異是置公司於旦夕之危。

　　還有，早在 1650 年——當時，福爾摩沙的漢人移民社區還沒有現在這麼大，國姓爺還沒有被韃靼人打敗而勢力減弱，福爾摩沙還不太需要擔心國姓爺的來犯——阿姆斯特丹 (Amsterdam) 的董

事會就曾下令，福爾摩沙的駐軍不可少於一千兩百人❸。現在島上
的堡壘增加了，遭受攻擊的危險性提高了，他們卻反而打算減少駐
軍。這種做法不僅跟前述理由衝突，有損公司利益，更違背東印度
總督和評議會的善意，他們曾明確表示，在確定福爾摩沙情勢重歸
平靜、無須再擔憂敵意侵略之前，不得征伐澳門。現在福爾摩沙的
處境極端危險，國姓爺的侵犯幾乎迫在眉睫，根據東印度總督和評
議會的指示，應該優先處理此一最迫切之事，暫緩對澳門的遠征才
對，因爲他們對福爾摩沙安全的重視，更甚於成敗難料的澳門遠
征。(更詳細的敘述，請閱「可靠證據」第18號)

▲ 1720年的澳門【引自《台灣的誕生》】

---

❸ 漢譯者按：甘爲霖原譯作「一千六百人」，此處根據 Lambach 譯本修改，前文及「可靠證
據」第 18 號也都作「一千兩百人」。

摘自1660年10月6日大員決議錄

東印度評議會的高貴紳士們在 7 月 16 日的來函中指出，如果將敵國葡萄牙逐出澳門，把該城市併入荷蘭版圖，公司必會獲益良多，而目前正是征服澳門的最佳良機，因為我們剛好有強大的艦隊航向這裡。

長官將這些計劃告知所有評議員，也提醒他們留意當前與國姓爺有關的情況，並詢問他們下列問題：在需要留下充分兵力來保護本地的情況下，這支大軍是否還能撥出足夠兵力去遠征澳門？若要遠征，本月下旬是否合適？目前醫院裡有兩百五十名新病患，他們因天氣寒冷，復原緩慢，且已有數人病亡，*Workum* 號又運來三十名病患 ❸❸，所以說，從荷蘭派來的六百名士兵中，能夠維持健康的還不到一半。

為了讓所有評議員瞭解我們所面臨的各種困難，長官特舉出若干事項，提醒大家留意：

1. 國姓爺去年在南京慘敗後，害怕韃靼人會繼續追擊，並自認元氣大傷，已無法再行頑抗。

2. 所以他決定從我們手中強奪福爾摩沙，做為危難時的安全庇護地，因為他深知福爾摩沙地大富饒。

3. 我們從接獲的數封信函得知，國姓爺顯然再次遭受強大的韃靼軍隊的威脅與攻擊，因此戰力被進一步削弱。

簡言之，國姓爺已被迫放棄廈門島的主要根據地，率領全軍退守更孤立的金門 (Quemoy) 島，以暫避韃靼人的強大兵力。如果他在金門又遭追擊，就只能轉進福爾摩沙，因為此島是他所覬覦的休養生息之地，他正在迫切等待奪取的時機。即將來

臨的東北季風時期——這是敵人眼中登陸福爾摩沙的最佳時刻——可能就是他苦候多時的良機。如果國姓爺又聽聞我們已採取遠征澳門的計畫，那麼出兵福爾摩沙必成定局，因為他很清楚，我們最勇敢和最有經驗的戰士都已不在，守軍只剩九百人，當中很多人染病，且大部分都年輕又無戰鬥經驗。

就後面這點，有必要指出：早在 1650 年，公司董事會就指示福爾摩沙的駐軍不得少於一千兩百人，以控制大量增加的漢人移民。當時福爾摩沙還很安定，沒有外敵入侵的威脅，也不須提防國姓爺。但情勢不久就轉變了。國姓爺開始動作頻頻，讓我們不斷處於警戒狀態，大員和赤崁地區又增加了數千名漢人移民，這些人的忠誠不能過於信賴，一旦發現我們無法保護他們，就會立即投效更強的陣營，最近那場叛亂即可為證；那兩封從中國寄給本地被扣作人質的漢人長老的信函，也清楚可見他們對荷蘭當局持反對之偏見。

評議會細心研究全部形勢之後，認為最好延到本月 20 日才做出最後決定，因為這個問題需要更多認真的研究，才能知道採取何種行動對公司最有利。這段期間也要思考如下問題：我們和國姓爺之間的關係為何？他有何企圖？我們能信任他到什麼程度？我們也認為，目前暫時推遲決定的做法，符合巴達維亞的指示，也是為了充分斟酌思慮所必需的。

---

❸❸ 漢譯者按：前文說 *Workum* 號從未抵達大員，怎會運來病患呢？Lambach 譯本作：「最近 *Workum* 號又運來三十名病患，已立即送往醫院。」

因此，福爾摩沙評議會為了更充分討論這個議題，就把是否出兵澳門的問題，推遲到當月 20 日才做解決。

在 20 日召開的評議會上，除了若干難題外，還報告下述事項：住院士兵的復原情況不佳；國姓爺在廈門擄獲若干中國船隻的消息，已證明屬實；國姓爺的戰艦攻擊並虐待我方在澎湖群島的兩艘船隻。

評議員們面對這些事實，開始針對遠征澳門的議題進行投票表決。結果只有范德蘭和隨他同來的副司令贊成攻擊澳門，福爾摩沙長官和其他評議員則一致反對，提議將此事延至明年 2 月，並著手調查公司的整體處境能否有所改善。這個意見經大多數贊成而通過。(請閱「可靠證據」第 18 號)

11. 派出使者，一探虛實

評議員之一的培德爾上尉 (Captain Pedel) 提議說：在對遠征澳門這個議題做出最終決議之前，必須先深入調查國姓爺對本公司的真實意圖，並充分取得國姓爺目前在廈門的裝備及備戰狀況等可靠情報。培德爾上尉附帶提議說：為此目的，必須派遣一個幹練的人，以取得國姓爺的回信 (先前巴達維亞當局曾致函國姓爺) 為藉口，親自前往廈門一探虛實。此項提議得到范德蘭的熱烈贊同。於是，1660 年 10 月 31 日，一位使者被派去求見國姓爺，他身上帶了一封措詞委婉的信，大意是說：先前東印度總督和評議會寄給國姓爺的信函，遲遲未獲回覆，希望此行能夠取得回函；並稍加抗議國姓爺對待公司的方式。這一決議能否有效執行 (即探明國姓爺的真正意

圖，以及蒐集廈門的備戰狀況），接下來就端賴這位使者的才幹和精明了。

這位使者到達廈門後，受到國姓爺以禮相待。國姓爺表達了他對東印度公司的極高尊敬和友好，以及雙方進行和談的意願。他也請東印度公司諒解，之所以禁止商船航向福爾摩沙，是因為他需要這些船隻來運送他的軍隊。在談話中，我方可靠的使者試圖探明國姓爺對於韃靼人的態度，以及當時他在廈門進行的大規模備戰情形。國姓爺不但是英勇的戰士，也是高明的政治家，便以如下數語打斷我方使者的探詢：他不慣於公開揭示自己的計劃，但經常會散布於己有利的風聲。國姓爺也給我方使者一封回函，我們將全文轉載於下，以顯示國姓爺和他的臣民並不是像我們想像的那般野蠻、粗魯或未開化。這封信是用漢文寫的，內容如下❸：

中國沿海諸軍統帥國姓 (Koxin) 致福爾摩沙長官：

彼此相距甚遠，我等謹在此表達對貴國的善意與友好。閣下之大函業已收悉，反覆拜讀之後，發覺閣下誤聽甚多荒謬傳言，顯然信以為真矣。

多年前，在我父一官統治時，荷蘭人在大員附近定居，我父乃開放、指導該地與中國之間的通商，並順利延續至今。本藩統治時期，非但未遏阻此一通商，反而極力促進，這可從雙方的商船往來頻繁得到證明。此項通商特許，閣下應視為本藩的善意表現。

---

❸ 漢譯者按：此信先被譯成荷蘭文，再由荷文譯成英文，今再由英文意譯成中文，無法還原原信的文詞。

▲ 17世紀的中國沿海地圖【引自《風中之葉》】

　　但閣下仍懷疑本藩對貴國的善意，猜測本藩即將對貴國採取敵意行動；追根究底，這些猜疑純粹出自居心不軌者的流言蜚語。

　　本藩為收復中國失土，已和韃靼人作戰多年，此事已占據我全部心力，哪有餘力對福爾摩沙這類野草叢生的小島展開敵意行動呢？當本藩緊鑼密鼓進行備戰，為欺敵計，常聲東擊西，故意散布向東拓展的風聲，以掩飾我西進的真正意圖。吾之真意，從未對人傾訴，孰能知曉？可惜閣下未察，輕信訛傳，甚至相信本藩禁絕通商航道。對此，閣下實在有失厚道。雙方商船之所以往來稀少，實因閣下在貴境向商人強徵進出口重稅所致，商人被苛稅壓得難以喘息，甚至虧本，當然不願前往通商。

今年韃靼軍大舉南下，企圖一戰定天下，但我軍在陰曆五月十日予以迎頭痛擊，斬殺超過百位韃靼將官和眾多兵卒，擄獲大量殘兵敗將，並逼迫剩餘部隊四處逃竄，惶惶隱匿。

之後，本藩率全體軍民撤離廈門，轉進金門，堅壁清野，目的在設陷阱，誘敵入彀，再一舉殲滅之。此刻，商人們正利用帆船運送家眷和物資，故船隻須暫留於此，以備不時之需。

謹就閣下控訴治下人民在澎湖經商遭粗暴扣押一事，略做說明。此事若確屬實，也絕非本藩事先知情或授意，料想應為Autingpoise海盜或澎湖流氓假我名號所為，但究為何者，已難查究。

至於閣下所提，本藩未回覆巴達維亞當局來函一事，實令我驚駭。我猶記得四年前曾接獲貴總督的來信和禮品，當時本藩不但立刻奉覆，更附贈禮品一件做為回禮；約在那時，我也曾寄函詢問我方商船和船上貨物被扣押之事。

貴總督之後又捎來一信，本藩在南京收到此信。該信提到，關於吾國兩艘商船及船上財物被荷蘭人扣留一事，應非事實云云。看來在巴達維亞官員眼中，我的友誼並非太值錢，似乎要我裝聾作啞，不想賠償我方的任何損失。類似情況，本藩見識過幾次，最後決定以和為貴，不讓這些瑣碎小事損害雙方友誼。

附上四年前本藩寫給貴總督的信函抄本，供閣下閱覽，相信閣下定能公正判斷，消除一切猜忌和不合，恢復雙方往昔的和睦關係。

一俟韃靼人氣焰稍歇，本藩就會下令商船恢復與貴轄之通航。屆時，相信閣下必能造福商民，商務鼎盛，近悅遠來。

永曆 (Indick) 十四年十月十九日

　　不久之後，國姓爺為消除福爾摩沙方面的疑慮，哄騙他們安
心入睡，就遵守重啟通商的承諾，允許商船再度航向福爾摩沙。
然而，當狐狸講道時，就要當心你的鵝了❸⑤；誰都知道，捕鳥人在
誘捕小鳥時，會吹出溫柔的簫聲（*fistula dulce canit volucrem dum decipit
auceps*）。福爾摩沙之所以害怕國姓爺的野心，主要是因為他被韃靼
人逼到非常窘迫的局面，不得不另謀發展。過去數年，他的處境非
但未見改善，反而更糟，幾乎已近窮途末路，只好帶領追隨者撤出
中國本土，逃到臨近島嶼，以防韃靼人緊迫追擊。每天從中國傳到
福爾摩沙的傳言就足以證明這個事實，國姓爺在前述信函上也無法
否認這些傳言。

---

❸⑤ 漢譯者按：此句甘為霖譯作：「這個手法就像放出狐狸來捕捉狐狸」，此處改採 Lambach
　　的翻譯。

Eerste deel fol: 37

Aymuij

▲ 國姓爺在廈門附近擄獲中國船隻 (約1660年) 【原書附圖】

如果擔心國姓爺入侵的理由真的成立，那麼現在正是關心福爾摩沙的人必須提防警戒的時刻。國姓爺已瀕臨生死關頭，被韃靼人逼到無立錐之地，而福爾摩沙正是他維繫最後生機的唯一去處，所以他必然會圖謀福爾摩沙。我們所聽聞的一切，皆足以證明此事。天地似乎也在預示福爾摩沙的悲慘命運。如果真有凶兆出現的話，此時確實發生一些不尋常之事。

去年一場異常可怕的地震，持續了十四天之久，似乎是憤怒的上天將降下懲罰的惡兆。同時流傳著一條人魚在水道現身的傳言❸⑥。士兵之間也流傳說，某個夜晚，公司的軍械庫傳出了各式武器齊發的騷亂聲響，好像有幾千個人正在交戰一樣。

誠然，有些「事件」可能源自謠傳議論，並無確切根據，但我們又該如何解釋如下傳言：某夜，有人看見熱蘭遮城的某處外突工事籠罩在大火之下；有人聽見刑場 (座落在熱蘭遮城和熱蘭遮市鎮之間) 傳出可怕的垂死呻吟，甚至還能分辨是荷蘭人或漢人的聲音；有人見過水道的海水一度燃燒起來等等。據說還有更多恐怖的徵兆，讀者要如何看待，見仁見智。

總之，戰爭前夕的確廣泛流傳著這類怪異故事，而戰爭期間所發生的許多事，往往就被穿鑿附會成預兆應驗了。真是造化弄人 (*Sic ludit in humanis divina potentia rebus*)。

---

❸⑥ 漢譯者按：這條「人魚」，可能就是前來搜查敵情的鄭軍潛水人員。鄭成功的水師相當有名，其潛水人員宛如今日的蛙人，潛水能力高超，且他們遵守明制，留全髮，入水之後容易被誤作人魚。請參見黃典權，《鄭成功史事研究》（台北：台灣商務，1996），頁43、65。

12. 暫緩遠征澳門

我方使者帶著國姓爺的復函回來了，現在必須就遠征澳門一事做出最終決議。福爾摩沙長官和評議會基於前述國姓爺必然來犯的諸多理由，以多數票決議此事須暫緩執行，且將前來的援兵留在福爾摩沙，以增強防衛力量。(請閱「可靠證據」第 19 號)

可靠證據第19號

摘自1660年10月20日大員決議錄

巴達維亞長官於 7 月 16 日的來函，指示我們在確定福爾摩沙安全無虞的情況下，要遠征澳門，占領那座葡萄牙人城市及其鄰近要塞。今日是我們要對此事做出最終決定的日子。我們之所以延宕至今，乃是為了讓每位評議員都有機會深入思考這個問題(如長官所詳盡陳述，並於先前大篇幅記錄的那些細節)，用意在於找出最佳方案，一方面得以維繫福爾摩沙這座美麗寶島的繁榮，另一方面又能把握這次攻占澳門的絕佳時機(我方海陸援軍現已抵達大員，此刻攻擊澳門，顯然比未來任何時候都要經濟省力)。我們必須權衡這兩項選擇，雖然它們都極為重要，但要根據輕重緩急來仔細判斷，將較不急迫的放在次要地位，優先處理最急迫的事項。

在做出最後決定之前，揆一長官為讓事態更加清晰明白，請我們留意下列新狀況：

1. 自從艦隊抵達迄今，只有五十名病患能夠部分痊癒而出院。

2. 國姓爺近來嚴禁帆船從中國航向本島，故自 8 月以來，未見有任何船隻從中國或澎湖開來。

3. 我方人民前往澎湖的航路似乎也被封鎖，因為最近我們兩艘到澎湖貿易的船隻，即遭國姓爺手下扣押。

這些新狀況非但沒有改善我們的處境，反而極大地妨礙了此塊殖民地的安全和寧靜，也表示國姓爺打算重啟戰爭（他之所以遲遲沒有採取行動，只是為了等待更佳時機），徹底執行我們在本月 6 日的會議中所陳述的那項計畫。長官閣下還宣讀與巴達維亞當局往來的相關信件，讓所有出席者能有全面的瞭解。

上述程序完成後，長官也提出他自己的見解，以供評議會參考。我們決定，每個人的發言都必須記入議事錄，並以多數票來議決。

范德蘭先生首先發言道，從剛才所提出的一切陳述，無論是在島內或島外，他都聽不出有任何象徵危險的證據，或足以引發焦急的原因。因此他主張，征伐澳門的預定計畫必須立刻進行，因為這是荷蘭祖國和巴達維亞長官們的明確命令及強烈建議；此事至關緊要，將為公司帶來莫大利益。

華福倫先生則表示，巴達維亞長官們關於征伐澳門的計劃雖然值得考慮，看來也很有利潤，但自從最近的叛亂以來，本地的局勢仍不甚平靜，無法保證頑強的國姓爺不會蠢蠢欲動。近來沒有任何船隻從國姓爺的統治區域開來，著實啟人疑寶，再加上國姓爺仍遭韃靼人窮追猛打，僅此就足以帶給我們諸多麻煩。因此目前不宜執行原訂的澳門遠征，應延至明年 3 月，屆時大部分困難可望解決，我們也還有充裕時間來完成這個任務。他還說，所有經由澳門運糖到荷蘭的船隻，都應留在這裡，準備加入遠征

軍；另三艘開往暹羅的船隻，也要留下其中一艘。

　　凱瑟 (Keyser) 先生發言說，遠征澳門既是董事們極力催辦的事，目前又是執行此事的最佳時刻，而且他不認為此時此地我們有面臨任何危險，所以這項工作必須立刻執行，準備讓艦隊於下個月啓航。

　　地方官法蘭汀 (Drost Valentijn) 也認為，巴達維亞長官關於遠征澳門的命令極為重要，我們必須予以遵守，但要以福爾摩沙維持平靜無事為前提，後面這點正是問題的關鍵所在。目前我們真的享有這種安寧嗎？首先，從持續不斷的戰爭傳言、許多接獲的信件和其他可信的警訊，皆清楚可見國姓爺仍企圖對公司發動敵意攻擊；其次，之前與國姓爺間的所有友好情誼，已因他封鎖海上航路而破壞殆盡；第三，國姓爺下令扣留我們兩艘前往澎湖的商船；第四，我們必須考量國姓爺在中國的處境，他目前正遭受韃靼人的猛烈追擊，岌岌可危。因為福爾摩沙的局勢不像表面那般平靜，所以法蘭汀認為，與其採取成敗難料的遠征來擴張新領土，不如確保我們既有的財產來得明智。所以他主張把遠征澳門一事延至明年2月中旬，他也完全贊同華福倫剛才所提的主張。

　　培德爾上尉認為，征伐澳門勢在必行，因為這是巴達維亞強烈堅持的目標。問題是，我們仍不明瞭國姓爺對公司的真實態度，究竟是友是敵？除非我們能獲得更充分的情報，否則就會經常陷入焦慮不安。所以他認為，我們必須派人當面詢問國姓爺的意向，弄清楚他對公司抱持何種態度；為此目的，應立即派遣使者前去求見國姓爺。他補充說，在以此種方式取得肯定答案之前，他暫時不會為遠征澳門一事做出結論。

　　亞伯倫 (van Yperen) 先生發言說，巴達維亞的書面指令雖然重

要，但並不表示遠征計劃必須立刻執行。實踐此一成敗難料的遠征，必然會遭遇許多險惡，絕不能因而危及我們既有的領土。細查目前所詳述的一切事實，我們知道本島絕非國泰民安，反而是糾葛在諸多麻煩當中。何況最近又傳來國姓爺因飽受韃靼人壓迫，已退守中國一隅的消息；他在走投無路之下，可能會棄絕一切友誼，重新展開當初的野心。據此，亞伯倫主張，征伐澳門一事必須延遲到明年 3 月，並同意華福倫剛才的建議。

哈梭威爾 (Harthouwer) 先生說，根據他自己的觀察及評議會的紀錄，福爾摩沙南部的情勢，在他 7 月動身前往雞籠 (Kelang, 即今基隆) 之前就很棘手，自他回來後迄今，也未見改善。不但我們前往澎湖的商船被國姓爺的軍隊所擄，他今日還在城裡聽說：通往中國的海上航路也被關閉了。此外，我們還必須正視國姓爺已被韃靼軍隊追擊到走投無路的情形。基於上述理由，他認為任何減少本地駐軍的做法都是不智之舉，而進行澳門遠征必然會減少本島駐軍，因此，他主張今年不該進行遠征，必須等到所有困擾都消除後再說。

最後，長官閣下總結說：鑒於東印度總督和評議會在接獲我們第一封報告國姓爺野心的信函後，就願意派出這支寶貴的援軍；又鑒於我們獲得更多可怕的證據，說明有人正在籌劃對我們不利的陰謀；因此，我們可說福爾摩沙顯然仍面臨嚴重威脅。澳門遠征一旦成行，本島所受威脅勢必加劇，而本島的駐軍人數將少於和平時期；先前駐防各地保護這塊領地的前哨站衛兵，就不得不全部召回城裡；那些居住在邊遠地區的漢人和原住民，可能因失去我們的保護而陷入混亂失序，甚至對我們反戈相向。所以，為了東印度公司的利益，也為了確保這個富庶又肥沃的寶島

的安全，我們最好無限期推遲遠征澳門的計劃，或至少等到本島恢復繁榮後再說。長官也建議，除了兩艘航向波斯、兩艘航向暹羅、和另一艘攜帶公函航向巴達維亞的船隻之外，其餘船隻都要留下。

由於此項陳述及先前的種種意見，最後大家以多數票決定，將征伐澳門一事推遲到明年 2 月，並依據本島情況做有利於公司的安排。此外，我們也決定依上述意見來處置各式船舶。

我們打算征伐澳門的計劃似乎已傳開，甚至遠播到暹羅；我方許多船隻在澳門靠岸補給飲用水的舉動，可能讓葡萄牙人起疑，並加強他們的防禦工事。因此，我們為了抵銷這個傳言，並迷惑葡萄牙人和中國人，便決定對外散布這一消息：本次會議已否決巴達維亞當局遠征澳門的計劃，並將為此遠征派來的兵力扣留在本地。

為了防止評議會以外的任何人得悉此一實情，每位評議員都必須宣誓保密，並特地將此決議交由長官保存。

長官繼續對評議會說，既然決定要留下這支可觀軍力，我們有必要立刻對國姓爺採取某些措施，因為他對公司的不友善態度，不僅導致社會大眾不安，更造成商業活動紊亂，其危害程度可能比雙方正式交戰更嚴重。至少，我們應設法讓國姓爺明白宣示，他今後對東印度公司的態度為何。這個問題將等下次開會再做決定，讓每個人都有機會進行更充分的研究和思考。

我們一致同意，在下月（11 月）派遣快艇瑪麗亞號（*Maria*），將我們的建議和決議書攜往巴達維亞。本紀錄做於大員熱蘭遮城。

再者，我方也增強了熱蘭遮城的防禦功能，而且不准服役期滿的士兵返回巴達維亞，命令他們留下來再服役一年。1661 年的福爾摩沙地方會議再次推遲一年，同時更嚴屬地控管糧食等物資的輸出。島上多處易受攻擊的地區，由於巴達維亞當局不准我們設防，所以我們只好強制撤離當地的漢人百姓。總而言之，一切事務皆進入戒備狀態，以應付敵人的隨時來犯。

13. 范德蘭的報復

然而，這些防衛舉措卻遭范德蘭強烈反對，他斷言國姓爺不會來犯，一切都是福爾摩沙長官和評議會無端的恐懼。他也堅持要遠征澳門；然而，當他發現幾乎全體評議會都反對他時，就變得怒不可遏。他對長官目無尊長，經常趁隙爭吵，以瑣碎小事加以為難。他埋怨福爾摩沙當局對他或他的職務都不夠尊重，說他實際上是遭到了忽視；長官應在他登陸時就前來迎接，而不是等到他到達長官府前的台階時才出現；當他到達大員，從大船登陸之時，僅有一艘小船升旗一面，實為對他的侮辱；他上岸時，士兵們並沒有像對長官那樣，向他舉槍致敬等等。

他為諸如此類的芝麻小事挑起怨恨，甚至恐嚇長官說，待他返回巴達維亞，必將報復這些侮辱。後來，他果然實現了他的威脅。

他運作得相當成功，讓東印度總督和評議會在大員的事務上犯下大錯，做出非常短視近利的行為。范德蘭是否因此事而獲頒金項鍊，我們不得而知，但我們確實知道，當范德蘭再度從荷蘭來到東印度時，高官們對他所提供的大員情報的感激已大大地冷卻，他們

已察覺，先前聽從范德蘭的勸告所採取的行動，實在是太過急躁魯莽了。❸但我們不要離題過遠，還是讓范德蘭返回巴達維亞吧，因為他自從遠征澳門的意見被否決後，就認為大員處處與他為敵，說福爾摩沙長官和評議員們不過是一群懦夫，根本無法和他這種英勇的紳士相提並論。

或許有人會問，范德蘭是否真的特別愚蠢，唯獨他無法瞭解其他人都已看清的事？或是否他完全被遠征澳門一事所吸引，才會顯得如此惹人厭？

我們曾向目睹過大員被圍情景的人士提出上述問題，他們的答覆是：這兩個理由都是對的，即范德蘭並非聰明人，且遠征澳門之舉對他比對公司更加有利可圖。❸當我詢問這麼說的根據時，他們答曰：對於金錢的渴望，如何能不動人心弦？(*Auri sacra fames quid non mortalia pectora cogis.*) 他們又補充道：范德蘭在印度的其他地方已享受過掠奪葡萄牙人財產的樂趣，並違反他所宣誓的承諾，從中大飽私囊。這種掠奪的美味依舊令他難忘，心癢難耐，加上葡萄牙人的澳門向以豐饒富裕聞名。至此我已無須再問，即可充分瞭解遠征澳門為何讓范德蘭如此著迷。向我提供這些訊息的人所言不虛，因為我們所談論的那位仁兄，並非唯一一位在東印度快速致富、卻沒人瞭解其致富手法的人士。

---

❸ 漢譯者按：此句甘為霖譯作：「東印度總督和評議會在這件事上犯了不少錯誤。這些高官是否曾頒賜金項鍊來獎勵范德蘭，吾人不得而知，但知道他從荷蘭本國回到東印度時，得到了高官們的感謝，好像意味著他們當初退回他的報告時過於輕率。」似有誤，故改採 Lambach 的翻譯。

❸ 漢譯者按：此句甘為霖譯作：「我們的答覆與幾位曾在大員遭受圍攻的人士相同，即：范德蘭雖看不出是一個聰明人，但他知道遠征澳門是一項有利行當。」似不夠精確，故改採 Lambach 的翻譯。

因此，期待遠征澳門卻落空的范德蘭，對福爾摩沙長官的怨恨變得難以遏制。他無所不用其極地傷害長官，簡直到不消滅誓不甘休的地步。他為了貫徹這一目的，就和一些不滿份子 (所有政府內部都有這樣的人物) 共謀來對付長官；這些不滿份子當中，有些是長官從最基層提拔起來的，但其中並沒有高階官員。

這些人希望能夠更換長官，便附和范德蘭之說，宣稱他們不相信國姓爺曾計畫對福爾摩沙動武，也不相信國姓爺現在對福爾摩沙懷有半點敵意。在商務員貝利 (Thomas Baly) 做東的宴會上，范德蘭被特地邀請出席，後者在酒酣耳熱後，藉機發表反對長官的言論，成為這群批評長官的異議份子的發言人。於是他們共同起草一份關於福爾摩沙情勢的聲明，其中包括對長官的嚴厲指控，說他沒有能力擔當長官重任，因為他無端恐懼國姓爺即將來犯，對島上漢人採取不必要的嚴格措施，甚至將他們驅離福爾摩沙；也宣稱長官不顧島上人民死活，破壞商業活動，並在其他方面有難以勝任的表現等等；他們的結論是，為了讓福爾摩沙得到良好統治，東印度公司必須撤換這位長官。在場的客人充分討論了這份聲明，也表示支持，但他們因過於酣醉，所以沒有在聲明上署名。

隔天，當這些煽動者和附和者從昨晚的狂歡清醒過來後，此事又被重新提出。但這些人開始找各式理由推托，前晚的勇氣似乎消失殆盡，最後落得無人簽署那份聲明。雖然如此，范德蘭仍然受到推舉，代表這群人前往巴達維亞報告他們對長官的指控，也受託帶去他們寫給巴達維亞親友的私函。這些信的措詞非常激烈，故意要激起強烈情緒。

范德蘭帶著這些信件和他的軍官，在 1661 年 2 月搭乘達芬號

(Dolphyn) 和弗戈司號 (Vergoes) 離開福爾摩沙，返回巴達維亞。福爾摩沙當局曾請求他留下這些軍官，但因某些緣故，未被許可，所以最後只留下一批沒有軍官指揮的士兵。

這支救援艦隊的其餘船隻，都被逐一派往印度各處，只留下赫克托號 (Hector)、斯‧格拉弗蘭號 ('s Gravelande) 及小帆船溫克號 (Vink) 來防護大員的港口。另外，快艇瑪麗亞號也留下，做為通信船 (despatch-boat) 之用。

14. 誰弄丟了福爾摩沙？

關於敵人侵犯福爾摩沙的計畫，以及荷蘭當局所做的防衛準備，我們之所以敘述得如此冗長詳細，主要是基於下列兩個理由：第一，因為其中有很多事實和奇怪事件，尚未充分地為人知曉；第二，福爾摩沙長官和評議會最常被指責的罪過，就是無端恐懼、本位主義、專制統治、頑固鬥氣、輕率疏忽、行動怠慢、忘恩負義和猜忌多疑等，因而導致土地及市鎮的毀壞，並違背最高當局的期待。

然而，這些罪過究竟是什麼呢？請容我不避重複之嫌，簡短列舉如下。當揆一被任命為福爾摩沙長官時，福爾摩沙和中國之間的通商及航道都遭國姓爺封鎖，於是他在評議會許可下，派遣漢人通譯何斌前去會晤國姓爺，交涉恢復雙方通商和通航事宜，結果成功而返。這就是第一件「罪過」，因此讓福爾摩沙人民受害，也讓東印度公司位於福爾摩沙的美麗且得之不易的領域，最終落入他們的死敵——異教徒國姓爺之手。

檢察官又說，由於他在商業上實施不公正的課稅，即在謀致老百姓的毀敗，讓他們喪失生命與財產。（詳情請閱「可靠證據」第20號）

長官和評議會曾在不同場合、經由不同管道，屢次接獲國姓爺打算攻打福爾摩沙的警告和可靠證據，針對這些情況，他們未敢忽略，也不曾怠慢，而是謹慎地深入追查。然而，這也被檢察官列為主要「罪過」之一，被形容為「因聽信老太婆的八卦閒聊而生的恐懼顫慄」。

檢察官進一步指摘，長官和評議會因無端恐懼國姓爺即將來襲，以致犯下所有其他的「罪過」，例如：他們為了抗敵所做的種種慎重準備，以及留住服役期滿的士兵的大膽決定。

為了避免福爾摩沙原住民在遭受突擊時，因群龍無首而陷入混亂，就推遲了地方會議的舉辦，這也是另一項「罪過」。

另一項更嚴重的「罪過」是：由於擔心國姓爺來犯，就以「暴虐」手法拘留了漢人長老和領袖做為人質，以防止他們領導暴民，協助敵人入侵。

還有，福爾摩沙官員們逮捕五名漢人，並因他們謊報敵人情況而予以定罪；也禁止漢人農民聚集，以確保對他們的控制，更命令他們將所有動產都搬到熱蘭遮城附近的適當地點。

官員們也命令所有鄉村房子的門窗都要拆去，以免敵人占為遮蔽之用；查封那些煽惑、恐嚇原住民的漢人農民的房子，並把他們趕出村莊；就地燒毀數千袋來不及搬運的稻米，以免淪為敵人軍糧。

再者，在檢察官眼裡，福爾摩沙當局將所有漢人逐出小琉球的

做法，是不可原諒的「罪過」，因爲此舉造成居民流離失所，許多婦孺曝死溝旁。

檢察官繼續追究下列「罪過」：福爾摩沙當局長期扣押中國船隻，不讓敵人力量獲得增強，並避免福爾摩沙消息外洩；鑑於戰事將近，禁止國姓爺的船隻（它們數量龐大，並假裝在捕魚）靠近福爾摩沙沿岸；截奪數封與國姓爺陰謀有關的信件，並嚴格盤查涉案的漢人。檢察官指控說，這些行爲簡直違反了通商自由，在他看來，頻繁的逮捕及煩人的審問只會摧毀進口貿易。

再者，福爾摩沙官員讓東印度總督瞭解其領地正遭受威脅，並大膽請求充分而快速的支援一事，也被檢察官視爲一項「罪過」：向上級呈報毫無根據的危言聳聽。

最後，福爾摩沙官員們毫無異議地反對遠征澳門，並在范德蘭的反對下，將這支爲突襲澳門而從巴達維亞發出的艦隊留在福爾摩沙。因爲福爾摩沙官員們認爲，該島此刻正面臨強敵入侵的迫切危險，且此舉也符合該艦隊所接獲的特殊命令：如果福爾摩沙有被敵人攻擊的危險，就需留下來防衛福爾摩沙，不對澳門採取行動。但檢察官卻認爲，此一決定根本是頑固、偏執、自我膨脹、抗命。

此外，還有許多微不足道的「罪過」，不必一一提及。然而，令人不解的是，這些大大小小的「罪過」，除了推遲遠征澳門一事外，其餘的都經過最高當局許可（請見先前提及的 1660 年 4 月 22 日和 7 月 16 日的公函），何以檢察官還在其 1662 年 9 月 21 日公布的起訴書上宣告有罪呢？既經明示許可，怎能事後追溯爲「罪過」呢？的確很奇怪，但事實就是如此：東印度總督和評議會在 1661 年 6 月 21 日的信函上，否決了他們在 1660 年 4 月 22 日和 7 月 16 日

所認可的一切，並宣稱它們全都是「罪過」，福爾摩沙長官和評議會須爲此受到嚴厲懲罰。

這就是事情的始末。於是福爾摩沙長官和評議員們未經任何審判，就遭到免職，並被召回巴達維亞受罰。也許就是著眼於這樣的處理方式，檢察官才會將他們的作爲全打成「罪過」。但接下來又發生了一件事。就在前述 1661 年 6 月 21 日過後的十一天，即 7 月 4 日這一天，東印度總督和評議會再次改變他們在 6 月 21 日所決議的「罪過」，並重新認可他們在 1660 年 4 月 22 日和 7 月 16 日原已許可的行爲。也就是說，他們讓福爾摩沙長官和評議員們全部復職，並再度交付掌管福爾摩沙的重任。然而，檢察官卻仍然宣告這些已獲高層長官許可的行爲是「罪過」！由此可見，巴達維亞當局對於福爾摩沙的態度是如何優柔寡斷、變換不定，他們在前一天所認可的行爲，可能在下一天就急忙加以否定、苛責，眞是令人不知所措。

「福爾摩沙丟了」，所有東印度國家和荷蘭本國大臣們都這樣叫喊著。福爾摩沙長官和評議員們被視作頭號失職者，但他們不甘被誣爲弄丟福爾摩沙的戰犯，喪失自己的人格和榮譽，也公開宣稱：他們受到過多的掣肘，卻未得到足夠的支援，簡而言之，福爾摩沙是被巴達維亞當局所遺誤。但他們的申辯之詞卻被刻意掩蓋，因爲它們一旦爲人所知，某些高階官員就不得不出面爲自己的行爲辯解，就會有人陷入那號慟痛哭、切齒咬牙的迢遠黑暗之境。這些事情已談得夠多，接著就來敍述實際的戰爭過程吧！

東印度檢察官 (Advocate-fiscal) **韋納提** (Louis Philibert Vernatti) **向崇高尊貴的巴達維亞司法評議會控告揆一** (東印度評議會特別委員、前福爾摩沙大員長官) **及歐特肯思** (Joan Oetgens)、**亞伯倫、哈梭威爾** (這些先生為商務員和前福爾摩沙評議員) **所起草的起訴書及判決意見**

為進行起訴，並求本案明確判決，起訴人提出下列告發理由：

首列被告揆一長官，在東印度各地歷任要職近二十年，並獲得諸多榮譽和利益。

公司當局不僅任命他為福爾摩沙大員長官，更拔擢他為東印度評議會特別委員。

據此，首列被告理應懷著感激之心，忠誠地為公司效勞，因為公司並不是把他當作雇員看待，而是如同慈父對待兒女那般。此外，這亦全在他的誓約內容當中。

榮譽感和責任心，本該讓他有上述作為。可是，就像最受父母疼愛的兒女，往往最讓父母傷心；或豢養在餐桌下的小羊，最先攻擊主人的小孩那般 (*et arietibus, bene pastis, cornua proximis*)；首列被告及其評議員們，也同樣選擇恩將仇報，以致動搖了公司的根基。

從首列被告及其評議員們的態度，可清楚看出他們內心深處並無愛國心和期盼公司繁榮的念頭。

要不然，他們怎能眼睜睜看著公司受到徹底毀滅的威脅，任由國家的基礎遭受侵蝕呢？

何斌是個狡詐漢人，也是首列被告的親信。他在首列被告同意下，前往中國，從事種種勾當，一回到大員，就以國姓爺名義向居民及商人收稅。

這個邪惡的課稅行動持續得如此之久，以致連漢人都說，長官不可能不知情。首列被告為維護自身榮譽，防止自己與人共謀或昏庸無能的醜陋證據遭到揭露，便對那些直言不諱的異教徒，施以最嚴厲的酷刑和監禁。

他們之所以被長官下令嚴辦，純粹是因為他們曝露及譴責了長官的弱點。

首列被告這種明目張膽的惡行，令其上級的良好聲譽蒙羞。

首列被告的另一嚴重罪過，即罔顧何斌的同胞指證歷歷，而何斌本人也在認罪自白上簽名，依舊允許何斌這個不忠漢人免於懲罰。

就此案例來說，施加刑罰將會產生很大的嚇阻效果，也能獲得舉世的認可。

然而，何斌這個非法收稅者，竟僅被罰以微不足道的三百里耳，就加以釋放。其實他從這項骯髒勾當所賺進的錢銀，當百倍於這個數目。

這個叛徒最後可恥地逃跑，引起當地居民極度憤懣不滿。

何斌擔任通譯期間，因強徵稅捐而對當地造成極大災難，所以當福爾摩沙民眾得知，這樣一位破壞社會和平、損害人民福祉的大壞蛋，竟因首列被告的懦弱無能而得以逃之夭夭時，全都認為這是一樁無法原諒的罪過。

何斌充分熟悉公司在大員的各項事務，絕不會放過任何以奸詐陰險手段來傷害公司的機會。

可是這個異族叛徒竟被縱放，潛逃無蹤。

但在較不重要的事務上，首列被告就知道怎麼做了，例如：他利用權力，擅自撤銷其同僚依職權所做出的有效判決，重新審判一位獲釋的漢人（他因偷竊何斌三里耳而遭解雇），最後竟將那位漢人判處絞刑。

何斌逃亡一事傳開後，被告們嚇得顫慄發抖，乃做出種種輕率愚蠢的努力以圖自救。杯弓蛇影。(*Ad strepitum culicus motaque ad arundinis umbram.*) 他們是如此恐懼擔憂，以致各種倒行逆施紛紛出籠：無辜漁民在福爾摩沙沿海進行的捕魚作業，遂被誣為居心不良的鬼祟巡弋；最微小的傳聞或老太婆的八卦閒聊，均足以激起莫大恐慌，以至於強迫服役期滿的士兵繼續留下；福爾摩沙地方會議被停辦；未經公平審判，僅憑少數漢人走狗（這些人專事造謠，藉以討好長官及評議員）的指控，就對可憐的無辜漢人施以監禁、刑求、甚至放逐等手段。

這些暴行，並不侷限於個別案例，範圍逐漸擴大，最後擴及整個福爾摩沙。數以千計的人民，包括單純的農民，被強制逐出他們的農地，流離失所。

他們的家畜、住宅、五穀和器具都被沒收，只得帶著妻兒四處流浪，被告們未施予任何憐憫或維生工具，任其曝死路旁。

鄉村的房子被掠奪一空，大量稻米被焚毀；漢人農民被趕出原居村落及小琉球。

被告們不准漁民出海捕魚，並以殘酷的逮捕和惱人的監禁，阻絕了對外貿易。

人民被迫要供出他們不知情的事。

被告們不准富商的出口超過進口，這明顯違反商業與自由貿

易的原則。

上述的激烈措施，激起平民百姓的極大氣憤，使他們不再效忠公司，努力尋求其他勢力的撫慰和保護。

但這些還不是我們全部的控訴。

被告們不只造成眾多民怨和禍患，他們還呈上語帶威脅的信函，要求東印度總督和評議會盡速派來有力援軍。

但他們用來索求援軍的理由，卻是毫無根據的恐懼，所以巴達維亞評議會不解為何會受此騷擾。

巴達維亞當局雖判斷無須派出援軍，但由於被告們不斷強索，且為證明巴達維亞沒有怠慢職責起見，就立即派出一支由十二艘戰船組成的艦隊，裝配充足的士兵和補給，由英勇的指揮官范德蘭率領，前往救援。

評議會指示范德蘭，如果他發現大員和福爾摩沙沒有立即或可能的威脅，就用這支艦隊來征伐澳門，大員方面用不著的援兵，就依此目標調度處置。

遠征澳門是為了彌補派出這支救援艦隊所耗費的巨額開支。

艦隊指揮官范德蘭抵達後，發現福爾摩沙平靜無事，只有揆一長官及其評議會所引起的諸多騷亂。被告們的不當管理，讓各地人民陷入悲慘處境，其苦況更甚於國姓爺真的來犯。

范德蘭並非隨便就受到驚嚇的人，但他著實對這種不必要的恐懼和戒備感到非常訝異。

范德蘭強烈主張執行征伐澳門的任務，但遭長官和評議會反對，他們甚至放肆到羞辱（而非尊重）范德蘭，更遑論鼓勵他從事這一重要任務。

在此期間，被告們虛構出各式各樣的反對理由，最終否決掉

此一值得高度讚賞的遠征任務。因此，被告們違抗上級所下達的明確指令，不但喪失了痛擊世仇葡萄牙人的絕佳機會，更激起中國人開始圖謀不軌的舉動（他們本來不會想到這樣做），如同中國官員鄭泰(Sanja)寫信嘲諷長官所述那般。

被告們非但違背東印度總督和評議會的命令，甚至還寄給國姓爺一封畏縮膽怯的信函，詢問他到底要和要戰。

國姓爺則回以外交辭令：他不慣於公開自己的計劃，反而經常發布一些聲東擊西的假消息。

於是被告們無計可施，依舊懷疑國姓爺的意圖，還是不讓這支強大艦隊前去攻襲澳門，即使范德蘭向他們提出最迫切的呼籲亦然。

被告們雖提不出任何證據，卻堅稱國姓爺曾三度計畫攻擊大員和福爾摩沙，並說他已開始籌備此事。

如果此事屬實，被告們就該派遣艦隊主動出擊，摧毀國姓爺的戰船，讓他無力危害我們才對，而不是呆坐著空思夢想，徒然帶給公司極大的困擾和傷害。

被告們的懦弱和無能，顯現在他們停止福爾摩沙地方會議，以及禁止稻米輸出等作為。禁止稻米輸出之舉，不僅傷害可憐的居民，更誘使國姓爺真的來犯，或至少引起他的貪念，因為眾所周知，國姓爺急於獲得這些稻米來維持軍隊生計。

在整個騷亂期間，被告們從未想過要補強脆弱的防禦據點，也不曾設法增進公司的繁榮。

被告們也未曾就如何加強熱蘭遮市鎮的防禦，或如何檢查、補救其他缺陷等事項，就教於英勇且經驗豐富的軍官范德蘭。

這般難以饒恕的疏忽，讓被告們在災難實際降臨時，處於毫

無防備的狀態。

雖然根據 4 月 7 日的決議，被告們已決定要做好警戒，但普羅民遮城的彈藥和糧食還是不足。

被告們埋怨火藥不足，卻又允許安胡森號 (*Enkhuysen*) 載運八百磅火藥前往暹羅。

當敵船從容開進鹿耳門灣 (Lakjemuyse bay)，毫無受阻地進行登陸時，被告們嚇得驚惶失神、呆若木雞；他們所做的「抵抗」，就是將所有時間浪費在冗長而無用的討論之上。

被告們的政策總是搖擺不定，往往在決定後，旋即改變主意，不久又再次回到原議。例如，他們派遣艾多普上尉 (Captain Aeldorp) 帶兵出戰，該員卻因一顆子彈從身旁掠過，就嚇得丟下部隊單身逃回，但這樣的懦夫竟沒有遭受嚴厲斥責，更遑論懲罰了。

指揮官范德蘭說，我方只要動用四百名兵力，就能夠把登陸的敵軍擊退。然而被告們卻訛稱，整個熱蘭遮城只有五百名士兵，派出四百名，等於城堡無人防衛。

被告們就這樣放任敵人為所欲為，甚至宣稱無須急於行動。

被告們之所以如此輕忽，是因為他們誤以為：戰爭期間，不必在意幾天的時間，通常一個小時、甚至一兩分鐘，就足以決定勝負。

當我軍還在驚魂未定之際，敵軍已充分利用機會，切斷我方一切海陸聯繫，開始猛攻普羅民遮城。

敵人因這次成功而膽量大增（他們的成功，與其說是他們自己的勇氣所致，倒不如說是福爾摩沙評議會的急忽所造起的），乃以極度羞辱藝瀆之姿，要求我方兩個城堡都要投降。

於是評議會召開會議。歐特肯思還未面對過敵人，就提議兩個城堡一起投降。這個主張幾乎要被接受了。幸好，全能的上帝賜給克魯夫牧師 (Rev. J. Kruyf) 勇氣。他無法接受這個可恥的提議，因而提出強烈異議。他嚴厲駁斥出席者的懦弱作為，並藉著上帝賦予的力量，展現出滔滔雄辯。他的陳述是如此強而有力，讓聽者為之振奮，因此暫時避開一場大災難。

然而，評議會還是決議派遣亞伯倫和李奧納迪斯 (Leonardis) 為特使，前去晉見國姓爺，吩咐他們要以最謙卑溫和的態度來陳述我方意見，以緩和國姓爺的盛怒。

特使們也被授權，如果國姓爺不講道理，可以獻出普羅民遮城和整座福爾摩沙。敵軍幾乎一彈未發，我方竟然就做出這般讓步！

國姓爺看出他們的恐懼，因而堅持他的要求。特使們受挫而歸，回報說普羅民遮城已經大亂。

現在熱蘭遮市鎮已曝露出來，只有兩排尚未完工的砲台能夠抵抗敵人登陸。

熱蘭遮市鎮的居民並不缺乏勇氣，只要城堡能派出兩百名援兵，他們就願意迎敵抗戰。但這項請求不僅遭到拒絕，長官和歐特肯思還命令全部居民拋下財產，攜家帶眷退入城堡內避難。

於是，大員的基石、福爾摩沙的根基，就這樣被摧毀，特地建造的砲台遭遺棄，大砲被拉進城堡內。

被告們所遺棄的市鎮，裡頭的房子仍存有大量糧食，要不是有這些，敵軍肯定會全部餓死。

我方據點逐一投降給敵人，毫不理會可憐百姓的激烈反對。

大員官員們自作聰明，不知道這樣做只是提供敵人實現計畫

的絕佳機會,敵人只需幾小時,就可將整個市鎮掠奪一空。唉!就在第三天,國姓爺果然率領全軍,未遇抵抗地進入市鎮,找到了大量糧食。

國姓爺立刻採取行動,在我方遺棄的市政廳、秤量所(Waegtol)❸⁹等處,找到舒適的遮蔽所在,並堆起眾多堡籃(gabion)❹⁰,讓我方大砲無法施展威力。

此時,敵軍每日在我們砲火所及的範圍內,堆起一個又一個的新堡籃,但我方主事者卻似乎不敢動用大砲,他們怕打不中敵人,徒然浪費火藥。

大砲和火藥的功能,本來就是用來自衛和摧毀敵人。在戰爭剛爆發時就開火,當然比敵軍建立堅固據點後才攻擊,要來得有效,就像這次經驗所顯示的那樣。

如果我軍已竭盡全力,並動用到庫存火藥,拮据的情勢必然會迫使他們謹慎使用火藥。但在走到這一步之前,長官不該連攻擊敵人所需的火藥都捨不得給。

敵軍從容完成防禦工事後,就在5月25日開始朝我方城堡開火,證明了敵人不只聰明,還善於使用武器。

此時,歐特肯思突然對驚惶失措的眾人宣布:長官已經陣亡!

我方應能瞭解,讓敵人隨心所欲地進行各種計畫,是多麼危

---

❸⁹ 漢譯者按:Lambach 譯本作「weighing house」。
❹⁰ 漢譯者按:堡籃是當時鄭軍用竹子編製的一種籃子,裡面裝沙土,堆積擺設成堡壘,以防敵方射擊,功用有如今日的沙包。鄭成功決定攻城後,便下令製作大量堡籃。鄭軍推進熱蘭遮城時,白天士兵就躲在堡籃後面,趁著夜晚再把堡籃往前推進。鄭軍在中國大陸作戰已用堡籃,稱爲「篷篨」。請參見江樹生,《鄭成功和荷蘭人在台灣的最後一戰及換文締和》,頁34-35;江樹生譯註,《梅氏日記》(台北:漢聲雜誌社,2003),頁28。

險的事；但他們依舊任由敵人建立非常堅強的據點，未曾有過抵抗作為。

幸好在次日，全能的上帝顯現了祂的慈悲，證明祂始終沒有遺棄我們。我軍藉由一場極小型的戰鬥，就擄獲昨日猛烈轟擊我們的二十八門大砲，取得一回大勝。

敵軍因此受到驚嚇，四處藏匿。我方戰士立即向城堡大聲請求增援，準備在上帝的協助下，一舉擊潰敵人。可惜，城堡內非但沒有派出援兵，反而鳴鐘命令城外勇敢的攻擊部隊撤退進城，不給他們向敵人開火、進而消滅敵軍的機會，甚至連擄獲的大砲都來不及帶回。等到事過境遷，良機已逝，他們才後悔自己的膽怯。

我軍全部撤回城堡後，敵軍又重新以堡籃在街道上建立防禦工事，並安裝上那些原被我軍所擄、卻又笨拙膽怯地放棄掉的大砲。

雖然我方能聽見敵軍不斷在進行上述工作，卻未施予任何阻礙。

從此，我軍安逸地保持靜默，毫無趁機攻打的跡象，直到指揮官卡烏 (Jacob Caeuw) 率領的第二支救援艦隊從巴達維亞開來為止。

當這支艦隊出現在海面上時，所有心情低落的士兵、病患，甚至遊手好閒的懶惰蟲，全都振奮起來。

敵軍大為驚慌，有些人甚至過於絕望，帶著武器逃入海裡淹死。

連國姓爺本人也很沮喪，準備逃命，並囑咐士兵們：各自逃生 (*Se sauve qui peut*)。

　　國姓爺因此遷怒何斌（他是這場遠征的策劃者），將他逮捕，下令砍下他的腦袋，當作獻計的報酬。

　　總之，敵軍陷入大亂及絕望的局面。

　　此時，承蒙上帝恩賜，風向及天候皆很適合登陸作業，眼看我們的救援軍力和彈藥即將上岸。

　　然而，岸上的官員卻毫無作為。他們無視停泊處缺乏遮蔽，及天候不良時登陸將有危險等問題，竟讓整支艦隊空停在那裡整整三天，完全沒有卸貨的行動。此舉引發百姓極大不滿，但歐特肯思卻反嗆說：「就因為你們這麼囉唆，艦隊未來三天也不能卸貨！」

　　不久之後，就像上帝收回對忘恩負義之人的賜福那般，一陣激烈的強風刮起，迫使整支艦隊（上頭的貨物還未卸下）駛離停泊處，接連二十八天無法靠近。

　　此時，小型三桅船厄克號（Urk）在大員附近失事，船員遭敵人監禁、拷打及殺戮。

　　敵軍因此得悉我方處境，便重新振作，擴展防禦工事，增強軍力，儼然是一支勇猛部隊。

　　救援艦隊回來後，我方人員展現出不尋常的勇氣，企圖以幾艘最小的船隻來攻擊敵人的若干小帆船，結果嘗了敗戰，在混亂中匆忙撤退，還損失了幾位士兵和三艘船隻。

　　這些莽夫違反了先前的決定，但長官和評議會卻沒有處罰他們，甚至連口頭斥責也沒有。

　　從這時起，大員當局就再也沒有做出什麼嘗試了，儘管人民有充分的勇氣，一般官員也願意為了公司的利益，發動攻擊或從事其他任務。

　　他們所提的種種建議常遭長官輕蔑否決，因而意志消沉、喪失勇氣。

　　甚至重要決策也是由評議員私自決定，而這些決策也經常被毫無理由地變更或廢棄。

　　久而久之，大部分人因害怕受到斥責，不敢再提主張，大家都變得懦弱無力、漠不關心。

　　公司的金銀財寶和其他有價值的物品，原本可以輕易地搬到船上安全存放，但當權官員怕引起守備士兵的不滿，拒絕這麼做。

　　被告們不願挽救公司的財物，卻寧願加重公司的負擔：在這場長期且危險的圍城過程中，他們以公司名義開立未經授權的票據。

　　被告們任由敵軍不斷逼近，竟未施加任何阻礙，最終導致烏特勒支碉堡(Reduyt Uytrecht) 遭徹底摧毀。

　　敵人也在城堡附近堆起眾多堡籃，讓我軍大為恐慌，眼前只剩三種選擇：對敵人進行全面攻擊、靜待敵人即將發動的猛攻、或乾脆全部投降。

　　雖然有些人贊成前兩種選擇，並提出很好的理由，但掌權者只聽得進相反的意見，甚至允許商務員瑞德 (de Ridder) 大聲宣讀一份主張舉城投降的可恥文件，並在高聲喝采中接受該份文件。❹

　　總而言之，福爾摩沙評議會提出了種種困難，並做出極為精

---

❹ 漢譯者按：此段甘爲霖譯作：「雖然有些人贊成前兩種選擇，打算戰到最後一兵一卒，但他們很大程度地影響到持相反意見的人，致使商務員瑞德（de Ridder）受命起草並大聲宣讀一份怯懦的文件，決定獻出整座城堡及其財產來投降。」似有誤，故改採 Lambach 的翻譯。

巧流暢的論述，以致義勇軍——他們更善於行動，而非詞彙——無法再提出任何反對意見。

於是，被告們沒有絲毫抵抗，就將寶貴的熱蘭遮城及其百姓、彈藥、庫存、商品和金銀財寶（包括金塊和血珊瑚），全都投降給那位殘暴的異教徒、崇拜惡魔的敵人——國姓爺，儘管我方原本有很多機會可以保全所有貨物。

雖然被告亞伯倫在最後階段並未主張投降，而被告哈梭威爾也數度缺席會議（他在缺席期間犯了若干過失，尤其是在永寧(Ingelingh)海灣那一次），但這兩人均不能豁免於福爾摩沙評議會所需擔負的責任。公司當局在該地的崩壞，並非肇因於任何單一事件；大員和福爾摩沙的淪陷，是一長串瑣碎爭論和不忠行為所造成的。我們現已揭露這些事實，在隨案附上的紀要、決議錄和日誌上，也可看到更清楚的記載。

被告們擁有全權，並接下統治當局的重任，所以公司董事們自然將福爾摩沙及大員的人民和資產都託付他們管理。

但結果卻是何等悲慘啊！因被告們的個人慾望、無端恐懼、暴虐壓迫、頑固倔強、任性暴躁、可恥疏忽和忘恩負義，這些殖民地已完全毀滅矣。

犯下此等嚴重罪行（導致整塊領土及社會的崩潰）的兇手，不管地位有多高，都不該任其逍遙法外。他們所掌的大權，本應用來防止這類大災難發生，卻遭到濫用，所以必須接受嚴懲。

因此，應監禁這四位被告，以便在適當的時間和地點執行死刑；並沒收他們的全部動產及可繼承的財產。

起訴人：檢察官 *L. P. Vernatti*

1662 年 9 月 21 日於巴達維亞

國姓爺的來襲、圍城與勝利

1. 國姓爺全面來襲

　　在上個世紀（即十六世紀），當我們摯愛的祖國荷蘭似乎已無力再抵抗西班牙人的暴政，教會方面也即將淪為他們的奴隸之時，著名的奧倫治親王 (Prince) ❶——當時最偉大的政治家，荷蘭人民永遠緬懷的人物——為了奠定我們所珍視的自由，付出一切。他在迫不得已的情況下，命令陷入絕望的評議會炸毀水壩和堤防，讓洪水泛濫，淹沒家園；人民只好攜帶妻兒和所有財物，逃上船避難。他們完全仰賴上帝的憐憫，出海尋找其他落腳處，建立新國家，就像古代的特洛伊人 (Trojans) 那樣。特洛伊人在城市被焚燒、國家被摧毀後，也攜帶妻兒在海上漂流多年，最後在虔誠的漢尼亞斯 (Aeneas) 的保護和領導下，登陸肥沃的義大利，在那裡建立一個無與倫比的新國家，並誕生了第四王朝 (Fourth Monarchy) ❷。

　　國姓爺目前的處境和我們的祖先頗類似。他在和韃靼人作戰多年後，也被韃靼人窮追猛打到存亡絕境，只得把妻兒和一切財物藏在船上，從一個島逃到另一個島。

　　國姓爺在韃靼人的猛烈追擊下，必須尋找一個韃靼勢力所不及的安全處，才能避免被消滅的危機。韃靼人缺乏船隻，又不具航海知識和技巧，故沒有渡海作戰的能力。

　　福爾摩沙看來最符合他的理想，因為他可以在那裡維持自身的安全與自由。尤其目前又出現一個絕佳的攻擊時機：范德蘭已率領

---

❶ 漢譯者按：奧倫治親王威廉一世（William I, Prince of Orange, 1533-1584），又稱作沉默威廉（William the Silent），領導荷蘭反抗西班牙的獨立戰爭，之後被尊為荷蘭國父。
❷ 漢譯者按：即羅馬帝國。

▲ 17世紀的金門城與附近海灣【引自《風中之葉》】

軍官回到巴達維亞，救援艦隊的船隻又被派往不同地方。因此，目前增援的兵力不超過六百人，即使加上原有的駐軍，荷蘭當局還是無力保衛福爾摩沙這塊廣闊的殖民地。另一重要因素是，東北季風快要停歇，所以福爾摩沙若遭攻擊，也幾乎沒有船隻能開往巴達維亞求援。國姓爺確信，只要他對福爾摩沙發動攻擊的消息傳不到巴達維亞，巴達維亞就不會派出任何兵力；由於東北季風即將結束，這點看來不成問題。（原註：福爾摩沙及其鄰近所有區域，每年有一半的時間風從北方不斷吹來，另一半時間則從南方不斷吹來。從北向南吹的風，通常從 11 月開始，稱作東北季風；由南向北吹，則稱作西南季風，大約從 5 月開始。）

再者，范德蘭抨擊福爾摩沙評議會的惡毒報告（因後者否決了遠征澳門的計畫），已廣為荷蘭人和漢人所知，每個人都在談論這件事。范德蘭為證實自己的說法，就到處宣稱：東印度總督和評議會和他持相同見解，認為國姓爺即將來犯的傳言必將煙消雲散，巴達維亞當局根本不在意這些謠傳。范德蘭又說，當局派出這支救援艦隊，並不是因為害怕國姓爺來犯，而是為了襲擊澳門，之所以先到大員，只是為了安撫福爾摩沙長官和評議會的恐慌情緒。他更進一步說，他關於整起事件的報告已震驚了巴達維亞，福爾摩沙長官和評議會一定會對自己的所作所為感到後悔莫及。

所有諸如此類的消息，福爾摩沙的漢人都一五一十地函告國姓爺，所以國姓爺能夠輕易斷定，只要不讓巴達維亞得到他已出兵福爾摩沙的消

▲ 另一幅國姓爺像【引自《台灣的誕生》】

息，福爾摩沙必將孤立無援。這就是國姓爺將籌謀已久的侵略計劃，推遲到東北季風結束之後才加以執行的主要原因。

現在東北季風已經結束，國姓爺抓住這個時機，率領數百艘戰船，在 1661 年 4 月 31 日❸拂曉現身福爾摩沙海面，熱蘭遮城已近在眼前。艦隊上載著約兩萬五千名士兵，這些士兵因長年與韃靼人交戰，深具實戰經驗。

國姓爺的主將名叫馬信 (Bepontok, 馬本督)❹，精於作戰，是一名倒戈歸降的韃靼人。這位將領以其南京帆船 (Nankin junks) 為前導，率領整支艦隊冷不防地進入北方諸小島間的鹿耳門 (Lakjemuyse)❺水道。該水道距離熱蘭遮城約一哩，水面頗寬，可容許約二十艘帆船並排通過 (但各船須相互緊靠)。馬信通過水道後，便將旗下諸戰船散布於大員和福爾摩沙本島間的廣闊海灣 (即台江內海)，並開始登陸士兵。數千名漢人前來迎接馬信，並用貨車及其他工具協助他們登陸。因此，不到兩個小時，大部分敵軍都進入了我們的海灣，數千名敵兵已完成登陸，而大批敵船就停泊在熱蘭遮城和普羅民遮城之間。

---

❸ 漢譯者按：此處有誤，4 月並無 31 日。後文說敵人最初是在 4 月 30 日抵達。根據楊雲萍，〈鄭成功登陸台灣的日期〉，《台灣風物》第 40 卷第 1 期（1990 年 3 月），頁 123-125，應為 4 月 30 日才對。

❹ 漢譯者按：馬信，初為清台州副將，永曆九年（1655）歸降鄭成功。永曆十五年（1661）正月，議取台灣為基地，諸將皆有難色，唯楊朝棟與馬信力主之，故鄭成功征台時，遂用馬信為先鋒。馬信時任提督親軍驍騎鎮，軍中稱曰「馬本督」（Bepuntok or Bepontok）。請參見張子文、郭啟傳、林偉洲著，國家圖書館特藏組編，《台灣歷史人物小傳──明清暨日據時期》（台北：國家圖書館，2003），頁 391。

❺ 甘為霖註：這無疑是指今日的鹿耳門（Lak-e-mng）：東北季風時期，帆船有時會進入此一開放港灣暫時避風。「muy」（門）是「mng」（門）的漳州音。鹿耳門位在安平（即荷治時代的大員）之北數哩處。數年前，我與已故的同事盧嘉敏醫生（Dr. Russell）於東石港（Tang-chioh, 在安平之北二十哩）搭乘一艘小帆船，準備前往澎湖群島，但碰上了颱風，差一點就在抵達鹿耳門前溺斃。

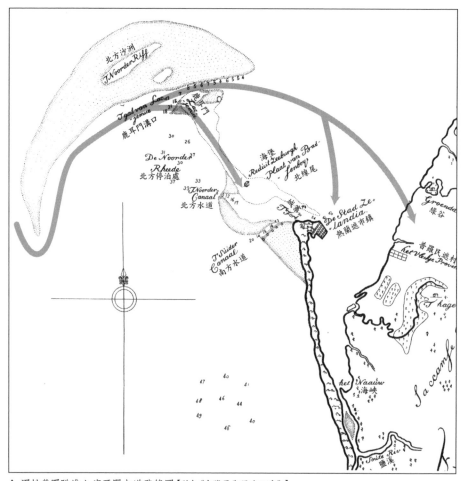

▲ 國姓爺軍隊進入鹿耳門水道路線圖【引自《台灣早期歷史研究》】

2. 大員當局三路反擊

　　對於敵人輕而易舉的侵入和登陸，長官和評議會只能瞠目結舌，完全束手無策。因為他們手頭上的有限武力，根本無法抵抗

如此龐大的敵軍。救援艦隊已因范德蘭等人的強求而被分派到
各地，只留下兩艘戰船：赫克托號 (Hector) 和斯‧格拉弗蘭號 ('s
Gravelande)，以及小帆船溫克號 (Vink) 及快艇瑪麗亞號 (Maria)，都
是些平底小船，吃水淺，只適合內河航行。

　　當初建築熱蘭遮城和普羅民遮城的目的，雖是用來保護這兩
座城堡之間的海灣和水道，但由於建造上的缺失 (這點已一再提醒巴
達維亞當局注意)，致使它們沒有發揮絲毫的作用。

　　熱蘭遮城附近只有一艘領航船，由於吃水太深，無法靠岸；
雖還有些中國船隻，但全都不適合作戰。城堡內約有一千一百
人，以及全副武裝者四十人。火藥部分，陸上約有三萬磅，船上
也有一些。可是熟練的軍官、能幹的警察 (constables)、擲彈兵和
工兵卻很少，其他種類的軍火和戰爭物資也很有限。明顯地，我
方因兵力不足和船隻短缺，根本無法阻擋敵軍登陸，但這些人仍
勇敢地決定要竭盡所能，帶給敵人最大的阻礙與創傷。

　　因此，他們指派兩艘戰船，連同溫克號和瑪麗亞號，前去攻
擊敵軍帆船。培德爾上尉 (Captain Thomas Pedel) 則自告奮勇，主動
進行敵情偵察，參與小規模戰鬥，並率領兩百四十名士兵前往鹿
耳門溝口附近，欲驅逐在該處登陸的敵軍。艾多普上尉 (Captain
Aeldorp) 也受命率領兩百名士兵，搭乘領航船，航向普羅民遮城，
目的是阻擋敵軍從該處登陸，並保護兩個城堡之間的航道。

　　我方主動出擊的船隻駛到鹿耳門水道後，便盡量航近海岸，
船上戰士全都精神抖擻，個個摩拳擦掌，準備攻擊敵船。敵方這
時也動作頻頻，派出約六十艘最大的帆船，每船皆配置兩門大
砲，脫離船隊前來迎戰。我方率先開砲，砲聲如雷，一場海戰於

焉展開。我方最大、最重的戰艦赫克托號駛在最前面，情勢看來相當有利，因為它一抵達現場，就幸運地以其大砲擊穿許多靠得太近的敵船，很快地就有一、兩艘敵船沉沒，其餘敵船則保持在相當距離之外。

敵人不愧是勇敢的士兵，非但沒有被擊退，反而激起更高昂的鬥志，五、六艘最勇敢的帆船，開始從四面八方圍攻赫克托號。赫克托號上的戰士為了突圍，不斷從船的上下前後發砲還擊，導致濃煙密布，讓原本能輕易觀察戰況的熱蘭遮城，一時之間竟看不見赫克托號和其他帆船。

在濃煙冒竄之際，忽然聽到猛烈的爆炸聲，連熱蘭遮城的門窗也為之震動。濃煙漸散後，赫克托號和它周圍的敵船全都消失。後來據在海上被漢人救起的某生還者透露，原來赫克托號因火藥爆炸而不幸沉沒，船上的貨物和人員都隨之殉難了。

敵人因這場災難而勇氣大增，像螞蟻般緊緊圍繞我們的另外三艘船。我方人員則因為赫克托號的不幸遭遇，變得更加謹慎，遂駛離海岸，以避免因風向或氣候因素而發生觸礁意外。他們之所以採取這種戰術，是為了讓行動更自由，不會輕易遭受敵船包圍，但敵人卻以為他們想遁逃，於是爭先恐後地追趕過來。他們來到深海後，在氣候及風向皆有利的情況下，馬上轉守為攻，在敵方船隻間來回穿越了兩三次，不斷地發砲攻擊，對入侵者的船隻和人員造成很大的損傷。敵人開始變得有些恐慌，不敢靠得太近，但絕非就此罷手。入侵者接著改變戰術，將兩艘大帆船緊靠在斯·格拉弗蘭號和溫克號後頭。至於瑪麗亞號，因為它僅是一艘通信船，沒有配置士兵，並不適合作戰，為避免遭敵方擄獲，已逃往外海。

敵人在緊靠斯‧格拉弗蘭號和溫克號的那兩艘大帆船之後，又連上了另兩艘帆船，其後又靠上另兩艘，一直到五、六對帆船串聯在一塊，形成一道長橋。接著，敵方將領手握利劍，驅趕後面帆船的士兵往前衝，以接替被射殺倒下的士兵。敵人以如此前仆後繼的戰法，終於突破我方堅決的抵抗，登上了斯‧格拉弗蘭號。若干敵兵開始割斷船索，但我方人員英勇地發動最後一次反攻，終於將敵兵趕下船，保住了斯‧格拉弗蘭號。在此同時，我方人員不斷從船前甲板及船艙 (該處裝有大砲) 發砲，並投擲手榴彈，痛擊這群來攻的中國人。敵方坦承，當日傷者不計，光是陣亡者就超過千人。我方戰船也遭到中國火船❻三、四番的攻擊，均一一加以擊退，只有一次例外：敵人將一艘火船以鐵鍊鎖在斯‧格拉弗蘭號的船首斜桅上，讓斯‧格拉弗蘭號著了火。幸好我方人員動作敏捷，很快就把火勢撲滅，並將那艘火船推開。最後，中國人用盡一切手段，依舊無法征服我方這兩艘船隻，只好乘著帆船回到岸邊。

我方戰士在海上酣戰之際，陸上的戰士也沒閒著，同樣帶給敵人各方面的困擾。培德爾上尉率領兩百四十名勇敢精兵，搭乘領航船和幾艘停在熱蘭遮城附近的中國船隻，前往北線尾 (Baxemboy, 或北汕尾)。北線尾是一塊沙洲，面積約一平方哩，其南端正對著熱蘭遮城，北端則接近鹿耳門灣。在北線尾和另一塊沙洲之間，就形成了上述的鹿耳門水道。培德爾上尉到達北線尾後，將士兵分成兩隊，命令他們各就各位，並鼓舞他們勇敢奮戰，絕對不要畏懼中國

---

❻ 漢譯者按：為了燒毀敵船，而將滿載燃料或爆炸物的船點火，令其流向敵船上風處，就是所謂的火船。參見永積洋子著、許賢瑤譯，〈荷蘭的台灣貿易〉，收於《荷蘭時代台灣史論文集》(宜蘭：佛光人文社會學院，2001)，頁316之註44。

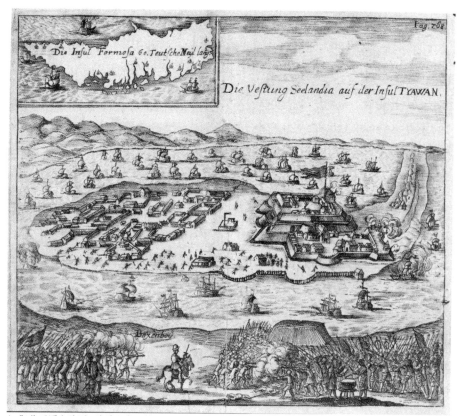

▲ 鄭荷兩軍交戰圖，前景即為北線尾上的戰鬥實況【引自《製作福爾摩沙》】

敵人，因為他一定會帶領他們取得勝利。培德爾上尉堅信自己必能獲勝，並以開朗樂觀的氣勢，激勵了所有士兵。他們都認為，中國士兵一定受不了火藥味或槍響聲，只要放個幾槍，射死幾名士兵，其餘的就會慌忙棄戰，全部潰敗。

　　1652 年確實發生過這樣的事❼。那時，我方只以兩、三百名

---

❼ 漢譯者按：即郭懷一事件。

▲ 17世紀的火槍操作示範【引自http://zh.wikipedia.org/wiki/File:Manual_of_the_Musketeer,_17th_Century.jpg】

士兵，就完全擊潰七、八千名武裝中國人，殺得他們四處竄逃。從此以後，荷蘭人就不把福爾摩沙的中國人放在眼裡，把他們看成戰場上的膽小鬼和娘娘腔，認為二十五個中國人加起來，才勉強抵得上一個荷蘭士兵。在荷蘭人眼中，所有中國人都是如此，不論是農夫或士兵皆然。只要是中國人，就一定是懦夫，無法持久戰鬥；這點已成為我方士兵確切的結論。雖然他們也常聽聞國姓爺對抗韃靼人的英勇戰績，說明其戰士絕非弱者，但這依舊改變不了他們的普遍看法。他們認為，國姓爺的軍隊不過是和可憐的韃靼人作戰，還沒有機會與荷蘭人一較長短；一旦雙方正面交鋒，荷蘭士兵一定可以輕鬆擺平國姓爺的軍隊，讓他們當場由喜轉憂。

培德爾上尉也持有上述見解，因此他在簡短的祈禱之後，便率領部隊井然有序地向敵軍挺進。敵人已在北線尾的另一端登陸，集合了四千名士兵，呈完整的戰鬥隊型，準備迎擊培德爾上尉。敵軍見我軍人數很少，就從主力部隊抽出七、八百士兵，準備繞過山丘，從背面抄襲。

我軍以十二人為一排，英勇地向敵人挺進，一接近適當距離，就朝敵人齊放了三排槍。敵軍也勇敢地引弓回擊，萬箭如驟雨般襲來，連天空都為之昏暗。雖然雙方各有一些死傷，但敵人並沒有像我方預料那樣，棄械而逃。接著我軍又發現，不僅正面的敵軍頑強地浴血奮戰，更有一支敵軍從背後突襲而來，這時我軍才驚覺到 (但為時已晚)，先前過於輕敵，誤把敵人當軟腳蝦，從沒料想會碰到這般抵抗。我軍在會戰前的十足勇氣 (他們原本打算效法古猶太勇士基甸 (Gideon) 的事蹟)，此刻已轉換成萬分恐懼，很多士兵還未向敵人開槍，就丟下武器，倉皇逃竄，可恥地拋下勇敢的同袍和指揮

官。培德爾上尉判斷，硬要和人數如此龐大的敵軍正面交鋒，實在愚蠢至極，因此希望全軍能夠以密集隊形有秩序地撤退。但他手下的士兵早已不聽調度，個個嚇得魂飛魄散，各自逃命。敵軍眼看我軍自亂陣腳，乃乘勢發動更猛烈的攻擊，想把我軍全部消滅。敵軍毫不留情，殺戮不止，直到培德爾上尉和一百一十八名士兵臥倒沙場方休——這就是輕視敵人所受到的懲罰。還有其他災難降臨在這支不幸的連隊上；大批屬於此連隊的槍枝也被遺留在此，來不及帶回。這場戰役發生在沙洲上，若不是海岸旁停靠著領航船，根本無處可逃，沒有人能活著回來報告這件事。這些逃命的士兵涉過水深及頸的海面，才勉強爬上領航船，返回了大員。

對於被圍困在普羅民遮城的人來說，艾多普上尉所領導的戰役也以悲慘收場；但他比培德爾上尉幸運多了，並沒有遭受什麼損失。艾多普上尉發動第一波攻擊後就停了下來，但之後又發動第二波攻擊(理由請閱「可靠證據」第 21 號)。當我方發現赤崁附近僅有少數敵軍登陸時，便派艾多普上尉率領兩百名士兵前去抵抗，但霎時間，敵軍大量蜂湧而至，眼看自身兵力過少，不可能擊退如此強敵，他們遂放棄了這次行動。

當天下午，熱蘭遮城接獲普羅民遮城地方官❽來函，要求增援一百名士兵，以抗阻敵人的行動。評議會因而緊急集會，討論此事，最後認定此一增援毫無必要。評議員們錯誤地假設「中國士兵比荷蘭士兵軟弱，根本打不過荷蘭士兵」，因此回絕了普羅民遮城

---

❽ 漢譯者按：即法蘭汀（Jacobus Valentijn）。當時東印度公司在熱蘭遮城設置「長官」，做為全台灣的最高行政首長；在長官之下設置「地方官」，專司福爾摩沙事務，駐普羅民遮城。參見江樹生譯註，《梅氏日記》，頁 21。

的請求。其他的拒絕理由是：他們手頭上的船隻不夠；他們害怕派出的援軍若被擊敗，恐將嚴重危及熱蘭遮城及福爾摩沙的安全；培德爾上尉率領的兩百四十名士兵至今尚未歸來，先前又已派出四百名士兵前往普羅民遮城，所以此刻若再派出援軍，則留下來保護熱蘭遮城和周圍地區的後備軍將不超過五百名，而且他們大都是最軟弱和最缺乏經驗的士兵，根本不足以保護人民的生命財產。基於上述理由，評議會不得不拒絕普羅民遮城的要求。（請閱「可靠證據」第 22 號)

但評議會做出一項替代方案：等艾多普上尉率領的兩百名士兵從北線尾回來後，就立即前往馳援。他們根據這項決定，備妥領航船和小型的中國船隻來運載士兵。但領航船吃水很深，普羅民遮城附近的海岸又很淺，所以只有六十名士兵能上岸。這些士兵必須涉過深及胸口的水面，並飽受一艘在岸邊巡邏、吃水很淺的敵船的阻擾。他們克服諸多困難，並在普羅民遮城方面的協助下，最終才成

摘自1661年4月大員決議錄

可靠證據 第21號

　　我們決定派出兩百名武裝火槍兵，由艾多普上尉指揮，立刻搭乘舢板前往鄉間，再行軍到士美村 (Smeerdorp)，盡可能地阻擾敵方戰船靠近海岸；如遭遇嚴重困難，就撤退到普羅民遮城，並以武力或其他方法阻止中國人在這些地區集結。在此同時，我們雖獲悉大部分敵軍已完成登陸，正朝著 Zanckause 溪和 Tikarang 直線推進，但要阻擋敵軍前進實在太危險，所以我們決定放棄這種嘗試。

摘自1661年5月1日熱蘭遮城決議錄

可靠證據 第22號

我們認真考慮是否該派出援軍去營救普羅民遮城，以打通兩座城堡之間的航道；也考慮我們的援軍能否在普羅民遮城的掩護下抵達，進而動搖、甚至擊潰敵軍的信心。

但我們觀察到，大部分敵軍——據某位戰俘所言，人數約有兩萬，並由國姓爺親自率領——已在赤崁登陸。這些敵軍擁有強大的騎兵隊，配有槍械、長刀 (soapknives)、弓箭及其他武器，身上還穿有甲冑和鐵盔，極可能會攻擊、追捕、擊敗我們。

反觀我方，不僅連載運士兵的小船都不可得，還須擔心那些很可能背叛我們的漢人舢板船夫。同時，熱蘭遮市鎮仍陷於混亂，並完全暴露出來，彷彿在邀請敵人入侵似的；市鎮居民正忙著防備敵船的突擊。更別忘了，城堡內只剩下約五百名士兵，防衛力量相當薄弱，特別是在入夜之後。

因此，我們決定在這段期間不派遣援軍到普羅民遮城。

功上岸。艾多普上尉雖盡量駛近敵船，但仍無法拉近到火槍的射擊範圍之內，只能被動地掩護這些涉水登陸的士兵。最後，他在自己無法上岸、又不能提供其他協助的情況下，只好率領其餘士兵返回大員，回報無法登陸及其他困難處境。

這三場戰役 (一場在海上，兩場在陸上) 都沒能成功，荷蘭人已無力阻止敵人的入侵，大批敵軍開始湧入。他們只能坐困愁城，眼睜睜看著敵人把握良機，輕易地通過鹿耳門灣。

3. 荷蘭人遣使求和

侵略者從容地登陸，沒有遭遇任何抵抗，並隨心所欲地到處行動。敵軍截斷一切海陸交通，同時包圍普羅民遮城，將它與熱蘭遮城相互隔絕，各自孤立。敵軍也完全控制了鄉村，並禁止福爾摩沙原住民與被包圍的荷蘭人聯繫，防止原住民援助這些荷蘭人。敵軍在兩萬五千名漢人壯丁的協助下，短短三、四個小時就完成上述所有行動。驚恐絕望的原住民也被迫投降侵略者，並和所有漢人一樣，被用來對付荷蘭人。

這種驚人的侵略速度，與其說是由於敵軍的英勇無畏，倒不如說是巴達維亞高官們的愚蠢和失策所致，因為他們早已接獲這方面的充分警告。國姓爺在大獲全勝後，趾高氣揚地命令兩個城堡投降，並威脅說：若敢不從，將下令屠城。

評議會因此舉行緊急會議，並召集主要軍官和官員參加，會商如何面對此一恥辱的敗戰。他們知道，普羅民遮城的守軍太少，處境相當危急，而公司又缺乏足夠的兵員和戰船，無法在該處登陸，也無力擊退敵軍，幫普羅民遮城解圍。更且，熱蘭遮城由於地理位置不佳，也變得難以堅守，整個熱蘭遮市鎮更遭受敵人的控制與全面包圍。

他們認真討論這些情勢，設想該如何確保公司的最大利益，最後決議「兩害相權取其輕」（*ex duobus malis minimum*），損失一根手指總比損失整隻手好，決定和強大的敵人進行談判。畢竟他們已無法再抵抗這些敵人，且敵人目前已在福爾摩沙取得據點，絕對會索求更多的土地。

　　荷蘭人因此決定：只要國姓爺肯撤離福爾摩沙，放棄他所侵略的土地，並同意讓船隻自由航行的話，就願意支付他一筆賠償金；如果他不接受這項提議，仍堅持原來的要求，那麼我方就讓出他已實際占領的福爾摩沙本島，但條件是准許我方人員可自由前往大員。上述問題都經過充分討論。

　　他們料想國姓爺應會接受這兩個方案中的一個，以維持和東印度公司的友好關係，因為雙方一旦成為對立仇敵，公司肯定會在海面上不斷騷擾為難他。評議會也進一步決議，不管和國姓爺交涉的結果為何，絕對要堅守熱蘭遮城，直到流盡最後一滴血。(請閱「可靠證據」第 23 號)

　　國姓爺派來勸降的使者，當晚帶著我們的答覆回去，即：隔天我方會派遣兩位評議員前去拜訪國姓爺，請他親自解釋來函內容，因為我們缺乏足可信賴的通譯人才，無法確知他的意思。

　　翌日，即 5 月 2 日，國姓爺的使者又到，保證兩位往訪的評議員安全無虞，也承諾交涉期間暫時休兵。

　　這時，普羅民遮城地方官又派兩名助手沃爾肯 (Jan van Valcken) 和皮克 (Adriaen Pieck) 前來報告當地狀況：普羅民遮城內的難民正飽受缺水之苦，因為堡壘內的水井不是塌壞，就是遭敵人堵塞，加上附近的男女老少都逃入堡壘內避難，所以缺水的問題變得更加危急；敵軍目前在外頭緊密包圍，守備士兵因日夜防守而精疲力竭，尤其在援軍無法迅速前來的情況下，已維持不了多久，無法抵擋再一次的攻擊。為此，評議會再度召開會議。

　　評議會一致認定，普羅民遮城已成敵人的囊中物，無望脫困了。因此，目前最明智的辦法，就是趕緊和敵人達成上述所決定的

摘自1661年5月1日
福爾摩沙評議會記錄

長官在上議院 (Upperhall) 召開這次會議，討論國姓爺今天上午送來的信函，信上要求我方兩座城堡都須投降，我方則可攜帶所有財物，搭乘他的船隻，離開此地到任何我們想去的港口；否則，他將殺光我們，連嬰兒都不留。

長官閣下要求評議員們各抒己見，究竟哪個辦法對我們最有利：是要依照敵人（他們看來非常強大，且其漢人臣民分布在境內各處，能夠切斷我們的糧食補給）的條件，獻出兩座城堡呢？或是要抵抗到底？

長官閣下提醒說，公司曾殷切囑咐我們要努力謀取這塊殖民地的福祉，而目前好好地守住它又是多麼要緊的事，因為我們一旦投降，公司將很難再回到這塊島嶼，島上的傳教工作也會隨之告終。他還指出，面對海陸兩路皆有強勢兵力的敵軍，要持續保衛這兩座城堡有多麼困難，加上最近赤崁和熱蘭遮城之間的航路又遭敵軍完全封鎖，我們已無法對普羅民遮城提供亟需的補給和指令。

長官最後提議說，我們若拒絕投降，圍城封鎖勢必隨之而來，因此，我們或許該冒險將所有婦孺先送到日本，以確保他們的安全，我們也能寬心許多。

長官說完後，歐特肯思 (Oetgens) 回應說，我們應先努力和敵人談判出最有利的安排；如果不行，只好接受敵人的要求，別無良策。

　　亞伯倫 (van Yperen) 則主張，只要我們還擁有良好的要塞和軍士，無論如何都不該獻城投降，但不妨和國姓爺交涉赤崁地區、淡水和雞籠等地的歸屬；為此目的，雙方可以先短暫休兵，一切暫時維持原狀。

　　哈梭威爾 (Harthouwer) 附和亞伯倫的建議。艾多普上尉則主張先和敵人舉行會談，看看是否可以取得共識；如果不能，則堅守到底。

　　檢察官也持相同看法，希克斯 (Sicx) 和努易司 (Nuys) 隨聲附和。貢麥斯賀 (Gommershach) 則認為，我們必須堅守熱蘭遮城及其通往水道的入口，但可把赤崁地區讓給敵人；如遭拒絕，則抗戰到底。

　　羅司文雀 (Roosewinchel) 主張，我們必須先試著和敵人達成協議，以完整保住兩座城堡為目標，同意敵人在全島其他地方皆可不受干擾地行動；若不能如願，就堅決抵抗。

　　長官隨即指出，我們的力量不足以和敵人長期對抗；並暗示我軍已陷入混亂，今天的前哨戰又遭受挫敗。他認為，此刻應試著與敵人達成協議，讓城堡和沙洲能夠不受侵擾，原住民朋友也不至於被迫放棄我們所教導的宗教；為此，應停戰數天，並派遣特使去晉見國姓爺。如果國姓爺拒絕我們的提議，我們就要奮力抵抗，祈求上帝垂憐，並靜待祂最後的安排。

條件，以救出我方人員，並藉此強化熱蘭遮城。

　　為此目的，他們口頭授權兩位評議員：商務員亞伯倫 (Thomas van Iperen) 和檢察官李奧納杜斯 (Leonardus)，前去請求國姓爺解釋

來函的旨意，弄清他敵意入侵的目的，並在情勢許可下，向他提出前述的議和條件。評議會要求他們：在交涉過程中，必須保持勇敢、有禮的態度（請閱「可靠證據」第24號）；在任何情況下，無論是言詞上或行動上，都不可展現絲毫畏怯；如果國姓爺不肯降低要求，依舊堅持兩座城堡都要投降的話，這兩位使者就無須再多言，直接返回即可；但他們在離去前，必須自信果敢地告訴國姓爺，我方有充分的人力和物資來對抗侵犯者，且東印度公司絕對會全力報復這場無端的侵略。

如果這兩位使者確定侵略者一定會強攻普羅民遮城，那麼他們也被授權在公平合理的條件下，獻出該城堡及周圍的鄉村，以拯救城堡內的守軍。當然，他們必須先確定普羅民遮城地方官已竭盡全力，且當地情況就如先前所報告的那般絕望，才能允許地方官投降。至於其他細節，使者們可以依據情勢發展和自身判斷，權宜應對。他們在出發前，被要求宣誓忠誠。

摘自1661年5月2日大員決議錄

我們最後決定委派評議員亞伯倫和檢察官李奧納杜斯為全權特使，帶著兩、三位能幹的官員，以及漢語通譯員佩達爾（Willem Pedel），前去晉見國姓爺。我們只以口頭方式向特使們下達最重要的指示，大意是：問候國姓爺，並對國姓爺大軍壓境一舉，委婉地表達我方的不滿等等。

4. 故弄玄虛的交涉經過

特使們接獲這些指令後，便帶著一群隨從人員，在 5 月 3 日清晨啓程前往赤崁。國姓爺及其全部大軍，當時正駐紮在普羅民遮城附近的曠野。

國姓爺雖熟悉戰爭之道，也擁有大批重砲——如我們在往後的交戰過程中所看到的——但這時他卻沒有挖掘戰壕，也沒有設立砲台，可見他自信滿滿，認爲不必如此麻煩即可攻陷普羅民遮城。

國姓爺的士兵使用數種不同的武器：有的手裡持弓，後面背箭；有的左手拿盾，右手執利劍；很多士兵則雙手握著一把大刀，其刀柄有半個身子長。每名士兵上半身都穿有鐵甲 (由一片片的鐵鱗相疊而成，排列方式有如屋頂的瓦片) ，只有手腳露出。這種鐵甲可以完全抵擋子彈，穿上後還能活動自如，因爲它的長度只及膝蓋，關節處也很有彈性。

弓箭兵是國姓爺最精良的部隊，深爲國姓爺所依賴。他們憑著嫻熟的箭術，在一段距離之外仍能發揮功能，幾乎讓我們的步槍兵 (riflemen) 相形失色。

盾牌兵則用來取代騎兵，每十人有一人爲隊長，負責指揮，並率領隊伍衝向敵陣。他們彎下頭，藏身在盾牌之後，猛烈無懼地衝破敵陣，好像每個人家裡還有另一副身體似的。儘管有很多同袍已被射殺，他們仍奮不顧身地往前衝，像瘋狗般地衝鋒陷陣，甚至不管其他夥伴是否有跟上。

那些使用長刀 (swordsticks, 荷蘭人稱爲肥皂刀 (soap-knives)) 的士兵，功能與我方的長矛兵 (lancer) 相同，是用來阻擋敵方衝鋒，保

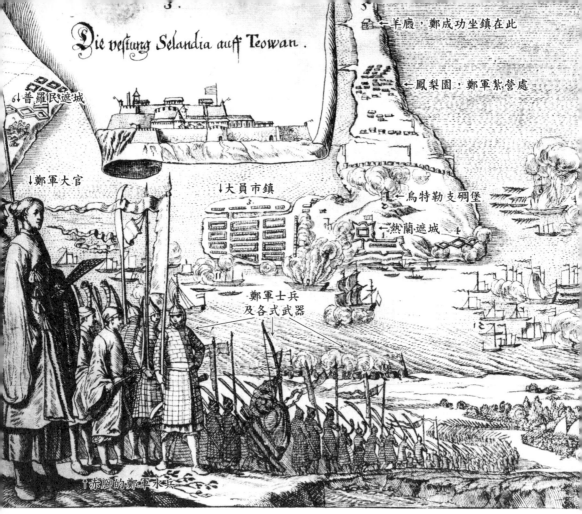

圖中文字標註：

Die vestung Selandia auff Teowan.

←普羅民遮城

↓鄭軍大官

↓大員市鎮

←羊廐，鄭成功坐鎮在此

←鳳梨園，鄭軍紮營處

←烏特勒支碉堡

←熱蘭遮城

鄭軍士兵
及各式武器

↑赤腳的鄭軍水兵

▲ 此圖清楚描繪了國姓爺士兵的裝備【引自《東印度旅行短記》】

持己方行列整齊的。敵方隊伍一旦陷入混亂，他們隨即蜂擁而上，
展開恐怖的屠殺。

　　國姓爺握有大量的大砲和彈藥，但其效能比不上荷蘭所擁有
的，雖然中國比歐洲更早知道如何製造火藥和大砲。國姓爺也有兩
隊「黑人兵」(Black-boys)，其中很多曾是荷蘭人的奴隸，知道如
何使用步槍 (rifle) 和火槍；他們在福爾摩沙的戰役中，發揮了很大
的殺傷力。

　　國姓爺動用一萬兩千名士兵包圍普羅民遮城，其餘兵力則派往全島各地，降服當地的原住民。大部分原住民眼見自己遭到東印度公司拋棄，便接受了敵人的統治。

　　我方特使到達國姓爺軍營後，由一名軍官把他們帶進一個大帳蓬，在那裡等候國姓爺召見。等待期間，有好幾隊全副武裝的精兵從帳蓬前經過，據這位軍官表示，這只是要去接替衛戍的一小部分士兵。

　　再過一會兒，另一名軍官進來，準備帶領特使們去晉見國姓爺。那名軍官說，待國姓爺梳洗完畢，就會接見他們。在此之前，他先引導這個特使團到他自己的帳蓬。這個帳蓬和前一個帳蓬有點

▼ 兩位荷蘭使者拜訪駐紮在普羅民遮城前的國姓爺 (1661年5月3日)【原書附圖】

距離，中間隔了一道丘陵，因此視線稍微受到遮蔽。他們到達後，又碰到另一大隊武裝部隊經過，那位軍官說，這支部隊是要派往最近的幾個鄉村。但我們的特使碰巧發現，在這支部隊當中，有幾張面孔在先前那批準備接替衛戍的士兵中就出現過。因此，特使團猜想這支部隊行經他們面前，其實是一種虛張聲勢的策略，目的是讓國姓爺的軍力看起來比實際的更加壯大。

特使們因此示意隨員，要他們在另有部隊行軍經過時，留意是否有剛才出現過的人。不久之後，第三位軍官率領另一支部隊出現，並說這些士兵全是國姓爺的衛士，但我方人員認出其中幾位已在前次出現過。

在這些把戲之後，特使們終於獲准晉見國姓爺。他們進入一個四面開放的藍色帳蓬，看見國姓爺端坐在一張方桌後的太師椅上，旁邊圍繞著眾大臣，那些大臣穿著長袍，看起來就像教堂裡的執事。國姓爺本人沒配槍，他身旁的大臣們也沒有，僅畢恭畢敬地站在國姓爺兩旁，有如雕像一般。我們的評議員們穿過這些手下，來到國姓爺的方桌前，並在行禮如儀後，脫帽站立，遞上委任書。特使之一用荷蘭話做如下陳述，由培德爾上尉通曉漢語的兒子負責翻譯：

敬稟聲威遠播的殿下：

福雷德里克・揆一，東印度巴達維亞總督和評議會所任命的福爾摩沙長官，以荷蘭東印度公司董事會之名，特派我等向殿下敬致友善問候，祝願殿下身體健康，諸事順遂，惟以不損害長官所服務的東印度公司利益為限。

　　長官衷心希望能在其他地點，不同場合，以截然不同於此刻的局面及動機來迎接殿下。然而，由於殿下突然率領全軍出現在我們的海岸，並登陸士兵，惡意地攻擊東印度公司的領土，逼迫我方撤離福爾摩沙，獻出城堡，因此長官和評議會決定委派我等兩名評議員，向殿下表達我們的萬分錯愕。查殿下先前不曾有過任何公開譴責或宣戰，甚至沒有提出任何合情合理的抗議——至少長官和評議會未曾聽聞過——竟遽然攻擊東印度公司在此地的領土，並要求我們獻出城堡和全部土地。

　　這項行動遠遠出乎長官的預期。遙想令尊在世時，經常感念東印度公司諸多的仁慈作為，並將之歸功於長官個人所懷的善意及友好。所以，長官原本也期望能與殿下維持和睦的關係。

　　長官閣下相當信賴殿下與東印度公司之間的友誼，深信殿下即使對本公司有所不滿，也一定會在採取敵對行動之前，先告知我們不滿的理由，並提出足以平息紛爭的條件。然而，殿下於今卻反其道而行，猝然對本公司採取敵對態度。長官經謹慎思考，仍不解引發殿下不快之因，因此，他認為有責任派出我等，請求殿下明示昨天寄給他的大函的真實意涵。我方缺乏幹練可靠的通譯人員，無法確知殿下信函的旨意，故派遣我等請殿下當面諭知。

　　再者，我等也請求殿下告知對本公司不滿的理由和動機，以及希望獲得的條件，好讓我方能夠仔細衡量，或許雙方即能達成協議，盡速恢復殿下和東印度公司昔日的友好。

　　為此，懇求殿下惠賜明確答覆，俾我等可向長官據實呈報。

　　國姓爺不太理會特使們所呈遞的委任書，但針對以上陳述，立

即回應說：東印度公司對他的友好，和對其他東印度區域的統治者
及王公們的友好，本質上是一樣的；也就是說，只有在有利可圖
時，東印度公司才會對他們友好，一旦情勢轉變，不但這種「友
誼」會瞬間消逝，甚至必要時，也會毫不猶豫地施加毒手。

國姓爺又說，他不必為自己的行動提出解釋，但事已至此，也
無須再隱瞞這個事實：為了持續和韃靼人打仗，占領福爾摩沙乃是
明智之舉。

這個島嶼一向屬於中國。當中國人不需要它時，荷蘭人才被允
許暫住於此；現在中國人自己要用了，荷蘭人這個來自遠方的異鄉
客，理應物歸原主。

國姓爺又說，雖然他的人民屢遭東印度公司殘酷對待，但他來
此並不是要和公司打仗，只是為了收回自己的財產而已。為了證明
他無意貪圖公司財產，他會准許荷蘭人借用他的船隻載運貨物和財
產，並拆毀城堡，將槍砲和其他物資全運往巴達維亞；但這些事必
須立即進行。如此一來，雙方將繼續維持友好關係，他不會再計較
荷蘭人先前的嚴重冒犯 (荷蘭人曾在海上及陸上攻擊他的船隻和士兵)。

他當然有正當理由可以自衛，但為了與公司友好起見，如果荷
蘭人依照前述條件完全撤出福爾摩沙 (事實上，這個島嶼本就屬於他，
而非屬於公司)，他就會寬容先前那些敵意行動。但是，如果公司無
視他的寬宏大量，拒絕歸返財產，企圖繼續強占下去，他就不得不
動用手中一切力量來強行收回，屆時全部費用將由公司承擔。

他又說：

你們荷蘭人是自負且愚蠢的人啊！你們將不配我現在所提出的

寬厚條件，狂妄地以城堡裡的一小撮士兵（我知道你們的兵力很少），來抵擋我所率領的千軍萬馬，招致最嚴厲的懲罰。你們將頑固地硬撐下去。你們為什麼不識時務一點？至少過去的失敗經驗可以教導你們，你們在此的兵力尚不及我的千分之一。

現在你們已親自目睹，你們所大肆吹噓、自認可以創造奇蹟的鐵甲船，在與我的戰船交戰時，面臨到何種下場。你們已親眼看到，其中一艘是如何被我方戰船所焚毀，消失於濃煙之中，其餘的又是如何逃竄外海，才得以避免同樣的命運！

在陸地上，你們也目睹了狂傲的培德爾上尉遭到何等的挫敗，以至於他和他的部隊（他們同他一樣愚蠢）甚至不敢正視我們，一看到我方戰士就拋戈卸甲，伸長脖子等待應得的懲罰！難道這些還不足以證明你們無力抵抗我軍嗎？

我可以指出更多更有力的例證。但如果你們仍舊執迷不悟，打算違抗我的命令，自取毀滅的話，我很快就會當著你們的面，下令圍攻你們的城堡（他用一手指向普羅民遮城）。我的良將勇兵將會朝它奮力猛攻，加以征服，並徹底夷為平地。一旦我下令軍隊展開行動，天地將為之撼動；無論我軍指向何處，皆能所向披靡，克敵制勝。所以你們要聽進這些警告，仔細考慮吧！

特使們聽完國姓爺這番回應後，提出異議道：福爾摩沙不屬於中國，而是東印度公司所有，因為公司以前和中國大臣訂有正式契約，以撤離澎湖群島來換取福爾摩沙，因此國姓爺對福爾摩沙既無所有權，也不能提出任何領土主張。特使們又非常激烈地抗議國姓爺的不當入侵，並堅請國姓爺說明對公司不滿的原因，最後表明談

判意願，希望能達成令雙方滿意的協議。但經過漫長討論後，國姓爺仍藉口不能瞭解我方主張，依舊斬釘截鐵地堅持我方必須放棄整座島嶼。至此，雙方已無繼續談判的必要了。

國姓爺限我方在次日清晨八時之前做出決定：是要立刻離開全島，心懷感激地接受他的寬厚條件，或是繼續抵抗交戰下去。如果我方決定撤離福爾摩沙，則升起親王旗（Prince's flag）；否則就直接掛出血旗（blood's flag），屆時無須派遣任何使者來叨擾他，他拒絕再做談判。

會談就這樣終了，特使團獲准回去。此時，特使們根據出使前所獲的指示，強烈地抗議道：東印度公司必傾全力來抵抗如此不義之舉。特使們發覺國姓爺毫無協商空間，不拿下全島絕不罷休，因此確信攜回這些訊息後，明天在熱蘭遮城掛上的，絕不會是親王旗，而是血旗。事實上，這次冗長的會談毫無必要，因為他們深知長官一定會像戰士般抵抗任何攻擊。不久就能證明，城堡裡並不缺乏士兵或其他必需品，一旦情勢需要，就能獲得補充。❾

特使團告別之後，被帶上一座高丘，從這裡可以鳥瞰全部敵軍。正當他們要仔細查看時，突然一聲砲響，讓所有部隊向四方散開，隱蔽在小山丘背後，以致無法在短時間內估算其人數。然而，這些部隊及其四散的情景，的確讓敵軍看來相當龐大。

特使團離開時，也和抵達時一樣，由一名中國軍官陪同。這位軍官准許他們在搭船返回熱蘭遮城之前，可以先會見普羅民遮城的

---

❾ 漢譯者按：此句 Lambach 譯本作：「事實上，根本用不著考慮到明天，因為他們深知長官一定會英勇地面對國姓爺，像戰士般抵抗他往後的粗暴攻擊。城堡裡並不缺乏士兵或戰爭物資，一旦有機會表現，就能明白。」

地方官。特使們發現，普羅民遮城正處於異常危急的情況，整座堡壘的飲水最多只能再撐八天，給養和糧食也短缺，火藥更只夠應付一次攻擊。簡言之，實際情況與他們不久前在評議會聽聞的沃爾肯 (Jan van Valckensteyn) 和皮克 (Adriaen Pieck) 的報告相符。特使們對此甚感詫異，因爲在敵軍入侵前數月，福爾摩沙評議會就已經決定普羅民遮城內必須持續儲存六個月份的糧食和火藥，且這些物品都已由補給官羅思文科 (Cornelis Rosewinckel) 充分提供，如今它們都跑到哪裡去了？這件事除了補給官和普羅民遮城地方官外，沒有其他人知情，但補給官已在圍城之戰陣亡，地方官則仍是敵人手中的戰俘。一般咸認，大部分火藥都被搬上紐·英修森號 (Nien-Enchuysen)，而這艘船已在十周前奉命裝載八千磅火藥前往暹羅。根據推測，應該是地方官想要更新火藥，因此命令補給官將舊火藥運上紐·英修森號，一有機會就要換回新火藥。可是，更新火藥一事卻遭補給官疏忽，等敵人突然攻來，已措手不及。此外，普羅民遮城地方官和主要官員們爲了享用獵物所雇用的獵人，每月也耗掉不少火藥。至於糧食和其他給養，則可以輕易地盜賣給漢人。然而，我們不想對此再做評論，因爲我們無意控訴陣亡者或戰俘。就算普羅民遮城有充足的火藥、飲水、給養和彈藥，結果也不會有太大的差別，只不過可以多撐幾天，最後還是要落入敵人之手。雖然如此，那些疏忽糧食等補給的罪行，依舊不能免於應有的懲處。

　　由於缺乏兵員，以及適合作戰又可載運士兵的小型平底船，所以從大員支援普羅民遮城的一切期望都落空了。此外，由於處置失當，兩個城堡之間的交通也中斷了，普羅民遮城實際上已落入敵人的掌握之中，幾乎完全喪失防禦能力。另一個不幸是，當初建造普

羅民遮城的目的，只是爲了要對付一群叛亂的福爾摩沙原住民或手無寸鐵的漢人農民，根本未曾想過有一天得抵擋大砲的轟擊。

因此，特使們經過深思熟慮，並在普羅民遮城地方官「若得不到援軍，就無法再抵抗下去」的證言下，准許地方官自行與敵人談判，讓他可以保全自身，但必須以不沾污他自己及其長官的榮譽爲原則。特使們告知地方官，務必要拯救守城士兵的性命，並把他們送往大員。

5. 談判破裂，血旗高掛

當天下午，特使團回到了熱蘭遮城，當著被召集而來的全體官員面前，報告他們的所見所聞。一如所料，所有出席者都茫然不知所措，尤其是那些與范德蘭持相同見解的人。這些人先前主張敵人一定不會來犯；認爲要塞建得太多，根本派不上用場；斷言即使敵人眞的來犯，也有足夠時間進行防衛。此刻，敵人既然已經攻來，他們也就束手無策了。他們能做什麼呢？想得出什麼防衛對策嗎？事實上，他們就只能坐在那邊，無辜地搔首抓耳罷了。此時，兩座城堡之間的交通已完全中斷，普羅民遮城已淪陷。被圍困在城堡內的人已和內陸隔絕，得不到任何糧食和軍需品的補給。

大員的荷蘭人只能袖手旁觀，眼睜睜看著敵人占領福爾摩沙全島。大員只是一塊貧瘠的沙洲，寸草不生，四面環海，根本無路可逃。此外，他們也欠缺足夠的兵力或資源來挫敗敵人。因此，他們唯一的希望便是死守熱蘭遮城，以待巴達維亞的強力救援。在此之前，他們必須抵擋住敵人，並在福爾摩沙原住民的協助下，遏止敵

人的推進。要拯救公司在這塊殖民地上的最後據點，這似乎是唯一
的方法。

　　但熱蘭遮城能堅守多久呢？西南季風才剛開始，所以他們必須
苦等六個月，才能將此地的訊息送達巴達維亞；然後需要再六個
月，等東北季風停止、另一次西南季風開始後，才能得到巴達維亞
傳來的回應。換句話說，他們必須固守至少十二、三個月，才有可
能得到巴達維亞的援助。

　　這真是一個艱難的局面。敵人隨時會在大員沙洲登陸，我方人
員不得不長久處於警戒和疲乏的狀態。即使以最樂觀的情況來看，
假定敵人沒有攻城之舉，僅僅圍城封鎖，那麼不出幾個月，就可讓
城堡內鬧饑荒，士兵們不是饑渴而死，就是因糧食不足而虛弱無
力。而且，城堡內的飲水係取自水井，又鹹又不衛生，勢必讓情況
更加惡劣。這一切困難都經評議會慎重考量，所有出席者都明白，
公司的處境相當不利。然而，他們並未因此而喪志，反而以堅忍和
剛毅互勉，期待能及時得到巴達維亞的援救。他們重申先前的決
議，要像光榮的勇士般死守熱蘭遮城。他們也認為，應該在隔日將
所有熱蘭遮市鎮的居民都遷入城堡內（請閱「可靠證據」第 25 號），
因為該市鎮三面臨海，完全無法防守。

　　熱蘭遮市鎮位置暴露，敵人的小船隨時都能接近，尤其是在夜
間，所以上述的預防措施有其必要。該市鎮全無城牆、壕溝、護欄
或其他防禦工事，為了防衛它，須動用到和防守城堡一樣多的兵
力。因此，若要保全該市鎮，勢將危及熱蘭遮城。如果巴達維亞當
局准許當初的提議，在熱蘭遮市鎮（它的範圍很小）外圍用石頭築上
兩、三道小胸牆，把它們彼此相連，再用一道小石牆和城堡連接起

來的話，就可輕易避免這種窘境；因為如此一來，該市鎮就可在各方面獲得城堡大砲的掩護，背後的防衛能力也會大增，只需派駐少數兵力即可固守。可惜，巴達維亞官員們怕多花錢，否決掉這個計畫，寧願奉行「小處精明，大處浪費」的做事原則。

翌日，5月4日，我方在熱蘭遮城高掛一面大血旗，向國姓爺展示荷蘭人將英勇固守城堡的決心。另一方面，國姓爺也沒有閒著，他命令普羅民遮城必須在有利的條件下投降，若地方官膽敢拒絕，逼他把大砲架設在堡壘前方的話，那麼他在奪取這座孤立無援的堡壘的戰鬥中，絕不會展現絲毫的寬赦或憐憫。於是，普羅民遮城地方官在若干無謂的談判之後，獻出了整座堡壘，以及裡頭的全部軍用配備和物資，他本人和所有部屬也都成了戰俘。

敵軍拿下普羅民遮城後，士氣大增，當晚就渡過內海，在大員

可靠證據
第25號

摘自1661年5月3日熱蘭遮城決議錄

我們聽完一切報告，並經過周詳考慮之後，決定立刻從城堡派出一百三十名士兵增援熱蘭遮市鎮，以加強對當地居民的保護，並看守存放在市鎮眾多民房裡的大量穀物。我們必須在明日決定，這些穀物是要就地燒毀，還是要搬進城堡內。由於這些穀物的數量過大，我們幾乎不可能把它們搬進城堡內，因為敵軍一定會突襲我們。就算此事辦成了，也只會加重城堡內的負擔。強大的敵軍一旦來襲，這些駐在市鎮的士兵根本無法抵抗，只能被迫撤離，屆時市鎮居民很可能無法及時進入城堡避難，這樣一來，反而會惡化城堡內的情況。

南邊的角落登陸，此處正是距離熱蘭遮城最遠的地方。數千名敵軍(其中有些是騎兵)開始往城堡逼進，進行偵察工作。我方派出大員僅有的十或十二名騎兵，連同一些步兵，出城突擊，試圖引誘敵軍進入我方步兵藏身在若干沙丘之後所設下的埋伏，但並未成功。

熱蘭遮市鎮的東邊，突然出現很多中國戰船，它們就停泊在大砲射程之外，這番景象引起市鎮居民極大的恐慌，不敢再留在市鎮。居民們說，在市鎮多停留一晚，等於把自己的頭放在斷頭台上等死，所以他們未經命令，就爭先恐後地逃往城堡，希望能夠進入。

他們的隊長，也是福爾摩沙評議員的哈梭威爾 (David Harthouwer)，便向揆一長官請示要如何處置這些市民。哈梭威爾也在市民們不知情的情況下，向長官表示：如果要求這些市民回到市鎮，必須立刻再增派兩百名士兵來保護他們。後來不知爲何，這句話竟被巴達維亞的官員理解成：有人承諾市民們，如果他們續留市鎮，城堡就會派出兩百名士兵來保護他們。

爲此，評議會召開會議討論，最後全體一致同意維持原來的決定，保護這些人民 (請閱「可靠證據」第 26 號)。因此，長官指示哈梭威爾帶領市民們進入城堡，就像前一天收容他們的妻兒那樣。

附帶一提，在敵人來犯的前五日，市民的傢俱、動產和其他值錢的物品，都已經由士兵、水手、漢人苦力及男女奴隸搬進城堡。在搬運的過程中，大家都急切地想搶救自己的財物，就把很多財物交由來歷不明的搬運工運送，結果這些搬運工趁機藏匿財物，讓原來的物主再也找不回託運的財物。就像發生大火災時，救火員或救援者之中有時會混進惡名昭彰的慣竊，事後如果有東西不見了，他

們就會說那是被火燒毀的。同樣地，此時很多市民的財物也不見，那些搬運工便推說大概是遺留在市鎮了。事實上，市鎮內除了一些米糧外，並沒有留下什麼東西。這些搬不走的米糧，原本下令就地焚毀，但因過於忙亂而未能執行。

敵人在 4 月 30 日最初來到時，我們尚未確定他們會在何處登陸，所以就在市鎮設置一座砲台，以保護兩座城堡之間的水道。普羅民遮城現在既已投降，這座砲台便無用武之地，所以在市民們移入城堡的同時，我們也將它搬進城堡內。至於市鎮內的其他物品，因為敵軍即將壓境，我們只好忍痛放棄了。5 月 5 日，大批的敵軍

摘自1661年5月4日大員決議錄

縱使從城堡調派更多的兵力，我們也無法再繼續防衛熱蘭遮市鎮，因為這些兵力並不足以抵抗強大的敵軍，而且市鎮缺乏防禦工事，只會讓這些士兵暴露在極端危險之下。

如我們的指揮官方才所言，如果我們每晚都派兵去防衛市鎮的話，城堡就無法全面戒備，而且這些士兵也會因過度勞累而變得衰弱無用。

另一方面，在所有地區中，熱蘭遮城乃最需慎防敵軍之狡詐攻擊者。此外，敵軍若得知我們最幹練的戰士被派往孤立無援的市鎮，勢必會設法殲滅他們。

因此，我們在充分考量之後，決定市鎮裡的所有荷蘭人，包括居民、士兵及秤量所 (Weigh House) 人員，以擊鼓為號，務必在今晚全部撤入城堡。

小船從四面八方朝向市鎮駛來。我軍從城堡上猛烈砲轟敵人，但徒勞無功，因為大砲架得太高，打不到底下迅速逼近的敵船。

　　因此，我方在市鎮部署若干火槍兵，由艾多普上尉指揮，準備阻擋敵軍登陸。然而，數量龐大的敵軍同一時間從四面八方湧來，他們根本無從應付，只得退回城堡。他們在撤退前，依照指令在市鎮的四個角落放火，至少讓市鎮內的主要建築，如鋸木場、德利倉庫 (Deli stores) ❿和其他各種房屋等，都著了火，希望在大火延燒下，將整個市鎮化為灰燼。但敵人卻設法把火撲滅，保全了市鎮。

6. 國姓爺首度攻城

　　三、四千名敵軍就部署在城堡大砲射程外的市鎮街坊內。這時，市鎮通往城堡的道路依然暢通，並沒有壕溝或胸牆來防衛。敵軍從 5 月 5 日進入市鎮，一直到同月 25 日之前，始終按兵不動。這二十天之中，敵我雙方只有零星交火，敵軍一現身，我軍就投擲炸彈和石頭，讓他們大受困擾。這段期間，敵人對我們視若無睹，一心進行大規模的備戰，打算以一場大戰來結束這次戰爭。他們認為，只要在半天之內密集砲擊我們薄弱的城牆，城牆就會出現大缺口，城堡也就門戶大開，難以守備了。敵人為了發動這次大戰，事前的準備很快就緒；5 月 24 日，他們將二十八門大砲運進市鎮，並在黃昏後，將大砲架設在平地上，但周圍尚未有防禦工事。

---

❿ 漢譯者按：Lambach 譯本作「皮革倉庫」。

▲ 1663年荷軍攻打鄭軍根據地金門城的狀況。早先的熱蘭遮城攻防戰，應該可見類似場景。【引自《荷使第二及第三次出訪中國記》】

　　敵軍這些準備工作，發出了很多聲響，我方察覺後，便徹夜以大砲和火槍攻擊。但深夜漆黑一片，我軍無法準確瞄準，因此敵人只受到些許阻礙，進度依舊持續。5 月 26 日[11]，天還未亮，東方就傳來一陣砲聲怒吼，敵軍無數的砲彈開始轟擊熱蘭遮城的城牆，我方守軍也立即奔往城堡的胸牆上，打算以真正的荷蘭人氣魄，來回敬中國人的晨間問候。

---

[11] 漢譯者按：應該是 5 月 25 日。Lambach 譯本作「5 月 5 日」。

　　長官忙了一整晚，才剛躺下來休息，這時也被恐怖的轟隆巨響吵醒，於是他立即起身前往城堡的胸牆察看。他老練的眼睛立刻察覺到敵人大砲的弱點：它們全然沒有設防，很容易受到攻擊。他也發現敵軍因砲擊成功而歡天喜地，期待能把城牆打出一個缺口，所以很多敵兵都跑到防禦工事外頭，毫無戒心地暴露在外。於是長官遏止我方軍士焦躁迫切的情緒，命令他們暫停射擊。他調動了槍砲的位置，使砲火可以交叉射擊，並一一裝上火藥、子彈和大鐵釘，火槍兵則沿著胸牆各就各位。最後，適當時機一到，長官便一聲令下，同時從上下左右各個方向攻擊沒有遮蔽的敵軍。這個命令執行得相當成功，第一次攻擊就讓敵人死傷遍野，也讓敵人得到教訓，不敢再輕率地暴露自身。

　　儘管如此，敵軍指揮官還是非常頑強，據說他曾以項上人頭向國姓爺保證，第一次攻擊就要攻陷城堡。此傳說是否屬實，吾人不想在此探討，但他的確兩度在城堡砲火最猛烈的轟擊下，極度急躁

▼ 國姓爺從市鎮及鳳梨園發動攻擊【引自《邂逅福爾摩沙》第二冊】

南

↓福爾摩沙本島

羊廄・鳳梨園→

←烏特勒支碉堡

市鎮

北線尾
↓

魯莽地率領後頭部隊往前衝，接替已陣亡的前頭部隊。這實在是拙劣的領導術，因為城堡內的守軍逮住此一良機，以火槍和大砲猛烈掃射這群愚勇之輩；如果俘虜和逃兵的說法屬實，此役陣亡的敵兵足足有一千人，傷者更是不計其數。最後，這些莽勇的攻擊者只得慌亂地退入市鎮街巷內，以躲避城堡射來的槍彈和砲彈。他們撤退時相當混亂，連大砲都拋棄了，裡頭還有未發射的彈藥；其中幾門大砲已被城堡的砲彈擊毀。

當敵人從市鎮發動上述攻擊之際，另一支約六、七千人的敵軍也從南面逼近城堡，他們經由羊廄 (Bockestal)，通過鳳梨園 (Pyn-appels) ⑫，沿著沙丘前進。當這支入侵隊伍一進入我方大砲的射程範圍內，就遭到猛烈轟擊，因此他們不得不退到沙丘之後，躲避城堡的砲火。他們在那裡靜候著，等待從市鎮發動攻擊的同袍成功擊破城牆，再一齊衝進城堡內。這時，圍城中的荷蘭守軍發覺南邊的敵軍躲藏在鳳梨園附近，東邊的敵軍也躲在市鎮之中，兩者都遮蔽得很好，城堡的槍砲已發揮不了作用。

7. 荷蘭守軍發動突擊

由於敵軍逃走時倉猝地拋下了大砲，我軍認為應該把握這個機會，派出若干水兵和火槍兵去釘死這些大砲的火門。這支突擊隊受

---

⑫ 漢譯者按：當時大員島之南，有一條狹長陸地與台灣本島相連接，荷蘭人所稱的羊廄、鳳梨園，即座落在這條陸路上。當鄭成功派兵從赤崁經陸路進逼熱蘭遮城時，就是在羊廄設帳指揮。而荷蘭人建烏特勒支碉堡的目的，就是為控制從台灣本島經鳳梨園接近熱蘭遮城的這條通道。參見江樹生，《鄭成功和荷蘭人在台灣的最後一戰及換文締和》，頁32。

命衝向市鎮，並在任務完成或聽到城內鐘響時，立刻撤回城堡內。敵軍之所以撤退到街巷和沙丘之後，純粹是爲了躲避城堡的砲火，他們一旦察覺我方出乎意料的突擊，不知會有何種反應。他們可能憑著人多勢眾，包圍我們的突擊隊；那些躲在沙丘後面的敵軍，也可能會支援他們在市鎮的同袍（兩地只相距半個火槍射程），如此即可切斷我軍撤回城堡之路。這次突擊行動雖然危險，卻不一定會發生上述狀況，畢竟我們站在城堡頂端，可以清楚觀察我方突擊隊的行動及敵軍的反應，這種制高優勢遠非鄰近的平原可以比擬。

因此我方決定以城堡鐘聲爲警告信號，俾使突擊隊在出現危險時能及時撤回。這支突擊隊勇敢地從城堡廣場快速衝向市鎮，水兵隨即跨坐在敵人的大砲上，拿出長鐵釘來釘死火門，讓大砲失去效用。當敵軍發現我軍的行動時，敵方的弓箭手和我方的火槍兵立即爆發戰鬥；敵人從街巷旁和屋頂上射出若干利箭。我方水兵完成任務後，又在幾位同袍協助下，扯下敵人掛在防禦柵上的軍旗，驕傲地在城堡廣場凱旋行軍，但場面有些混亂。城堡方面眼看水兵已確實達成任務，就立刻鳴鐘，把他們全部召回。此次突擊，我方有兩、三人陣亡，若干人受傷，但毀掉多門敵人遺留的大砲，並奪取敵人掛在防禦柵上的三十二面軍旗。

對於這次突擊，有些人在日後認爲，既然敵軍橫屍遍地，拋棄戰爭物資，甚至在我軍破壞他們的大砲時也沒有反擊，可見當時是對國姓爺發動總攻擊的良機，如此就能把敵人逐出市鎮，一舉終結戰爭。

然而，在長官和大部分評議員看來，這項計畫無異是痴人說夢。因爲敵人雖在第一波攻擊失利，造成死傷慘重，不得不丟棄大

▲ 荷蘭人釘死國姓爺的大砲【原書附圖】

砲，躲進市鎮街巷內，但他們在撤退時未顯驚恐，還是很有秩序，可見他們並不畏懼我們，只是暫時移師到我軍大砲射程之外而已。何況敵軍大砲既遭我軍摧毀，就不能再用來對付敵人了。

再者，全面突擊必須動用一切可用之兵，但城堡上七座稜堡和三處城角的槍砲需要三、四百名士兵才能有效操控，這樣一來，要塞的側翼和其他部分將變得無人防守。因此，若要進行這種突擊作戰，我方只能派出七、八百名的突擊部隊，卻要遭遇市鎮街巷內至少四千名的敵方戰士，以及藏身在山丘和沙丘後方，不下七千名精良裝備的敵軍，他們與市鎮相距不到一個火槍射程。

因此，在負責防禦熱蘭遮城的人看來，這樣的突擊戰略簡直是「極端的瘋狂」(*extrema dementia*)，絲毫沒有成功的機會。敵人的士兵非常勇敢，一旦碰上我們這支微不足道的突擊隊，又無須害怕我們的砲火，他們必會立刻蜂擁而上，進行短兵交接的肉搏戰，並以人海戰術將我們團團包圍。另一方面，國姓爺那些躲在山丘後面的軍隊，可能會即刻前來助陣；或趁我們全力出城突擊之際，從四面八方登上我們的城牆，乘機襲城。因此，這種大規模突擊的冒險計畫，不僅毫無勝算，而且極可能在一、兩小時以內，讓整座城堡失陷。就算我們收復了市鎮，而沙丘後的敵軍依舊按兵不動，敵人也不過是損失一些士兵和槍砲而已；對他們而言，這只不過是暫時的小挫折，他們依舊有足夠的士兵和槍砲來繼續封鎖圍城。兩相比對，敵方只損失一小部分，我方卻可能失去全部，太不合算。因此，長官和評議會反對進行大規模的突擊。

然而，旁觀者總愛說些風涼話，好比巴達維亞當局就堅決主張——儘管有很多反對此一主張的理由——應該執行上述的全面突

擊。巴達維亞高官們想責難福爾摩沙長官和評議會，卻找不到任何
憑據，於是就強加上這個罪名：福爾摩沙長官和評議會平白喪失突
擊敵人的絕佳機會，因而罪大惡極。但奇怪的是，巴達維亞當局卻
找不到任何人出面來指控福爾摩沙的高級官員或是那些被派去參加
第一波突擊的軍官，甚至沒有人主張這種突擊有其必要。關於這些
問題，人人都緘默不語。至於那些被傳喚而來，就召回突擊隊一事
發表意見的人，也一致地說：我方士兵在達成任務，無法造成敵人
更多的傷害後，剩下的任務就是撤回城堡，而他們實際上也是聽從
警鐘的召喚而撤回。

　　因此，此種責難長官未能採取全面突擊的指控，只受到一些決
策圈外人士的支持，他們既不明白敵人的強大，也不瞭解城堡內的
虛弱處境。他們不急於弄清事實真相，反倒是捏造出各式各樣的無
稽指控，唯一目的就是要討好巴達維亞的長官們。他們的口號就
是：「釘死他們！釘死他們！」任何詆毀福爾摩沙長官和評議員的
言論，無論內容是多麼瑣碎、無關緊要，都能立即博得聽眾，並獲
得某些獎賞。德維克 (Paulus Davidszoon de Vick) 就是一個典型的例
子。此人來自大員，在巴達維亞毫無人事背景，卻能立刻接替史皮
曼 (Speelman) 成為主計長 (Accountant)，硬是擠掉那些背景很好、
候補多時的老商務員們。兩年前，當揆一長官提拔德維克為高級商
務員 (Head Merchant) 時，巴達維亞當局曾兩度撤換他，但由於揆一
長官的一再懇求，巴達維亞總督和評議會最終才許可了這一任命。
然而，在大員遭圍期間，德維克表達感激的方式，卻是向巴達維亞
發出一封告密信函，企圖以可恥的不實指控及錯誤解釋，來抹黑有
恩於他的長官和評議會；他在回到巴達維亞後，又不斷強調所言屬

實。因此，原本在巴達維亞沒有任何朋友的德維克，如今搖身一變，成爲眾人的寵兒，也獲賞了主計長 (Accountant-general) 這一尊崇職位。

上述這些可笑、無稽與荒謬的指控，就在巴達維亞當局急欲構陷詆毀福爾摩沙長官和評議會的氣氛下，被一群從未到過福爾摩沙，對當地的情況、敵我實力之懸殊，以及其他相關事項全然無知的人士所主張。若就事論事，揆一長官還有其他可行的選項嗎？他只有少數兵力，其他方面的情況也很糟糕 (如前所述)，甚至還欠缺幹練的軍官，只剩下麵包師助手出身的艾多普上尉，以及一位患病、極不適合領軍的中尉。這兩位就是城堡裡僅剩的軍官，他們生平未曾有過顯赫戰功，此刻卻被期待要擔起指揮作戰，攻擊並奪回市鎮，以及領導其他關鍵戰役的重任。他們僅是因爲年資夠久，再加上較具作戰經驗的軍官已被范德蘭帶往巴達維亞，才勉強被升任爲軍官的。

至於福爾摩沙的評議員及商務員、助理商務員 (under-merchants) 等，都是只會揮舞筆桿的文人，未曾目睹過任何戰役，也全無戰爭的相關知識。如果長官調度這些人來協助作戰，進行孤注一擲的全面突圍，我敢說，最後的下場一定比三個禮拜前培德爾上尉所率領的那次荒唐突擊更加悲慘。當時培德爾上尉僅率領兩百四十名士兵，就前往北線尾和四千名敵軍對抗，用慘敗的結局證明來犯的中國人並非好欺負的農民，而是熟練的戰士。就算這種突擊作戰有些可行性，長官還是礙難同意，因爲熱蘭遮城內缺乏足以領導這支敢死隊的將才。任何熟知戰事的人都明白，像這類九死一生的戰役，其成敗全然取決於指揮官的才幹、機敏和知識；若是交由不適任的

軍官來統率，無異驅羊攻虎，絕不可行。

　　當天下午，遭圍的我方將士又對市鎮的敵軍發動兩次突擊，雙方的交戰比上午更加激烈。結果，我軍擄獲一門發射六磅砲彈的大砲和三匹戰馬 (camp horses)，並搬進城堡內。第二天晚上，我軍雖曾試圖阻擋，敵軍仍成功地將原來固定在市鎮房屋後的數門大砲移走。

　　敵軍對於前次攻擊失利甚感驚駭，似乎已放棄強攻猛打的手法，認為只要繼續封鎖包圍下去，最終就足以讓我軍屈服。因此，自 6 月 1 日起，所有通往城堡的街道都築起了防柵，並挖掘一條很寬的壕溝，裡面放置了攻城工具和幾門輕砲，最大的一門可發射六磅重的砲彈。從那天開始，一直到我們的增援艦隊到達為止，雙方都沒有發生什麼重大事件。敵軍並不急著進攻，因為熱蘭遮城已被他們緊緊包圍，城內孤立無援，根本無力再出擊突圍。他們也占據了美麗肥沃的土地，正好讓漂泊海上多年的士兵，趁機休養生息。

　　國姓爺眼看獅子皮已經失效，乃改披上狐狸皮，用甜言蜜語來勸誘我方投降。例如，他們在 6 月 27 日、28 日和 30 日都來信規勸：「你們不可能再堅守多久，也無法等到明年援軍到達，因為今年從巴達維亞來的，都將只是商船。就算你們的援軍來了，最多也不過是十艘船和兩千名士兵，遠非我軍的對手。即使你們持續依靠這種有限支援來維持個十年，我軍也能耐心地以逸待勞。」國姓爺就是施展著諸如此類的羞辱與詭計，企圖奪取城堡，進而占領整個福爾摩沙。這段時間，被圍困在城堡裡的我軍則焦急盼望西南季風盡快結束，等待東北季風吹起時，能將本地的狀況通報巴達維亞，請求援軍。

8. 揆一長官遭撤換

　　現在，我們暫且略述巴達維亞的情形，等日後救援艦隊抵達時，我們再回來談福爾摩沙。先前提到，范德蘭因遠征澳門的計劃遭到否決，內心極度忿恨，所以就率領他帶來的全部軍官離開大員。

　　范德蘭安全回到巴達維亞後，就向東印度總督和評議會報告說：揆一長官及其評議會只因耳聞若干狡猾漢人的傳言，就開始害怕國姓爺來犯，但經過他的仔細檢視，根本沒有一絲戰爭即將爆發的跡象或可能性。

　　范德蘭繼續說道：揆一長官推遲了原住民地方會議，逮捕、拷問和恐嚇若干無辜可憐的漢人 (長官認定這些漢人清楚國姓爺的行動，其實他們什麼都不知道)，讓福爾摩沙陷入無謂的恐慌。揆一長官又以這場極不可能發生的戰爭為藉口，無情地讓數千名漢人農民及其妻兒流離失所，這些無辜的受害者被趕出農村和田園，喪失了家畜和賴以維生的工具，生命毫無保障。揆一長官還禁止漁民在海上捕魚；並以嚴厲的拘捕、殘忍的審訊和痛苦的監禁，逼迫善良百姓招供他們並不知情的事，因而遏止了進口貿易。最後，揆一長官及其評議會竟漠視東印度總督和評議會併吞澳門的明令，公然違抗他們的權威，造成東印度公司龐大的損失。除了這一報告外，范德蘭還附上幾封私人信函，先前已提過他是如何弄到這些信函的。

　　在此之前，巴達維亞高官們對揆一的印象就不佳，因為對揆一懷恨已久的富爾堡，總是不斷地挑撥離間，誣報揆一的施政作為。現在，這些高官們聽完上述報告後，遂對揆一更加不滿。於是，巴

達維亞總督和評議會未經進一步的調查，就輕信讒言，認定揆一的危機警告毫無根據，立刻將揆一及其第一、第二副官革職，褫奪他們所有的榮耀和公職，將他們顏面盡失地召回巴達維亞，接受處罰；同時任命檢察官克連克 (Hermanus Clenk) 接任福爾摩沙長官，令他攜帶寫有下列措辭的信函，於 1661 年 6 月 21 日啓程赴任：

閣下從我們去年所寄的數封信函，應可瞭解我們是多麼渴望從葡萄牙人手中奪取澳門，所以才派遣一支艦隊和軍隊，準備將其納入東印度公司的領域。我們原本預期會聽到攻下澳門的大勝利，但結果卻令我們不勝驚愕，公司這一處心積慮的籌謀，竟在萌芽階段即遭閣下徹底摧毀。

閣下假藉國姓爺即將來犯為由，放棄了征伐澳門的計畫，並主張所有船舶和軍隊都需留下，用以抵抗敵人，保衛領土。事實上，這類謠言出現過不只一次，每次都是以煙消雲散來收場。但這一次，閣下似乎大受驚嚇，因而擾動了全民，讓全島陷入混亂局面。然而，我們的領土上根本看不到絲毫敵人來犯的跡象。因此，我們認為閣下懦弱無能，缺乏擔任長官職務者應有的勇氣。如果我們事先預知閣下竟會違抗征伐澳門的命令，我們必定另謀他途來完成此項計畫，絕不會讓當地官員有權來影響它；此刻，我們發覺閣下深深辜負了我們所賦予的信任。我們再三研讀福爾摩沙評議會的決議和信函，發現閣下所恐懼的，國姓爺有意占領福爾摩沙一事 (此恐懼是由種種謊言、謠言所挑起的)，實在沒有什麼堅實根據。閣下為此種恐懼所驅使，宣稱要保護公共安全，結果卻輕信少數虛誑漢人的不實之言，並排斥所有與之相反的證詞與證據。

　　我們相當痛心地讀到，有非常多的漢人士紳和平民，僅因被認定或多或少知悉國姓爺的企圖，就在未經審判下遭受拷問、鞭打、放逐及監禁等酷刑；實際上，他們所知的只是一些無關緊要的事，再怎麼嚴加拷問，也無法招認。此種手法實在不妥，簡直是暴政。若轉而檢視鄉村地區貧窮漢人的遭遇，更是怵目驚心：這些無辜民眾被殘虐地逐出家園，喪失了家畜、農田及土地；福爾摩沙當局還封閉他們的農舍，焚毀數千袋米糧，並將所有漢人農夫驅出原住民部落；任何待在小琉球的漢人都被趕走，並禁止漁民出海捕魚，以及其他類似的殘忍政策。我們得知這些措施後，不得不將此處漢人殖民區變得殘破荒涼的責任，歸咎在閣下和每一位同意上述行徑的評議員身上。因為，閣下在此地所引起的諸多動亂，讓原本有意前來大員通商的商人卻步，造成貿易活動幾乎完全中斷。試想，如果派來的船舶可能被扣押，寄來的信函可能被非法沒收，誰還敢來此地通商貿易呢？

　　最嚴重的是，閣下竟然無視於我們征伐澳門的命令。閣下當初宣稱國姓爺將於 3 月 27 日登陸福爾摩沙，但我們的艦隊是在七個月之後的 10 月才抵達福爾摩沙，如果國姓爺真的有心侵犯，早就在這段期間內採取行動，可見閣下無須擔心敵人來犯，儘可放心讓我軍前去征伐澳門。至於說國姓爺是因為得知閣下已做了充分的防禦準備，所以才推遲攻擊，等待日後更好的時機云云，我們在詳加查究後，完全難以接受。國姓爺雖有很多機會可以威脅我們的海岸，但他卻從未如此做過；如果我們依舊愚蠢地驚慌下去，就不可能平靜地保有這塊殖民地。閣下的諸位前任者不曾這樣庸人自擾，他們總是冷靜地保持戒備，閣下實應效法此種忠誠勇敢的範例，不

該自我作踐，過度驚慌，平白錯失攻打澳門的良機。先前已清楚指出，閣下種種作為所引起的紛擾動盪，可能會造成福爾摩沙的毀滅。願上帝避免它發生！閣下難道不知道，此塊歷盡艱險才建立起來的漢人殖民地，乃是福爾摩沙得以繁榮的主因，也讓本公司每年能夠收取大筆收益，從而支應龐大的其他支出？因此，我們向來的政策就是讓這裡的漢人能夠安居樂業，但閣下卻反其道而行，竟殘酷地虐待當地漢人，讓他們開始打算逃離福爾摩沙，以避開混亂、嚴苛的統治；難怪已有很多人要逃回中國。因此，我們必須立刻糾正這種情況，否則後果將不堪設想。

在我們看來，揆一長官顯然蔑視我們用意良好且妥善籌劃的指令，讓我們的統治蒙羞；而且，他又一再反對我們以整體利益為前提，經過適切思考之後才通過並發布的種種決定。這些現象再三發生，已引發眾多騷亂，嚴重阻礙了我們的統治。但要解決此事並不難。

我們在此強調，妥善運作公司事務乃是我們的首要考量，我們有權為此進行必要的矯治工作。就目前這個案例，我們顯然必須移除最近在大員和福爾摩沙造成諸多災難的因素，也就是罷黜福爾摩沙的長官及他在評議會的第一、第二副官，我們已不再信任他們的施政能力。據此，揆一被辭去長官職務，不得再干預任何政務。

我們同時下令此項職務 (連同一切職責及薪酬) 即刻移交給前任東印度檢察官 (Advocate-Fiscal) 克連克 (Hermanus Clenk van Odesse)；克連克已根據這項派令，搭船前往福爾摩沙。揆一先生和評議員歐特肯思 (Jan Oetgens)、法蘭汀 (Jacobus Valentyn) 等人，必須攜帶家眷，搭乘最早的船班返回巴達維亞，親自說明他們的治理情形。

吾人公開這封信函的大量細節後，相信所有公正人士都能夠明瞭：福爾摩沙長官和評議會關於國姓爺必將來犯的諸多警告，一直未受重視；他們一再請求亟需的援助，請求重建荒廢的要塞，或請求在緊要地點新建防禦工事等等，巴達維亞全都不理不睬，甚至還加以責備；可見巴達維亞當局完全忽視了福爾摩沙。因此，東印度公司往後在福爾摩沙所發生的一切災難，究竟應歸咎於何人，也就一目瞭然了。但現在這一主題已說得夠多了。

9. 巴達維亞急忙籌組救援艦隊

我們看到新任長官克連克已帶著上述信函出發，準備前往福爾摩沙履新。但在克連克出發之後，巴達維亞當局卻又派出一支艦隊，以援救被圍困的福爾摩沙。巴達維亞為何突然改變主意？他們不是一直認為，國姓爺懷有敵意的謠言終將煙消雲散嗎？他們不是很堅持要征伐澳門，很反對為抵抗國姓爺所做的種種必要防備，為何如今又突然決定要增援福爾摩沙呢？

我們要解答這些疑問，就得回想起快艇瑪麗亞號的那位船長。(瑪麗亞號曾和赫克托號、斯‧格拉弗蘭號及溫克號等船並肩在福爾摩沙附近海灣與敵軍作戰，但不幸遭挫。) 這位船長知道，長官當初會留下這艘快艇，是為了向巴達維亞傳遞敵方動態及福爾摩沙狀況等訊息；也深知我方戰敗後，敵軍一定會阻擾他取得長官所發出的任何信件或進一步指示；因此，他下定決心要將此一戰情傳達給巴達維亞當局，儘管他必須面對當時的逆風困境。於是他冒險逆著西南季風，沿著菲律賓群島航行，經歷眾多危險，終於在離開大員五十天後，

抵達巴達維亞外的停泊場。

　　透過他，中國人率領大軍攻擊福爾摩沙的消息傳開來了。此一消息猶如晴天霹靂，出乎所有人的預料，頓時在巴達維亞造成極大騷動，因爲大家都被范德蘭先前的報告所影響，相信中國人不可能侵犯福爾摩沙，而且范德蘭的報告也受到自稱是中國通的富爾堡 (Claes Verburg) 的一再確認。富爾堡這個人，歷來總在東印度評議會中不斷否定國姓爺懷有敵意的傳言；爲了這個目的，他不惜羅織種種惡毒攻訐，甚至請出愚蠢的證人來做證。當然，若對照其他人所做的相反證詞，這些證詞便會顯得毫無價值。

　　昔日的傳言如今竟然成眞，福爾摩沙以往一再傳來的警告也被證明是正確的，東印度總督和評議會這時才驚覺，先前發出公函召回揆一乃是錯誤之舉。他們爲了掩飾這項錯誤，取回此一錯誤的書面證據，便火速從巴達維亞派出一艘快艇，表面理由是爲了協助新上任的長官克連克 (他已在兩天前出發)，實際上是想攔截上述信函，讓它無法順利傳送。要不是季風突然改變風向，讓該艘快艇趕不上新任長官的船，被迫折返巴達維亞的話，那封信函可能就永遠無法爲世人所知悉了。

　　在此同時，巴達維亞高官們召集了十艘戰船，上頭載運七百名士兵，以及若干水手和作戰物資，做爲救援大員之用。但要爲這支迅速成軍的救援艦隊找到一名指揮官或高級軍官，卻不是一件易事。雖然大家都清楚，保住福爾摩沙對東印度公司而言極端重要，而且這支救援艦隊非得一位謹愼、有威望的軍官來指揮不可，但當時在巴達維亞的評議員們，卻沒有任何人願意接任這個職位。他們先前曾在信函裡誇口說，巴達維亞的眾多評議員都是勇敢的男子

漢，不知懦弱爲何物，時時刻刻都準備爲偉大的東印度公司的利益效命，從來不會在生命面臨危險或大砲隆隆的威脅下驚恐、卻步。如今，當公司需要有人出面擔當重任時，所有人卻都開始找藉口推諉：總督年事已高，且身負要責，不能隨便離開巴達維亞；忠良的經理哈辛格 (Director Hartzingh) 雖是令人尊敬的商務員，卻不諳戰爭之道；勇敢、再怎麼讚揚也不爲過的英雄福拉明格 (Vlamingh)，已在安汶戰役 (Amboinese War) 充分證明其氣魄，現在該換其他人出馬了；至於中國通富爾堡，則只會反對一切合理的計劃，卻不擅長解救福爾摩沙當前的困境；以及諸如此類的託辭。每個人都想逃避責任，不想被牽扯進戰爭的泥淖。較低階的官員也有樣學樣，上行下效 (*Nam Regis ad exemplum totus componitur orbis*)，沒有人敢挺身贏取此一不朽榮譽，因爲大家都心知肚明：足以保護福爾摩沙免於外敵侵略的種種防衛措施，早已被巴達維亞當局貽誤殆盡矣！

最後，在重賞引誘之下，他們終於找到一個名叫卡烏 (Jacob Caeuw) 的冒險份子，願意接受這項任務。卡烏是巴達維亞城的律師兼司法評議員 (Advocate and Councillor of Justice of Castle Batavia)，此君口齒極度不清，聲音發自鼻腔，其他人若要聽得懂，幾乎得靠專人翻譯才行。他自己坦承，除了在萊登 (Leyden) 學院求學時，經常拿劍刺穿街道的石頭或善良人家的窗戶外，沒有其他的作戰經驗。像這樣的人，竟被我們的高官賦予如此艱鉅的任務，奉爲第二位基甸 (Gideon, 古猶太勇士)，期待他從不信上帝的中國人手中救出福爾摩沙。他們完全不理會某位統帥說過的名言：獅子領導的羊群，比綿羊領導的獅群更爲可怕。由此可見，巴達維亞當局是如何看待援救大員這件事了。那些負責此事的官員，儘管明瞭這支艦隊

沒什麼好期待的，但由於他們經常宣稱，世界上沒有比有效運作他們手頭上所負責的公司職務更加重要的事，所以還是裝出一副大有可為的模樣，彷彿他們可以派遣這支艦隊來創造奇蹟似的。

從這件事我們可以看到，憎恨、妒忌和猜疑等七情六慾凌駕了公司利益，因此許多與福爾摩沙有關的措施，不僅完全違背公司的福祉，甚至也不是制定這些政策者的本意。這一切只為了取悅富爾堡，讓他能夠發洩對揆一的怨恨。

且看東印度總督馬綏克 (Maatzuyker) 寫給揆一的一封信函，即可輕易證明這點。這封信仍在揆一手中，上頭寫道：雖然東印度評議會在公函中相當嚴厲地斥責揆一，但揆一不用太在意，因為該函主要是用來討好富爾堡，並非評議員們的真正本意；總督本人在其他場合曾真誠地讚賞揆一的管理方式，也曾鼓勵揆一要繼續保持為公司效命的熱誠云云。因此，從這封信我們就可以看出，巴達維亞高官們或者想哄騙欺瞞揆一，或者基於政治因素而故意漠視大員的安危。

令人非常遺憾的是，由於職員之間的相互爭執和傾軋，東印度公司失去

▲ 東印度總督馬綏克 (任期1653-1678年) 【引自http://en.wikipedia.org/wiki/File:Joan_Maetsuyker.jpg】

了宛如珍寶一般、付出極大代價才取得的福爾摩沙。對獻身、忠實
的官員來說，看到荷蘭高層竟任憑自己被相反一派所矇蔽，卻不肯
聽取另一派的解釋，實在很難釋懷。這些董事們不曾事先詢問或調
查揆一，也不瞭解事情真正的情形，就把丟失福爾摩沙的怒火，一
股腦全傾注在埋頭苦幹的揆一身上。很明顯地，若干巴達維亞的人
士，遠比揆一更適合他們的忿怒指責，其中之一就是以頑固任性著
稱的富爾堡：他反對及時準備和派遣援兵的做法，等於是在大力襄
助國姓爺；他對公司所造成的損害，更甚於敵人的半數兵力。

10. 卡烏率領救援艦隊前來

　　現在言歸正傳。那支急忙從各地湊集而成的救援艦隊，在勇敢
的（天曉得？）統帥卡烏的率領下，於 1661 年 7 月 5 日出發了。卡
烏身上帶著一封信，上頭寫道：東印度總督和評議會原本對揆一及
其評議會極為不滿，因為去年揆一等人為抵抗國姓爺入侵，進行諸
多防禦的準備和工程，並否決掉征伐澳門的計畫，還扣留范德蘭帶
去的援軍；由於國姓爺的威脅和揆一的預警皆未實現，讓東印度總
督和評議會益發不滿，遂決定罷黜揆一和他的第一、第二副官的職
務，並任命繼任者；然而，兩天之後，快艇瑪麗亞號帶來國姓爺已
侵犯福爾摩沙的意外信息，東印度總督和評議會乃重新思考，決定
目前暫不異動福爾摩沙的人事；因此，先前所發的免除揆一長官及
其評議員的派令予以取消，並轉達克連克此一更動。（詳情請閱「可
靠證據」第 27 號）
　　於是，卡烏帶著這些指令，率領艦隊從巴達維亞出發。但他趕

摘自1661年7月5日巴達維亞評議會致大員評議會公函

諸位閣下從我們過去幾年的信函中，一定知道我們多麼希望能拿下葡萄牙人所占領的澳門，將之納入公司的領域，因此我們派遣軍隊和戰船前往 Costy，一心等候著光榮勝利的訊息。

然而，諸位閣下近日寄來的急件卻讓我們驚覺，與上述的期待相反，公司苦心籌劃的征伐計畫，只因國姓爺可能威脅福爾摩沙，就遭完全擱置，並將我們派出的軍隊和戰船全留在大員，以協助抗敵。

附件：為了公司的最高利益，也因為這個事件的嚴重性，我們不得不及時採取預防措施。

因此，我們決定將福雷德里克‧揆一長官和他的兩名主要評議員予以免職，長官遺缺由東印度前任檢察官克連克接任，克連克已和他的隨員在上月22日搭乘快艇荷格蘭蒂號 (*Hoogelande*) 和三桅船羅蘭號 (*Loenen*) 從巴達維亞出發。

注意：兩天之後，快艇瑪麗亞號帶來出乎意料的訊息：4月底，大員附近出現約四百艘國姓爺的戰船、小船 (Wankan) ⓭ 和其他船隻，大部分已攻入鹿耳門，其餘的則停泊在大員的水道。

鑑於此一突襲所造成的情勢劇變，目前實在不是異動福爾摩沙政策的適當時機，因此，我們決定廢棄先前的決議，維持原先的評議會成員不動，直到我們另作安排為止；惟地方官法蘭汀 (Jacobus Valentijn) 仍須離職，並搭乘最早的船班返回巴達維亞。

快艇瑪麗亞號抵達後，我們立刻派一艘船到 Pulo Lauro 和 Thimon 去尋找克連克，指示他在那裡等候我們派去救援大員的艦隊。

不上新任長官克連克，因為後者大約在十三天前就啓航了。

克連克在 7 月 30 日抵達大員海灣。他原以為此地平靜安寧，會興高采烈地掛旗歡迎新長官到任。但他停泊在海灣南端沒多久，就相當驚駭地發現，海灣北端已被數百艘敵方船艦占領，同時看到熱蘭遮城上正飄揚一面血旗。他意識到福爾摩沙的情勢相當嚴峻，因而進退維谷，不知所措。他原以為自己要統治一塊風平浪靜的地區，沒想到卻碰上這種驚恐、甚至極端危險的局面，於是決定暫時採取觀望。

在此期間，克連克派人上岸通知他的到來，說明此行的身分，但推說因有特殊原因，所以目前尚未登岸。他也出示那封 6 月 21 日的信函，因而引起岸上的官員、軍士和人民的極度不滿。他們認為自己為營救大員所採取的措施，一定遭巴達維亞當局誤解了。原本寄望巴達維亞會立刻馳援，現在卻落了空，每個人都變得沮喪、消沉，覺得自己完蛋了。要繼續抵抗敵人十到十二個月的可能性已經越來越小，士兵們由於持續的站崗警戒，早已疲累不堪，人數銳減，現在城堡內只剩下四百名可用之兵，其他的不是死亡，就是染患各種疾病。原本的事態就已瀕臨絕望，如今又傳來巴達維亞不會來援的噩耗，更是雪上加霜。

揆一長官數度敦請他的繼任者上岸，以共商局勢，同時交接職務。但克連克對此提議卻不知所措，一再推遲。

數天後，由於暴風雨即將逼近，克連克就率隊離開停泊處，航

---

❸ 漢譯者按：wankan 船，一種中國帆船，比橫洋的戎克船小，通常亦有兩桅或一桅。請參見江樹生（主譯），《荷蘭台灣長官致巴達維亞總督書信集（1）1622-26》（台北：南天書局，2007），頁 24。

往外海。後來暴風雨
不斷，他乾脆藉口船
上缺乏飲水和食糧，
直接前往日本。從
此，大員就沒有再聽
過他的消息了。

　　如果克連克的罪
過，僅是拒絕接任這
塊動亂殖民地的長官
職務，那麼他可能還
有些合法的藉口。但
不幸的是，克連克的
艦隊在離開大員海灣
後，發現了一艘中國
大船，該船是由巴達
維亞的中國人所派出

▲ 17世紀航行於東南亞的中國商船【引自《聯合東印度公司的成立與
發展》】

的，雖然它持有東印度總督所發下的通航證，但克連克仍毫無顧忌
地加以奪取，視作絕佳的戰利品。根據克連克的說法，總督在發下
此通航證時，還不知道中國人已入侵福爾摩沙，現在情勢既已轉
變，這艘屬於中國人的船隻就該視為敵船。因此他攻擊並掠奪該
船，並由眾軍官瓜分了戰利品。

　　他幹下這檔事後，發現自己陷入左右為難的困境，不知該如何
處置那艘船和船上人員。如果把他們帶到日本，恐將引起當地人的
責備；但也不能把他們留在原船，任其隨風漂流，因為他們持有總

督所發給的通航證，萬一被他們上岸了，艦上人員就會遭當局追究。

他猶疑許久，最後決定撕毀通航證，弄沉那艘中國船，然後把船上的中國人丟到最近的島嶼。他果真如此實行了。那些可憐的中國人被奪走所有財物，被拋棄在一座荒島上，沒有食物、飲水或任何維生工具，若不是剛好有艘中國船經過，他們肯定會飢渴至死。他們向救星陳述了自身遭遇後，受到仁慈對待，並被帶往巴達維亞。他們抵達巴達維亞後，便向有關當局說明所受的遭遇，並對艦隊指揮官提出嚴厲指控。所以克連克回到巴達維亞後，就因為這件事及避任大員長官之事，受到嚴厲譴責。但此事就此告終，克連克不久便獲任回航荷蘭艦隊的指揮官而離開了。因此，這樣一位窮凶惡極的罪犯，只因為有勢力的朋友在背後撐腰，就能逍遙法外。好一隻隨意弄髒巢穴的惡鳥！如果這種有憑有據的指控是針對揆一長官的話，富爾堡一定會窮追猛打，不讓這位不幸的長官走上絞刑台，絕不甘休。

克連克離開後不久，卡烏所率領的救援艦隊在 8 月 12 日抵達大員海灣。這支艦隊的到來，讓城堡內的人員欣喜若狂，病床上、城牆後及其他所有的人，都把他們視作從天而降的援助，完全出乎意料之外。他們開始思量如何卸下艦隊的物資和人員，並立刻派出停泊在城堡旁的領航船。這時雖然海風稍歇，但水道的波浪依舊洶湧，始終無法作業。

翌日（13 日），雖然水道的風浪仍然很強，但他們還是冒險先卸下兩千兩百磅彈藥和大量的亟需物資，並讓許多士兵上岸；其後艦隊被迫往南，最後航到外海。

14 日及 15 日，風雨加劇，艦隊被迫停泊得更遠，此時沒有任何船隻能夠靠岸。

16 日，天氣轉為平靜，可是水道的波浪還是很大，無法卸貨。

17 日，天氣又變，逐漸吹起一陣強風，艦隊只好再度離開海岸，往更外海移動。

上述關於風勢和氣候的詳情，係取自福爾摩沙日誌 (請閱「可靠證據」第 28 號)，我們之所以詳加引述，是為了證明檢察官在起訴書中所言不實 (請閱「可靠證據」第 20 號)。該起訴書寫道：「長官和評議會沒有考慮到福爾摩沙海灣的危險，竟讓救援艦隊空停在那裡整整三天，完全沒有卸貨的行動，徒然浪費時間，因此上帝收回對忘恩負義之輩的賜福，刮起一陣猛烈的暴風，讓整支艦隊還未及卸貨就被迫駛離停泊處。」這種可恥的陳述，充分證明某些人是如

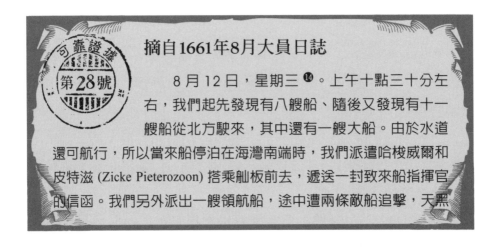

摘自1661年8月大員日誌

8 月 12 日，星期三 ❶。上午十點三十分左右，我們起先發現有八艘船、隨後又發現有十一艘船從北方駛來，其中還有一艘大船。由於水道還可航行，所以當來船停泊在海灣南端時，我們派遣哈梭威爾和皮特滋 (Zicke Pieterozoon) 搭乘舢板前去，遞送一封致來船指揮官的信函。我們另外派出一艘領航船，途中遭兩條敵船追擊，天黑

---

❶ 漢譯者按：應該是星期五，才與後文相吻合。

前才抵達來船處。當晚十點，皮特滋帶著巴達維亞當局及艦隊司令卡烏的信函返回，信上說快艇瑪麗亞號已平安返航。我們放了一砲，表示我們的領航船已安然回航，來船的旗艦也放了一砲做為回應，當晚就此結束。

翌日一大早，一陣強風由西南方吹來；除此之外，天氣尚稱良好。評議會召開會議。九點左右，艦隊的四艘船隻在領航船的協助下，緩慢地航近水道。我們派出領航員攜帶信函給卡烏，可是浪潮過大，該員費了很大功夫才航到外海。那四艘來船緊靠在水道的入口處停泊。下午，領航船載著凱森布魯特 (Casembroot) 及其家眷、哈梭威爾和二十五名士兵，以及兩千兩百磅火藥和若干糧食，來到城堡前的海灣。

當庫克科號 (*Kouckercke*) 所擄獲的估仔船和艾門宏號 (*Emmenhoorn*) 的小船運載著四十名士兵，離開艦隊航向這裡時，遭到兩艘從水道駛來的敵船的追擊。當雙方船隻非常接近時，我方的士兵開火了。我方艦隊的三艘船隻也加以砲擊，結果打毀了一條敵船，敵人立刻逃走，讓我們的兩隻小船未受干擾地入港。傍晚時刻，前述的四艘船隻剛返回艦隊，天空就籠罩著恐怖的烏雲，頓時大雨傾盆而下，西南強風猛烈吹起，整片海洋陷入狂風暴雨之中。

8月14日，星期天，海面依然非常波濤洶湧，任何船隻都無法進出水道，對我們造成很大的妨礙。但領航員仍試圖駕著舢板外出，以傳送信函給卡烏。當晚，皮特滋也試圖外出，但海上風浪太大，被迫折返。

8月15日，星期一，整天都在暴風的籠罩之下，滿天烏雲，時而下著小雨。水道依舊非常不平靜，船隻還是無法出入。

8月16日，星期二。上午，天氣似乎稍有好轉。九點鐘左右，艦隊的五艘船隻駛近水道，但無法如願進入，因為海面仍舊相當險惡，連皮特滋都不敢冒險外出。於是這五艘船隻就停泊在水道入口附近，此一碇泊處過於暴露，讓我們相當驚訝。其中兩艘船各放一砲，意思是要我們派領航船去引導他們，但這時根本無法這麼做。稍後，天空又變得異常陰暗，我們很擔心這些船隻的安危；因為面對強烈的西風，他們卻停泊在很接近陸地的位置，而且彼此又靠得很近。為讓他們退回，我們從荷蘭地亞 (Hollandia) 和蓋德蘭 (Gelderland) 兩處稜堡發射六發大砲，可是他們並未理會我們的警告。

下午，當潮水退卻時，領航員攜帶一封致司令官的信函，趁機划著舢板外出。領航員登上這些船隻後，他們便升起了帆，往外海的艦隊處駛去，讓我們大大地鬆了一口氣。

三點時，雨下得很大，還夾帶著西北風，我們希望海面會因此而平靜下來。

8月17日，星期三。下午稍晚時，狂風暴雨復現，風勢則改為東南風。停泊在海灣外的船隻放出一砲後，升起船帆向外海駛去，約五點時，他們就消失在我們的視線。此時，濃霧瀰漫，大雨傾瀉如注。接近夜晚時，東南風吹得更加猛烈。願全能的上帝保護這些船隻，不要發生任何意外。午夜時分，風勢稍歇，但雨勢很大。

何不擇手段 (Per fas et nefas)、不知羞愧地詆毀、侮辱無辜者。

這支艦隊在第二次嘗試卸貨不成後，被迫離開海岸，在外海待了二十八天。對被包圍在城堡內的人來說，這段期間真是煎熬，他

們的心情由喜轉悲，大爲低落。他們發現自己實在沒有什麼好高興的，救援艦隊只帶來七百名援軍，因此目前的處境並不會比戰爭初期更好；他們仍然只能採取守勢，無法對敵人發動任何進攻。

在此同時，國姓爺的軍隊充分利用機會，在救援艦隊停泊的當晚，派出一百五十名士兵到熱蘭遮市鎮，隔天又增派四十艘滿載武裝士兵的船隻向海岸靠近。顯然，我們的救援艦隊如此快速、出乎意料地前來解圍，讓敵人大爲驚訝 (根據逃兵和戰俘事後的描述)，他們想不通福爾摩沙遭侵犯的消息是如何傳到巴達維亞的，因爲東北季風早已結束，船隻幾乎不可能航至巴達維亞。當下，他們認定這支艦隊雖然只有十艘船，但至少會載來兩千名士兵。

但敵人很快就恍然大悟了。在救援艦隊因暴風雨而退回外海的當晚，小船厄克號 (Urk) 在福爾摩沙海岸觸礁、解體，船上人員全落入敵軍手中，有的遭刑求逼供，有的被處死。當國姓爺從這些戰俘口中逼問出救援艦隊的眞正實力後，再度鬆了一口氣，其推論大致如下：去年，東印度公司只因傳言，就派出十二艘戰船和六百名士兵，並由令人敬畏的名將范德蘭親自率領；如今，巴達維亞當局知道他已占領福爾摩沙，卻只派來十艘船和七百名士兵，而且指揮官還是一個沒有作戰經驗的官員。國姓爺因此斷定，要不是巴達維亞當局已經無兵可用，就是他們不太在意福爾摩沙的安危。

無論如何，受圍困的人在今年度已無法期待更多的援助。顯然，國姓爺的戰略就是：在其他援軍抵達之前，先攻下熱蘭遮城。暴風雨減弱後，救援艦隊在 9 月 8 日、9 日和 10 日陸續回到大員海灣，讓船上的士兵和物資都上岸，並有五艘船隻駛入水道，停泊在熱蘭遮城前。

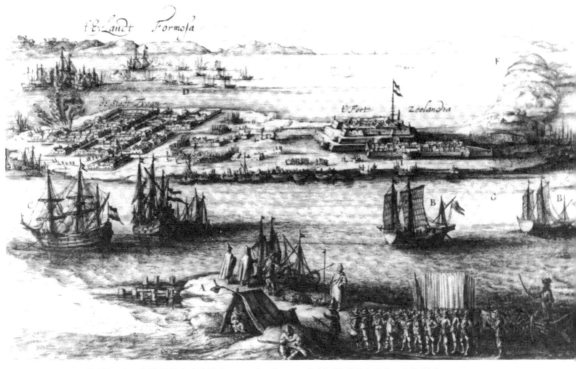

▲ 救援艦隊正準備發動反攻的景象 (1661年9月16日)【引自《台灣早期歷史研究續集》】

11. 荷蘭守軍的最後反擊

　　不久，評議會召開會議，所有的船長 (captains)、艇長 (skippers) 和尉級軍官 (lieutenants) 也一併參加。由於新來的官兵急著要試試敵人的能耐，於是當下做出決議：我方既有人員應在新加入的援軍及船隻的協助下，將敵軍逐出熱蘭遮市鎮，並摧毀停泊在普羅民遮城附近水道的敵船。大家也同意根據下列程序進行 (請閱「可靠證據」第 29 號)：派遣兩艘快艇開到熱蘭遮市鎮背後，正對著側街，用槍砲攻擊敵人的砲台，把敵軍全牽制在那裡；同時，從城堡的另

❶ 漢譯者按：此句甘為霖譯作：「據傳敵軍將在明天上午從海陸兩路齊攻熱蘭遮市鎮」，明顯有誤，因為根據前文所述，鄭成功軍隊早在 1661 年 5 月就已占領熱蘭遮市鎮，故改採 Lambach 的翻譯。

摘自1661年9月15日大員議事錄

我們決定於明天上午從海陸兩路反攻熱蘭遮市鎮 ⑮，因此我們派出快艇柯克肯號 (*Koukerken*) 航行到海關廳 (Custom House) 和第二條側街（或北街）之間，從該處向敵軍架設在這兩條街之間的砲台開火，以重創敵軍。快艇安克文號 (*Anckeveen*) 則奉派往東南方航行，經過窄街 (Narrow-street) 街角，以便沿著東邊城牆的北端全面砲轟。這兩隻快艇能夠輕易地相互掩護，而安克文號在途中也能攻擊敵船。

此外，戰艦科登霍夫號 (*Cortenhoef*)、羅蘭號、波依德號 (*Boede*)，貨船羅得‧福斯號 (*Roode Vos*)，領航船塔格號 (*Tager*)，以及所有其餘的小艇和單桅帆船，都受令航向敵船，盡可能地予以擄奪、焚燒和摧毀，並對敵船上所有人員格殺勿論。將敵方船隊殲滅之後，如果還有機會，就以同樣手法對付停泊在赤崁附近海岸的敵船。這項攻擊行動完成後，所有能抽身撤退的船隻都要返航城堡，而戰艦則須占據在市鎮後方的有利位置，以截斷敵方，控制這個地區。

為了激勵參與這次戰役的士官兵和船員，我們決定對建功者提供下列賞金：凡擄獲、焚燒或摧毀一艘大型帆船者，賞以 100 里耳 (Reals)；一艘中型帆船，50 里耳；一艘估仔船，25 里耳。由於這次戰役異常艱險，故戰利品也一律均分。

為了讓上述安排能夠井然有序地進行，我們任命海軍船長拜斯 (Ruth Tawheroon Buys) 為此次戰役的指揮官，授予他指揮調度所有船隻的權力，並任命艇長波木 (Isbrant Bomur) 為副指揮官；其餘艇長均須在拜斯的命令下，各自指揮自己的船艇。

一邊，動用三、四百名士兵來攻打市鎮，試著打出一個缺口；為了讓敵軍陷入全面交戰，要再動用三艘戰艦、兩條貨船 (galiot) 及十五隻划艇，載滿士兵、槍砲和其他作戰用品，衝向停泊在附近的十二、三艘敵船，用砲火猛烈攻擊，而小艇則可放膽上前制伏敵船，將之全部殲滅。如果這次行動成功，其他條件又允許的話，就循同樣模式攻擊停泊在稍遠處淺水區的另兩隊敵船。

這項作戰計劃在 9 月 14 日決定，而於同月 16 日付諸執行。不幸的是，我方各式船艇才剛順著有利的風向和潮水駛出碼頭 (jetty)，突然間就因風勢停歇而無法前進。不久，刮起了反向風，使這些船艇無法航向各自的目的地，也因距離敵船過遠而無法發砲攻擊。因此，預定以小艇來進行攻擊的計畫是否該暫緩，一時之間變得難以決定。只消說，我方軍官過於蠻勇，竟命令所有裝載戰士的小艇划向敵船。雙方交戰約一個小時，戰況對我方相當不利；敵方掩護得很好，我方戰士卻完全暴露在外。最後，我方有三艘小艇遭擄獲，其餘的倉皇逃回各自所屬的大船旁。但大船的下場也不好，其中兩艘因潮水突變而擱淺在岸邊，一艘被敵人的密集砲火打得粉碎，另一艘則因敵人火船的攻擊而著火燃燒。我方傷者不計，共折損一名艇長、一名尉官、一名士官 (colour-sergeant) 和一百二十八名士兵；敵軍則約有一百五十個士兵陣亡，傷者若干。

由於海上船艇的攻擊失敗，所以陸上的進攻也受挫。此一敗戰引起檢察官下令調查，但不久後，弄丟了科登霍夫號 (Cortenhoef) 的帶罪艇長在另一次戰鬥中溺斃，所以調查一事就不了了之，人人都將責任推到死者身上。

海上攻擊失敗的次日，我軍決定試試運氣，再發動一次陸上攻

▲ 巴達維亞援軍攻擊失敗 (1661年9月16日)【原書附圖】

擊。我方計畫動用四百名士兵和五十名弓箭手，在清晨突襲駐紮在
Bockenburg的敵軍。但由於無法及時備齊必要裝備，再加上其他
阻礙，這項行動最終被迫取消，或至少是無限期延後。

　　由於城堡裡的守軍日趨減少，乃計劃將位於福爾摩沙北端的淡
水 (Tamsuy) 和雞籠 (Quelang) 兩要塞的駐軍和物資，移防到大員，
於是派出三條船去執行這個任務。❿

　　9月27日，我方派出兩艘速度最快的戰船 (sailing-vessel)，負
責在福爾摩沙和澎湖群島之間巡邏，以圍捕任何從中國載運物資前
來供給敵軍的船隻。

　　10月3日，我方派出兩艘船去尋找糧食和燃料，因為很多士
兵都因食用不新鮮的食物，以及過於疲累的持續站崗，引起了水腫
和其他疾病，臥病在床。

　　10月17日，我們再度策劃對駐紮在Bockenburg的敵軍發動襲
擊。我方先派出一小隊騎兵接近敵營，企圖引誘敵軍出擊，進入我
方步槍兵所設下的埋伏。可是敵軍也有提防，沒有人敢冒險衝出。
結果我軍只抓到一個哨兵，就撤回城堡。

　　10月19日夜晚和20日，敵軍分乘許多大小船隻逼近北線尾
沙洲 (該處位在熱蘭遮城的正北方)，築構許多防禦工事，上面架設巨
砲，打算從該面來轟擊城堡。翌日，幾位尉級軍官主動向長官請
纓，希望能獲准前往北線尾，阻擾敵人的計畫；長官同意此項請

---

❿ 漢譯者按：這三艘船因遭遇風暴等因素，最後開到福建沿海，船上的商務員哈梭威爾
（David Harthouwer）被送去福州見靖南王耿繼茂等人，談起鄭成功攻打台灣之事，雙方
遂有意合作，水路夾攻鄭成功在台灣及廈門一帶的軍隊。參見江樹生，《鄭成功和荷蘭人
在台灣的最後一戰及換文締和》，頁24。

求。這是我方軍官第二次、也是最後一次提議要攻擊敵人。這些軍官於是率領各式船隻，載著兩百名士兵航向北線尾。但敵人已在那裡建立了堅強的陣地，大砲和其他槍砲的火力相當猛烈，我軍因而敗退，毫無斬獲，甚至連登陸的嘗試都沒有。

11月初，我方在水道附近構築一座木造城塔，用來確保我們的小艇和單桅帆船能安全進出，免於敵軍小船的騷擾。

約在此時，我們從敵方的幾名逃兵處獲悉下列訊息：國姓爺目前在福爾摩沙的情況，就像他之前在中國那般糟糕；他在圍城期間折損了八千名以上的精兵；他手下的大小船隻總是遇著機會就開溜；由於圍城過久，士兵和福爾摩沙的漢人對他的忠誠已逐漸降低；現在運來的軍糧也不像以前那麼充足。

11月6日，長官收到韃靼人派駐福建的靖南王 (Simtangong, the Tartar Stadtholder of the Fokien province) 的來函，提及：他 (靖南王) 獲悉清荷雙方的共同敵人國姓爺已經攻擊福爾摩沙，因此願意和我們

木造城塔

▲ 11月初荷軍在大員水道旁新建的木造城塔

合作，共同殲滅這個海盜。他非常慷慨地承諾將盡可能援助我方，同時也要求我方派出兩艘戰船，協助他們剷除國姓爺殘留在中國的勢力。

被圍困在城堡裡的我軍聽到這個好消息後，又重新燃起希望，乃彼此相互鼓舞，一定要撐到明年，因為大家相信，屆時就可以得到巴達維亞的充分援助。雖然守軍人數因染疾患病而嚴重折損，健康者的體力也大為衰弱，但大家仍然希望且相信，絕對可以堅持到那個時候。於是他們開始清點糧食、彈藥和其他戰爭必需品，準備要力行儉約了。

他們經過全面檢視後，決定先把婦女和小孩送回巴達維亞，以免耗損城堡內有限的物資。同時，為了保障這些無助的婦孺能夠生活無慮，就以東印度公司的名義開立若干票據，希望巴達維亞官員能予以兌現。但後來由於情勢惡化，人們就把慷慨開出這些票據一事，看作福爾摩沙評議會的一項罪狀。

他們接著商議，是否該把公司存放在城堡內的商品和財產搬到船上，以備戰事不利時，尚可保存這些財物。大家經冗長討論後，認為把這些財物搬到船上並不安全（請閱「可靠證據」第30號），主要是因為大家都自信滿滿，確信可以成功地堅守崗位，繼續抗戰下去。

對城堡的士兵和守衛者來說，這項決定絕對有其必要。他們如果發現城堡內的財貨都已搬空，只剩下空蕩蕩的城牆需要防衛的話，必定頓時鬥志受挫、士氣消沉，再次變得疑懼不安。他們之前收到6月21日的來函，看清了巴達維亞當局不太重視大員的安危時，就曾陷入這種不信任狀態。

摘自1661年10月29日大員決議錄

可靠證據
第30號

我們仔細考慮是否該把手頭上的貴重財寶（如琥珀、珊瑚等）運上船隻。如果這樣做，敵人獲悉後就會想盡辦法來搶奪，反而引來極大的風險；而且，我方士兵也可能會因此而懷疑我們變得怯弱或全然喪失信心。

再者，這些財寶在東印度的任何地方都沒有太大價值，只能在中國出售，那裡才有較佳的市場；戰爭結束後，這些財寶將對我們更為有用。

另一項考量是，將這些寶物大費周章地運到中國再運回來，等於要冒兩次海上的風險。

根據上述理由，最後以多數票決定將這些財寶留下來，畢竟我們沒有立即淪陷的危險，反而可能——蒙上帝賜福——完全避免這件事發生。

那些準備離開的家庭，自行估計他們的財貨約價值一萬八千至兩萬里耳，請求我們開立上述金額的票據。我們經過深思熟慮後，決定接受此一估價。因為除非有東印度公司的委託，否則個人不准攜帶金錢出境，加上我們懷著保存城堡的強烈希望，所以我們為了不想被視為過於嚴厲，就依照他們的要求開立票據。

以上決議於前述日期在熱蘭遮城內通過，並由揆一長官簽署。至於贊成運出財寶者，有卡烏、華福倫（I. O. van Waveren）、凱森布魯特、史貝倫（T. van Speren）和秘書諾貝爾諸位。

如果這些財物被安全地送到巴達維亞，就很難再期待巴達維亞會派出更多的援助，因為公司可能會全然放棄此地，讓島上人員任憑嗜血凶殘的中國人宰割。

　　再者，假設大家已用盡全部氣力、冒盡一切危險來守城，卻終歸絕望，不得不投降的話，那麼這些財物就是大家最後的救命手段，因為可以將之獻給敵人，換取活命的機會；如果把它們運走，因而剝奪掉大家最後一線生機的話，可以想見守城軍會變得如何絕望，多少禍害將隨之而來。歷史上就有很多例子，說明被圍困者會違抗上級的命令，不讓物資和財產被移出遭圍困的城鎮。殷鑒不遠，不久前在東印度就有一個顯例可引以為戒。1618 年爪哇人帶給我們的那次困境，幾乎跟現在中國人圍攻熱蘭遮城堡的情形如出一轍。

　　大家更進一步想到，是否該事先設想戰敗後的因應方案，把物資和財產搬到停泊在海灣的船上。大家考慮到這樣做必然會在百姓間引起嚴重騷亂，所以最後一致同意，將一切公私財物繼續存放於城堡內 (請閱「可靠證據」第 31 號)。

　　值得注意的是，如果巴達維亞總督和評議會認為公司的財物必須搬到船上，他們就該明確地下達指令給福爾摩沙長官和評議會。

摘自1618年12月10日巴達維亞評議會議事錄

　　目前我們手頭上有大量的財寶，價值約在四十至五十萬里耳，其中約十萬里耳是日本銀。**要不是擔心會引起要塞居民的沮喪和恐慌，我們本可輕易地將大部分財寶運送到安全的地方。**目前要塞內約有四百人，包括白人及黑人，也有婦孺。感謝上帝，目前並不缺乏糧食。

巴達維亞當局無法再推說他們不知道敵人已經來犯，他們也充分瞭解公司財物正面臨急迫的危險。但巴達維亞當局在來函中，儘管對福爾摩沙的其他較不重要事項都有詳細指示，卻唯獨漏掉這件事，顯見他們刻意對公司財產的安危保持緘默。無疑地，他們認為這是一個危險的問題，往後可能會引起爭論，所以他們就先把責任推到福爾摩沙長官和評議會身上，以免將來得親自向阿姆斯特丹的董事們報告。

有關如何保全公司財物一事，巴達維亞方面既然沒有下達指令，福爾摩沙評議會就不一定得採取搬移財物的方式。況且福爾摩沙評議會也一致認為，將公司財物全都搬移到船上，將冒著全部喪失的風險，倒不如將財物留在城堡內，畢竟他們尚有成功抵抗敵人的一線希望，如此就可保住大部分財物。

12. 卡烏臨陣脫逃

雖然被圍者冀望能抵擋敵軍，決心奮戰到底，但「勇敢的」卡烏將軍卻在 11 月 8 日舉行的福爾摩沙評議會上，讓所有與會者大吃一驚。原來是卡烏將軍突然提出請求，希望能獲准搭乘最近船班返回巴達維亞，理由是：若由他當面向巴達維亞總督和評議會充分說明這裡的慘況，效果一定比目前僅用書信聯繫更佳，也更能獲得必要的援助。每位評議員聽完後莫不驚愕萬分，紛紛提醒卡烏將軍，他所要求的這樁小差事，根本無法和他的任務、榮譽和名聲相匹配。他可是以將軍的身分前來，奉命要將福爾摩沙從國姓爺的魔掌中救出，卻在尚未拔劍對付過敵人，也還未執行過任何足以證明

▲ 1655年平南王、靖南王和都統在廣州城前接待荷蘭使節【引自《荷蘭人在福爾摩沙》】

自己不辱所託的重要行動前，就想拋下自己率領的部隊，假藉信差之名逃回巴達維亞。

　　卡烏相當粗暴地答稱，他不會理會任何閒言碎語，將在東北季風結束之前自行離開；並說他身懷密令，無須服從福爾摩沙評議會的任何決議。當大家要求他出示密令時，他又說自己知道何事當為，何事不當為，不必也不願公開這些指令，或讓評議會得悉其內容。

　　卡烏在做出這番可恥言行後，被逐出了評議會。他雖心意已決，一定要逃離這處棘手的遭圍之地，但他也深知，如果沒有評議會的許可，就不能光彩地離開。於是他改變策略，暫時不提返回巴達維亞一事，等待著更適當的時機。終於，命運眷顧了他。

　　碰巧在 11 月 26 日，評議會決定接受靖南王 (Tartar Governor)

在 11 月 6 日的提議，要求卡烏盡快備妥三艘火力最強、速度最快的帆船，外加兩隻小船，並裝載充足的糧草、彈藥和其他作戰物資，以及最精良的士兵，打算和韃靼人聯合出擊，殲滅國姓爺殘存在中國的勢力。評議會希望藉此轉移國姓爺對福爾摩沙的包圍，也希望我們的船隻能順便運回必要的物資，以補給大員駐軍所需。

此一計劃決定後，卡烏立刻自告奮勇，請求率軍出征。他自稱是執行這項任務的不二人選，因為他至今尚無機會證明自己對公司利益的關切與熱誠。評議會不疑有他，不知道卡烏正在籌劃邪惡的陰謀，就立即同意他的請求。於是，評議會安排卡烏在 12 月 3 日從大員出發，以秘書諾貝爾 (Constantijn Nobel) 為副指揮，並帶上東印度公司給靖南王 (Tartar Stadtholder) 的信函和禮品。

評議會還特別交待卡烏，萬一遇到惡劣天候或暴風雨來襲，必須航向澎湖群島，在那裡可找到安全的避風港。然而，卡烏卻無視自己的使命，一駛到寬闊海面，發現天氣稍有轉變，就下令船隊直航澎湖群島。抵達澎湖群島後，卡烏命令船隊在水深三十五噚❶處下錨停泊，此舉違反了任何明智的航海術，也置船長們的勸告 (他們主張大可繼續航行) 於不顧。卡烏就按兵不動地停在那裡，直到強風吹起，五艘船中有三艘船開始漂流，船錨被吹斷到只剩一個，於是這些船只得返航大員，並向城堡方面報告卡烏直航澎湖群島及往後的舉動。這些返航船隻立即被修好，再次被派往卡烏處，並帶上評議會的指令，要求卡烏必須替遭圍的將士設想，盡快完成航行任務。

---

❶ 漢譯者按：噚（fathom）是測量水深的單位，1 噚等於 1.829 公尺。

正當上述那三艘船駛回大員之際，澎湖的風勢稍微緩和下來，於是另一艘船的軍官們請求卡烏繼續航行，說現在還趕得上延宕的行程。然而，卡烏卻命令船隊起錨，點燈，準備航向巴達維亞。對此，軍官們群起抗議，主張此刻要返航大員海灣並不難，但一切努力都枉然。卡烏叫他們管好自己的事即可，他知道自己在做什麼，他有特別任務在身，沒有必要向他們報告，他們只要跟著他就對了。最後，大家只好照辦。諾貝爾號 (*Nobel*) 艇長看到卡烏的旗艦已經點燈啓航，也就將船起錨，緩慢地跟隨在後。

他們先航向暹羅，在抵達當地停泊處時，卡烏下令將旗艦的前後左右掛上飾帶和旗幟，並鳴砲超過百發，宛如一支凱旋之師。當時荷蘭司令官瑞克 (Jan van Ryck) 正在暹羅，獲悉卡烏抵達暹羅海灣後，馬上登船表達歡迎，同時祝賀卡烏成功援救了大員——瑞克看到卡烏耀武揚威地抵達這裡，猜想他必定已解救了大員。但當卡烏表示，他們其實是因爲天候因素被迫離開大員，現在正要航向巴達維亞時，瑞克立刻起了疑心，並告誡卡烏，在目前的情況下，這種行爲必會損害東印度公司的名譽，並招致暹羅人的訕笑。但這番話有如對聾子講道 (*Furde narratur fabula*)，卡烏全然不予理會。卡烏登岸後，身旁竟帶了五、六位全副武裝的貼身護衛。

此舉令暹羅人大爲惱怒，因爲他們只允許當地的荷蘭軍官帶少數隨從，不解卡烏爲何要帶這麼多武裝衛士。瑞克只好大費周章地安撫暹羅人，防止他們做出損害東印度公司的行爲。因此，卡烏一補給好糧食和其他必需品，瑞克就請他立刻離去，因爲此地不是他應該來的地方，並說卡烏如果不從，他一定會向巴達維亞告發，說卡烏由於久留暹羅，損害了東印度公司的利益。

　　卡烏只好離開暹羅，之後平安抵達巴達維亞。他對於福爾摩沙的情況和自己在海上漂流的過程，做了荒誕不實的報告。他的謊言之後被戳破，被圍困在大員的人對他提出嚴厲的指控，因此檢察官奉命將他起訴。然而，法院審查的結果，卡烏卻只被處以小額罰鍰及停職六個月的處分；停職期滿後，東印度總督和評議會不但立刻恢復卡烏原先的榮譽和職位，還賞給他更多的恩惠與榮耀。

　　像這樣的判決在巴達維亞司空見慣，不足為奇。追查刑責的方式還有很大的改善空間，法官的表現也常證明他們根本不配擔任如此高位。問題的主要癥結在於法官的任命方式，這對公司當局來說絕非光采之事。司法評議會 (The Council of Justice) 隸屬於東印度總督和東印度評議會，法官之所以獲得任命，主要不是因為他們具備適切的能力，而是背後的交情、黨派等人際關係運作的結果。因此，很多所謂的律師，都是憑藉一、兩位董事的寵愛而獲職的；這些人上任後便恃寵而驕，毫不避諱地干涉公司各部門的事務，甚至經常反抗他們真正的老闆——東印度總督和評議會。他們姿態擺得很高，認為所有人都應聽從他們優越的判決和高超的見識，並自詡為國家真正的棟樑。關於他們的傲慢、不智及蔑視上司的作風，最近即有一例，因此也惹惱了巴達維亞評議會及荷蘭的董事會：他們雖宣誓一切的行動和判決都將以公司的利益為依歸，卻主張他們的法院和司法評議會的成員應獨立於東印度評議會之外。如果董事們愚蠢到同意這項要求，無疑會自討苦吃，因為根據同樣道理，他們也可以主張法院不該隸屬於公司董事會，而應直接受命於荷蘭聯邦議會 (Staten-General, or House of Lords)。任何稍知東印度公司利益的人，都清楚這樣的主張會引起惡劣的結果——但這已是題外話了。

13. 烏特勒支碉堡最後攻防

前述那三艘返航船隻再回到澎湖後，遍尋不著卡烏的蹤跡，只好再次折返大員，報告說卡烏已不見蹤影，一定是航往巴達維亞了。這個訊息讓所有被圍者萬分驚愕和沮喪，不只因為他們失去了食物、軍需品和最精良的士兵，更因為卡烏這般卑鄙無恥的逃逸，讓他們原本所期待的，可以經由殲滅國姓爺在中國的勢力，以化解城堡遭圍的期望，也全都落了空。大家都認為，現在只好任憑異教徒敵人宰割了。

此事讓很多人嚇破了膽，覺得冷酷殘忍的強敵不久就會把被圍者全部殺死，於是有些士兵為求保命，就投奔敵陣。其中有一個來自史托卡特 (Stockaert)、名叫羅狄斯 (Hans Jurgen Radis) 的中士，曾在歐洲參與過多次戰役，算是很有實戰經驗的軍人。此人在 12 月 16 日投降，變成狡詐機靈的叛國者，將圍城內的詳情一一提供給國姓爺：統帥卡烏逃逸後，城堡內的軍民喪失了繼續抵抗的勇氣；城堡內已失去若干最善戰的士兵和大量儲藏物資；由於竭力困守多時，城堡內的可用之兵已剩不到四百人，這批可用之兵也因疾病而日益減少，健康者也都勞累過度，無法再堅持太久。因此，他建議國姓爺把握城堡內已陷入普遍驚恐及疲憊脆弱的良機，不要只是圍困封鎖，還要發動連續攻擊，徹底耗竭他們，讓他們陷入完全的絕望。他接著說：這樣做，既不必費太多力氣，也無需多久時間，因為眼前那座建造不良的城堡，絕對擋不住整整兩天的大砲轟擊。

羅狄斯又指引國姓爺留意四角附城 (Network) 和烏特勒支碉堡 (Ronduyt Uytrecht)：四角附城位於低處，從烏特勒支碉堡即可看見

四角附城裡面的士兵。因此，國姓爺若能攻下烏特勒支碉堡，占領
那座山丘，則任何在四角附城裡的人都不能自保，也無法繼續待在
那裡。如此一來，四角附城肯定手到擒來，因為其防衛本來就極為
薄弱，加上得不到城堡方面的支援，所以只要派遣少許兵力、犧牲
少數士兵，便可順利占領。占領之後，國姓爺的軍隊就可在此築起
防禦工事，輕易地躲在上層城堡 (upper Castle) 的城牆之下，避開大
砲和火槍的攻擊。這個瀆神的叛國賊，獻給異教徒國姓爺諸如此類
的建議，導致了眾多基督徒的死亡，以及公司領土的崩潰毀滅。

　　國姓爺早先從荷蘭逃兵處得知卡烏率軍前往中國的消息，原本
內心焦慮難安，如今透過羅狄斯的協助，終於放下心來，眼前的棘

▲ 烏特勒支碉堡的戰略意義

手難題頓時消逝，又可以放手籌謀其他計畫了。因此，國姓爺決定採用那個叛國中士的獻策，將戰略由消極封鎖改為積極進攻，在巴達維亞或韃靼人的援軍出現之前，對城堡內的守軍展開強攻猛打。

國姓爺為了執行這項計畫，便在 1662 年 1 月間，將福爾摩沙的所有軍力集結於大員沙洲上。該處本來就有充足的戰爭物資和大砲，如今國姓爺遵照這位新軍師的建言，又增建了三座新砲台，一座在烏特勒支碉堡的南邊，兩座在烏特勒支碉堡的東邊，並架設了二十八門大砲，同時也挖掘許多戰壕來加以強化，數千名武裝士兵能夠隱身在戰壕之後，獲得安全防護。國姓爺也採取許多防禦措施，以防備城堡大砲的轟擊，以及被圍者任何可能的突擊。

被圍者看到敵人正在城外建造砲台、挖掘防禦工事，十分清楚敵人這次是認真的，也知道這些工事完成後將會造成何種後果，因此他們英勇地操作大砲和火槍，不停地發射及填彈，打死了不少敵軍，也摧毀若干敵人新建的戰壕。然而，敵人毫不吝惜勞力與人命，依舊前仆後繼，逐漸推進工事，城內守軍實在無法阻擋，最終只能眼睜睜看著敵軍完工。於是評議會召開全體會議，慎重討論如何面對這一嚴重問題。他們清楚，一旦敵人把砲台全部建成，烏特勒支碉堡將立即面臨被奪的危機；敵人一旦支配了那座山丘，整座城堡必將淪陷。❶❽

長官眼看眾人想不出以槍砲來阻擋敵人進度的法子，便暗示說，是否有可能及有必要發動一場全面突擊，以摧毀敵人所建立的

---

❶❽ 漢譯者按：《梅氏日記》寫道，占領四角附城之後，「在短時間內就可以從長官官邸的地下室，埋地雷在 Amsterdam 稜堡下面，將整座城堡炸毀」（頁 68）。烏特勒支碉堡及四角附城的戰略重要性，由此可見一斑。

工事，把敵人驅趕出去。

　　但做比說更難。大家儘管明白，讓敵軍的工事繼續下去，我軍將面臨極大的危險，可是沒有人知道該如何制止敵人的行動。誠然，發動一次全面突擊有其必要，但敵軍的防禦是如此嚴密，又擁有數千名武裝戰士，除非我們配備充足的槍砲和強大的兵力（我們並不具備這些條件），否則要攻擊占據如此有利地形的敵軍，幾乎是不可能的任務。我方目前僅剩六百名士兵能夠投入全面突擊，如果將他們全調去執行這項任務，那麼城堡、烏特勒支碉堡和木造城塔（wooden Wambais）就將無人防守，極易落入敵人之手；反之，如果派駐充分人員來守衛城堡、烏特勒支碉堡和木造城塔，則剩餘的那點兵力根本無法進行有效攻擊，只不過是出城送死，這樣反而不利於我們的目標。因此，大家一致同意放棄全面突擊（請閱「可靠證據」第32號），繼續以戰略思考及手頭上的武器來抵抗敵軍。

　　當敵軍正在緩慢地築進砲台、戰壕和防柵等工事之際，城堡和海灣船隻間的水路依然暢通（但烏特勒支碉堡一旦淪陷，這條水路就會遭敵軍切斷），我方官員就在評議會上提議：為了預防不測，是否該趁早把公司的現金和貴重物品搬移到船上。但大家一致認為這是不智之舉（請閱「可靠證據」第33號），怕會引起民眾的不滿與騷動。

　　儘管我軍全力阻擋，敵軍依舊克服萬難，硬是將工事建成。1月25日清晨，敵軍開始從東、南兩面砲擊烏特勒支碉堡，並在數小時的砲擊後，連續兩次試圖衝入烏特勒支碉堡南側被轟出的缺口，但均遭我軍英勇擊退，敵軍傷亡相當慘重。他們為了避免犧牲過多，又重新恢復砲擊，讓烏特勒支碉堡嚴重受損。當晚，烏特勒支碉堡幾乎已是片瓦無存，變成一片廢墟。

摘自1662年1月21日大員決議錄

討論完諸多事項之後，有人提議襲擊前述的敵方砲台（如果可能的話，要在砲台安裝上更多大砲之前進行），並加以摧毀。為執行這項任務，至少需要四、五百名英勇的戰士，但我方全部守軍，即使包括碉堡和巴騰堡(Batenburg) 兩地的駐軍在內，也不過六百多名。況且，立即採取這一危險行動，無異於派遣一小隊人去送死，萬一失敗的話，熱蘭遮城將會暴露在極度危險之中。

因此，這項提議遭到否決。我們已從最近的經驗學到教訓，除非有真正的把握和必然的好處，否則像這類危險嘗試，只會帶來傷害。目前最明智的辦法，就是繼續堅守城堡，並供應烏特勒支碉堡三個月份的糧食補給。

摘自1662年1月23日大員決議錄

由於把財寶和貴重物品搬運上船一事，目前變得非常棘手，我們今日決定：依照之前的決議，將其留置原處，以免引起民眾恐慌。

烏特勒支碉堡守軍已瀕臨生死關頭，唯剩奔入城堡避難一途。但他們在逃離之前，先破壞掉未遭損壞的大砲，再將地窖裡的四大桶炸藥裝上引信。不久，烏特勒支碉堡爆炸了，幾個為了強化陣地而駐紮在此山丘的敵兵也隨之喪命。

　　事後我們得知，烏特勒支碉堡爆炸前，國姓爺本來想親自前往視察，但因前述那位叛國中士勸阻說，新近占領的敵方陣地很危險，地下通常會埋有炸藥云云，國姓爺才作罷。事實證明確實如此。

　　國姓爺的軍隊因順利攻下烏特勒支碉堡而大受鼓舞，遂採取更多行動，準備一舉攻佔城堡。當天深夜，他們開始在山丘上挖掘戰壕，準備要建造一座大砲台。他們也用不計其數的堡籃堆疊成許多戰壕，這些座落在山丘上的戰壕，徹夜不停地往蓋德蘭稜堡和城堡的四角附城推進。

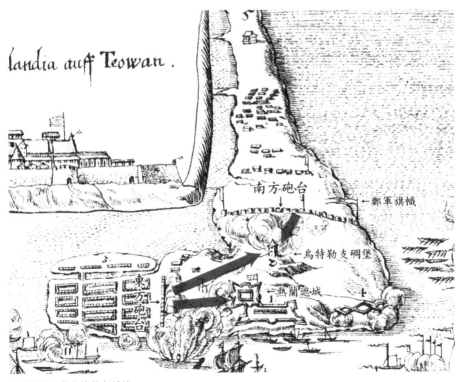

▲ 國姓爺砲擊烏特勒支碉堡

tweede deel fol: 47

▲ 國姓爺奪取烏特勒支碉堡 (1662年1月25日) 【原書附圖】

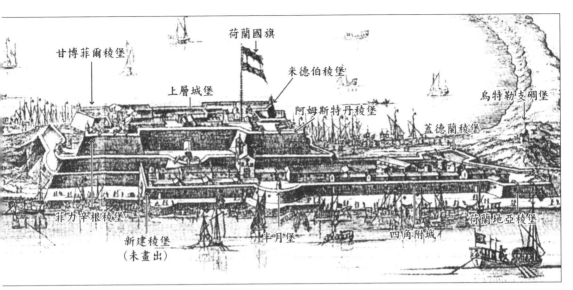

甘博菲爾稜堡　　荷蘭國旗

上層城堡　　　　米德伯稜堡

阿姆斯特丹稜堡

烏特勒支碉堡

蓋德蘭稜堡

菲力辛根稜堡　　　　　　　　　　荷蘭地亞稜堡

新建稜堡
（未畫出）　　半月堡　　　四角附城

▲ 熱蘭遮城的各個稜堡

　　荷蘭守軍爲阻止敵人的行動，徹夜以大砲、迫擊砲、火槍和手
榴彈來攻擊，導致城堡煙霧瀰漫，火花四射，有如著了火似的。由
於蓋德蘭稜堡的胸牆單薄，而且不到半人高，因此抽派若干可用的
奴隸和士兵予以強化。另外，連接該稜堡和上層城堡之間的側翼，
只有三塊半磚塊的厚度，因此長官下令拆除順著側翼而建的房屋的
屋頂，將沙土塡入屋內，以增加側翼的防禦強度。許多諸如此類的
工作一一完成，以提高禦敵能力，防備敵人隨時可能再起的攻勢。
當夜敵軍完成許多攻擊的準備，並建立相當堅強的陣地，看來我方
再也無法阻擋敵軍轟破城牆，攻入城堡了。**⓱**

⓱ 漢譯者按：此句甘爲霖譯作：「的確，當夜我方在這類加強防禦的工作上進展很多，以至
　　於破曉時，大家都認爲我們的陣地已相當堅強，足以抵抗敵軍的進攻了。」似有誤，故改
　　採 Lambach 的翻譯。

14. 荷蘭守軍獻城投降

這時，評議會再一次召開隆重的秘密會議，所有商務員和士官都受邀參加。大家分析了敵方陣地之堅強及我方處境之危急後，認定我方只剩下三條路可走：或是英勇地向敵人發動一場全面攻擊、或是等待敵人即將發動的猛攻、或是爭取在最有利的條件下投降。大家仔細討論這些方案，每個人都必須坦率說出自己的意見，因為此事攸關大家的榮譽、生命，以及東印度公司在福爾摩沙的存續與否。

大家否決了全面突擊一案，因為這樣做看來沒什麼好處，尤其是我方近來已損失慘重，而且敵人現在又建立了堅強的陣地。

在二十九位出席者中，只有四人贊成全面突擊，分別是：葛里松 (Gerrit Gerritszoon) 中尉及亞伯倫 (Thomas van Iperen)、希克斯 (Daniel Sicx) 和德維克 (Paulus Davidszoon de Vick) 等三位商務員。當他們被詢問投贊成票的理由時，德維克答道：他從小就來到東印度，從未見過戰爭，但他現在依靠的是全能的上帝，而非被圍困的一支小軍隊，他深知，上帝能讓少數人一如多數人那樣擊敗敵人，就像祂先前救助古猶太勇士基甸 (Gideon) 那般。另一位商務員希克斯則說，他之所以投贊成票，是出於全然的絕望，乾脆大家一起死，免得麻煩。另外兩人也無法提出令人滿意的答覆。

揆一長官則主張耐心靜候敵軍的一兩次攻擊，並承諾身先士卒，以鼓舞士兵和人民。長官為了說服評議會同意其主張，勇敢地等待敵人來攻，便提醒所有與會者：敵軍在圍攻城堡和奪取烏特勒支碉堡 (約有兩千五百發砲彈射進該堡) 的過程中，已消耗相當多彈

藥，他們剩餘的彈藥供給還能維持多久，實在值得懷疑，所以不如先靜觀其變，看看眞實情況究竟爲何；就算敵軍彈藥供應無虞，並成功地將城牆打出一道缺口，城堡還是不會失守，因爲我們還有足夠兵力可以守住陣地，阻抗敵軍推進。長官繼續說：其實國姓爺也遭受不少損失，且他寄望以切斷城堡的援軍和補給的方式來讓我軍屈服，因此他不一定會再發動總攻擊；何況東北季風快要結束，巴達維亞的援軍隨時可能會出現；此外，城堡內仍有足夠存糧，至少可以再支撐四到五個月之久，戰爭物資也還很充裕，證明我們可以奮戰到底。

評議會對長官的上述主張，回覆如下：

1. 把我方的行動建立在敵軍的彈藥供應即將耗盡的假設上，實屬危殆。

2. 我方士兵經過長期的守望 (過去的三、四天更是未曾歇息)，已經完全筋疲力竭，無法再支撐下去。事實上，士兵們的鬥志日漸低落，對敵人已生怯意，根本不情願再坐候敵軍來攻。此外，敵人一旦攻城，一定會造成大量士兵陣亡，也會有很多人被落石或碎片打傷，如此一來，不僅醫院會被擠滿，倖存者也會變得更加垂頭喪氣。

3. 敵軍可能會從他們已占領的山丘的有利地點，對四角附城發動攻擊，這一攻擊對敵軍來說並不危險，因爲我軍在四角附城內得不到任何掩護，無法對敵軍構成威脅。城堡和蓋德蘭稜堡間的側翼也很容易遭敵軍占領，因爲城堡的大砲架設得過高，根本射不到那裡，無法進行防守。很明顯的，那位叛變的中士已向敵人指出該座山丘的戰略優勢。該位中士曾說過：如果敵人一開始就奪下那座

山丘，這場圍城早就結束了❷。

4. 就算守軍能堅持到東北季風結束，也盼到了巴達維亞派來的援軍，但這支援軍究竟能發揮多大效用，還是很可疑的。畢竟敵軍現已控制住海峽，沒有他們的允許，根本無法通行。我們這些被圍困在城堡內的人，可說是完全落入敵人的掌握之中，尤其是我們所期待的援軍，其人數應該不會很多，並不足以在陸地上擊敗敵軍。

5. 城堡內的存糧固然充足，但有很多已腐壞到無法食用，因此我們會比預期的更早面臨糧盡援絕。

6. 就算敵人不會強攻，或我方真能擊退敵人的攻擊，我軍也會因眾多傷亡而變得衰弱不堪；因疲勞與糧食不足所引發的疾病也將大量出現，讓我軍根本無法有效地抵抗下去。

基於諸如此類的理由，評議會試圖讓揆一長官明白，若繼續頑抗下去，城堡內每一個人都將面臨可怕的命運，對東印度公司也是有害無益。

長官表示，他接受評議會所得出的結論，甚至欣慰他們為了解救軍民性命而深思熟慮，看來我方的處境已至絕望，此役必敗無疑了。

因此，在評議會的懇切陳情和苦勸下，長官退讓了；他不想自作聰明，跟眾位評議員唱反調，也擔心在此一時刻，若稍微猶豫不決，恐怕會引起非常嚴重的後果。

---

❷ 漢譯者按：此句甘為霖譯作：「如果我方在一開始就奪下那座山丘，敵人的圍攻或許早就解除了。」明顯有誤，因為這座山丘原本就是控制在荷蘭人手中，故改採 Lambach 的翻譯。

　　於是，長官同意了評議會幾乎全體一致的意見，決定由評議會同國姓爺進行談判，在公平合理的條件下獻出城堡 (請閱「可靠證據」第 34、35 號)。我方立即發出這項訊息，雙方即刻停戰，經過五、六天的會商談判後，和國姓爺簽訂下列協定：

　　本條約經雙方同意而成，一方是從 1661 年 5 月 1 日至 1662 年 2 月 1 日包圍福爾摩沙熱蘭遮城的大明招討大將軍國姓殿下，另一方是代表荷蘭政府的熱蘭遮城長官福雷德里克‧揆一及其評議會，締結如下十八項條款：

　　1. 雙方應寬恕忘卻先前的一切敵對行為。

　　2. 熱蘭遮城及其城外工事、大砲、剩餘軍用品、商品、金錢和其他東印度公司的財產，均須移交國姓爺。

　　3. 米糧、麵包、酒、燒酒 (arack)、獸肉、豬肉、食油、醋、繩索、帆布、瀝青、焦油、船錨、火藥、子彈、亞麻布，以及被圍者在搭船返回巴達維亞途中所需的其他物品，得按前述的長官和評議會指令，運上東印度公司的船隻。

　　4. 荷蘭官員在城堡內或他處的一切私人動產，須先經國姓爺代表檢查，再運上前述船隻。

　　5. 除前述物品外，二十八位評議員每人准予攜帶兩百銀元 (rijksdaalders) ❷❶，其他二十名特定平民准予攜帶總額一千銀元。

　　6. 荷蘭士兵經檢查後，准予高舉旗幟、點燃火繩、子彈上膛、擊鼓列隊，在長官的指揮之下行進上船。

---

❷❶ 漢譯者按：在荷蘭幣制中，1 銀元（Rijksdaalder）等於 2.5 荷盾（guilder）。

7. 福爾摩沙所有中國債務人和承租人的名單及其他相關細節，須從東印度公司帳簿上抄錄一份，交付國姓爺。

8. 荷蘭殖民政府所有公文檔案，准予攜返巴達維亞。

9. 目前被中國人拘禁在福爾摩沙的東印度公司職員，應在八至十天內予以釋放；被中國人拘禁在中國者，應盡速釋放。至於在福爾摩沙未被中國人拘禁的公司職員，則須授予通行證，讓他們得以安全搭乘公司船隻。

10. 國姓爺所捕獲的四條小艇及其附屬品，將歸還東印度公司。

11. 國姓爺將提供足夠的船隻，協助東印度公司的人員和財物上船。

12. 東印度公司人員在停留期間所需的蔬菜、鮮肉和其他必需品，國姓爺的臣民須以合理價格，天天供應。

13. 東印度公司人員居留陸上期間，國姓爺的所有士兵和臣民皆不得進入城堡 (為公司提供服務除外)，亦不得越過堡籬，或超過國姓爺殿下下令建立的障礙，而接近公司在城外的工事。

14. 東印度公司人員離開城堡前，城堡上除了一面白旗外，不得懸掛其他旗幟。

15. 看守倉庫者應在公司其他人員和財物上船後，續留在城堡兩到三天，然後再上船。

㉒ 漢譯者按：此人可能是右虎衛黃安，請參見黃典權，《鄭成功史事研究》，頁50及頁66之註八。

㉓ 漢譯者按：根據黃典權上引書，此人可能是兵都事楊榮，請見頁50及頁66-67之註九。

16. 本條約一經雙方各依本國慣例簽署、蓋章和宣誓後，國姓爺須送交其身份為官員或軍官的 Moor Ongkun㉒及參軍 Pimpan Jamoosje㉓兩人到荷蘭船上，做為人質；東印度公司則將職位僅次於長官的華福倫 (Jan Oetgnes van Waveren) 及評議員哈梭威爾 (David Harthouwer) 送到國姓爺帳下，也做為人質。所有人質均須留在指定地點，直到本條約所有條款都履行完畢為止。

17. 目前在城堡內及公司船上的中國戰俘應予釋放，以交換國姓爺屬下所擄獲的荷蘭人。

18. 本條約若有疑義或未盡妥善之處，經任何一方提出後，應立即由雙方商議解決。

▲ 決定台灣命運的荷鄭十八條和約 (1662年2月1日簽署)【原書附圖】

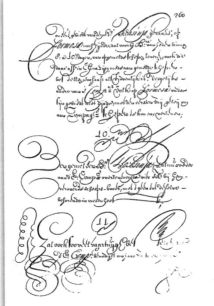

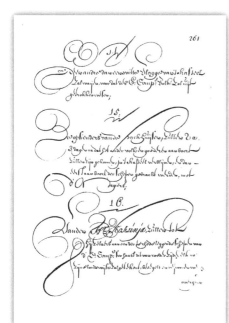

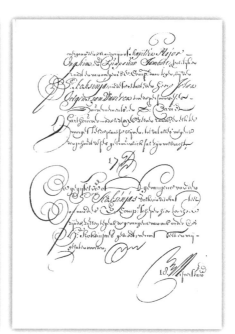

這份投降條約經雙方有效簽署，所有條款都被履行，一切彈藥和儲備物資也都搬運上船後，我方士兵就全副武裝，揚旗列隊撤出熱蘭遮城，將城堡獻給國姓爺的軍隊，後者隨即進入，將之完全占領。

可靠證據 第34號
摘自1662年1月26日[24]大員決議錄

敵軍昨日以二十八門大砲，分別從 Kerckhof、Passer 和鳳梨園等地，發射約兩千五百發砲彈，猛烈砲轟烏特勒支碉堡，以致我方士兵完全喪失遮蔽處。因此，士兵們在擊退敵軍的兩度進攻後，不得不放棄烏特勒支碉堡，並將之炸毀。當晚，敵軍占據了山丘的有利位置，開始堆疊許多堅固的堡籃以自衛，並開始逼近我方的蓋德蘭稜堡和木造城塔。我們用沙包來增強蓋德蘭稜堡，並將胸牆增高、增厚。由於我方的槍砲太小，敵軍的堡籃又很厚實，所以我們無法阻擋敵軍推進；這些堡籃是敵軍在一夜之間快速堆成的，他們人手眾多，能夠輕易地堆疊和修復。

鑑於侵略者已如此逼近，評議會乃考量為了國家的利益，要不要再次發動總攻擊，以打開一條通道。我們經過許多討論之後，仔細清點目前還有多少健康可用的將士。

---

[24] 漢譯者按：甘為霖原譯作「1月16日」，但此號證據提到：「敵軍昨日以二十八門大砲……猛烈砲轟烏特勒支碉堡」，以及「我們決定推遲至明日，才對主要問題做出最終決議」，顯示日期應當是1月26日才對。Lambach譯本也作「1月26日」。

　　結果，我們此地只剩下六百名士兵可用（包括一百零一名在木造城塔的士兵、九十四名火槍兵 (musketeers)、八十五名步槍兵 (riflemen)、兩名士官、一名警察 (constable)、一名尉官和一名掌旗手在內），從其他地區可調來八十名，從船上最多調來一百名，總計約七百八十名；其餘的不是留駐在小琉球，就是臥病在醫院裡。我們也同意，城堡內至少需要兩百五十至三百名士兵留守。

　　聽取完軍官們的意見並進行討論後，大家承認（只有一名中尉和三名掌旗手表示異議）我軍無法發動攻擊，只能盡力加強城堡的防禦；這樣，在上帝的幫忙下，我們或許還能擊退敵人的來攻。這項決定係基於下列理由：

　　1. 我們無力對抗挖掘戰壕固守的敵軍，他們不僅比我們強大三、四倍，更擁有許多大砲。

　　2. 敵軍在必要時，可從市鎮及羊廄獲得援兵；反觀我軍，目前已因人員死傷而沮喪氣餒，很可能一交戰即倉卒撤退。

　　3. 僅對敵軍的一翼發動攻擊，並不能確保勝利。況且，敵人禁得起一千名士兵的損失，我軍卻承受不了少數的傷亡。

　　4. 由於敵軍占領了鳳梨園，我們很容易受到從市鎮而來的突擊，或來自後方的侵擾，因此，一旦發動總攻擊，我們的軍隊就很難回到城堡內。

　　由於木造城塔極可能是下一個被攻擊的目標，而該處又擋不住敵軍的砲轟，因此我們決議連夜拆毀木造城塔，並將所有武器搬進城堡。

　　鑒於敵軍的戰略可能會有所改變，我們決定推遲至明日，才對主要問題做出最終決議。我們希望能盡力固守據點，以維持航道暢通，儘管這樣做必須冒上比平時更大的危險。

可靠證據 第35號

摘自1662年1月27日大員決議錄

長官召集了特別會議，繼續討論什麼才是應對這場危機的最佳辦法。他請大家留意昨天的決定，也就是我們不應打突圍戰，而須固守城堡。

他也提到士兵們的狀況極糟，全都疲憊不堪，不願再賣力效勞。亞伯倫證實了這點，他說，前幾天夜裡，他命令若干士兵去執行某些工作，並允諾給予豐厚獎賞，結果這些士兵回答說，他們雖喜歡獎賞，卻不願工作，因為缺乏休息已讓他們精疲力盡。

長官因此勸告評議會，值此士兵們體弱不堪和意志消沉之際，不要再對他們多所要求；不過，在必要時刻，還是得鼓舞他們發揮更多的力量；長官本人也願以身作則，參與任何行動。

長官就「等待敵人另一次攻擊」的主張，提出了下列論點，供評議會討論：

第一，敵軍先前過於浪費彈藥（據粗估發射了兩千五百發砲彈），想必會碰上火藥不足的問題。因此，他們為了節約火藥，不太可能再發動像昨日對烏特勒支碉堡那般徹底的轟擊。

第二，如果敵軍只攻破一處缺口，那麼也可輕易加以擊退。

第三，敵軍還不至於冒險攻城，因為那得具備大量的雲梯。

第四，巴達維亞的援軍可能很快就會到達。

第五，我們的糧食還足夠支撐四到五個月，其他的戰備物質也還很充足。

另一方面，評議會則提出下列論點：

第一，烏特勒支碉堡——脆弱的四角附城（square）主要就是靠它來保護的——如今已被摧毀，敵軍無需花費太多力量即可占領四角附

城。另，敵人手頭上的火藥庫存，可能遠比長官所假設的更多。

第二，猛烈砲擊所造成的掉落碎片，可能會造成很多人喪命，讓醫院擠滿傷患，而倖存的守軍也會士氣低落。

第三，我們的倉庫已受損嚴重，糧食已無法妥適保存。

第四，木造城塔只能抵擋敵人數小時的砲擊；一旦淪陷，我方船隻的航路就會被完全封鎖。

第五，由於士兵陣亡不斷，傷病者眾多，缺乏適當營養，以及近來豪雨所引起的諸多不利情況，我方戰力已大受折損。

第六，我們所期待的巴達維亞援軍可能終究不會出現，因為征伐澳門的行動已經放棄；就算真有救援艦隊抵達，也很難將士兵或物質送上岸。

第七，上層城堡的側翼，特別是菲力辛根 (Vlissingen) 稜堡和甘博菲爾 (Campheer) 稜堡等處，已因敵人的猛烈砲轟而嚴重受損。

最後，敵軍已在烏特勒支碉堡所在的山丘築好防禦工事，他們不久就會開始砲擊城堡。敵人從那座山丘能觀察到我軍的一舉一動，並加以射擊。敵人也將完全控制四角附城，沒有人能夠安全地待在那裡。

因此，我們認為最佳的方案就是：在公平合理的條件下，趁早獻城投降。

大家經過禱告及深思熟慮後，一致同意在第一時間發文通知國姓爺，我們願意和他談判，在公平合理的條件下獻城投降。

本決議在大員的熱蘭遮城內做成，日期如前所述。簽署者：

FREDERICK COYETT, J. O. van Waveren, J. Kasembrood, T. van Yperen, Herman van Outshoorn, Daniel Sicx, Paulus de Vicq, Harmen Nuyts, Barent Hermansz, Roelof van der Roer, Gerrit Gerritsz., Livinus Box,

Karel Louysz, Jan van Amstel, J. Hamilton, J. de Meer, Pieter Bordes, Dominicus van Vorsten, Clases van Detten, Jans Wolf, Johan Fransz, Pieter Stael, Matthijs Benedictus, Johan Askamp, Christiaen Lipack, de Fleur, Adam Hemmen, Joan de Ridder.

15. 揆一長官成為替罪羔羊

東印度公司留在城堡內的貨品和財產，價值大約如下：

金塊	600（以荷盾計價）
血珊瑚珠	900
琥珀數袋	50,000
現金	120,000（銀元）
其他未分類物品	300,000
合計：	471,500 荷盾 ㉕

▲ 17世紀的荷蘭銀元
【引自http://en.wikipedia.org/wiki/
File:Rijksdaalder-1622-obverse.gif】

　　這些損失在荷蘭祖國和巴達維亞引起了高聲抗議，被渲染成東印度公司好像喪失了數百萬似的；這樣做的真正目的，就是為了要攻擊福爾摩沙評議會。檢察官在他的起訴書中（請閱「可靠證據」第 20 號），特別指出我方將金塊和血珊瑚「棄讓給敵人」，暗示這

㉕ 漢譯者按：甘為霖原作「471,000 荷盾」，有誤，故根據 Lambach 譯本修改。

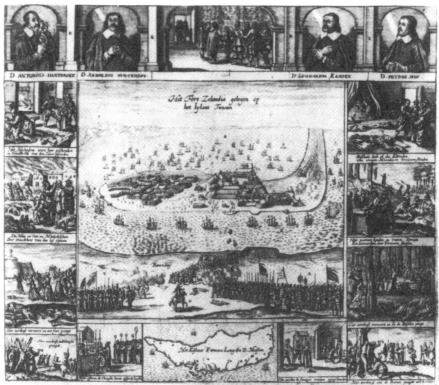

▲「台灣淪陷」快報【引自《台灣早期歷史研究續集》】

些財寶數量龐大，價值非凡，但實際上它們不過值一千五百荷盾左右。另一方面，如果我方刻意隱匿這些財寶，可能會掀起更多風波，甚至造成流血事件。

　　事實上，重要的熱蘭遮城及福爾摩沙全島之所以淪為國姓爺（一位崇拜偶像、奉祀魔鬼的異教徒）的戰利品，真正的原因如下：巴達維亞評議會全然不理會各方傳來關於國姓爺打算襲擊福爾摩沙的警

▲19世紀的熱蘭遮城城門【引自《從地面到天空 台灣在飛躍之中》】

▲ 熱蘭遮城遺址 (攝於19世紀)【引自《從地面到天空 台灣在飛躍之中》】

告，不准福爾摩沙當局從事禦敵的準備，不讓福爾摩沙當局建造幾座必要的防禦工事 (否則全島可能已獲救)；又說出許多令人沮喪的話語，讓福爾摩沙評議會喪失信心，不再提任何重要建議；更無視福爾摩沙當局要抵抗國姓爺到底的英勇決議，竟只派出不足的援助；派來的卡烏指揮官卻又無恥落逃，導致城堡遭受整整九個月的圍攻而徹底絕望；以及前述的其他因素等。

　　東印度公司原本的大目標，是以福爾摩沙爲基地，連結起中國及日本的貿易，如今已成幻影。

　　但更嚴重的損失是，神職人員和教師費盡血汗辛勞在此所建立、滋養和擴展的基督教會，也因福爾摩沙的淪陷，立刻遭毀壞殆盡，島上居民被迫回歸原始的偶像崇拜；正如先知所說，豬仔闖進上帝的葡萄園和良田，造成極大的毀損。

　　誠然，造成這一切災難的罪犯，有必要適時地提出辯解。其中

的罪魁禍首是富爾堡、范德蘭和卡烏等三人，他們就是造成福爾摩沙被忽視及最終淪陷的主要戰犯。富爾堡之罪在於：他對揆一長官懷有難以遏制的忿怒和深沉的憎恨，因此讓巴達維亞當局漠視了揆一所發出的許多可靠警告，也阻擋了很多救援福爾摩沙的必要措施。范德蘭則罪在貪得無厭：他無視東印度公司的真正利益，為了私利而強烈主張征伐澳門，並在巴達維亞指控福爾摩沙評議會，說後者故意讓征伐澳門的大好機會溜走；他更主張福爾摩沙根本不需提防外敵入侵，此舉也獲得富爾堡的聲援。最後，卡烏則犯了不忠不義的膽怯之罪：他竟擅自率領船隊和最精良的士兵逃走，棄城堡內的同胞於不顧，讓被圍者陷入絕境，加速了城堡的投降。如果卡烏能夠成功完成使命，或是能帶著韃靼人的支援返回大員，這個可恥的結果或許就不會發生了，因為當時城堡內的軍民仍能將敵人抗拒在外，耐心等待卡烏的歸來及進一步的指令。假設韃靼人的援助果真能到來，則我軍至少可再多堅守九個月，這場戰役必將留芳萬世，永垂不朽。

雖然在國姓爺來犯之前和攻打期間，揆一長官及其評議會確實表現得一如可敬的男子漢，但一切都是枉然，他們全然逃不開在巴達維亞遭受究責問罪及逮捕下獄的命運。[26]揆一長官被沒收所有財產，遭褫奪一切榮耀和名譽，並在兩年牢獄生活後，被判處終身放

---

[26] 漢譯者按：巴達維亞總督馬綏克（Joan Maetsuyker）在 1662 年 4 月 22 日致東印度公司董事會的報告中，對揆一有如下的描述：「我們對揆一先生本沒有好的看法，在讀過他的幾封信之後，發現他實際心在瑞典王國。因而，對公司來說，讓這樣一位外族人參與公司事務擔任如此要職，是一件極為值得考慮的事情。他被任命為東印度評議會特別委員後，傲氣沖天，把我們的命令作為耳邊風，完全按他的意思和想像治理大員和福爾摩沙。……」請參見程紹剛譯註，《荷蘭人在福爾摩沙》（台北：聯經出版社，2000），頁 554。

≪ 揆一被囚禁在班達群島
中的艾伊島，班達群島
在爪哇以東約2000公里
【引自http://en.wikipedia.
org/wiki/File:Map_
of_Maluku_Islands-en.
svg】

逐於班達群島 (Banda) 附近的艾伊 (Ay) ㉗小島。

　　要不是揆一的兒女和友人的奔走，揆一可能終身無法獲釋。幸好，奧蘭治親王 (Prince of Orange) ㉘在此時擔任荷蘭共和國執政，揆一的親友遂求助於親王殿下，向殿下簡要說明此事的前後始末。

　　他們的請願獲得親王殿下仁慈的垂聽，殿下真摯的友誼讓他們

㉗ 甘為霖註：艾伊是班達外的一小島，揆一因把大員投降給國姓爺，在那裡渡過數年痛苦的流放歲月。他被釋放很久後，其所住過的草屋猶被指出，他那令人心酸的孤寂遭遇也一直被傳述著。這位福爾摩沙最後一任荷蘭長官的人格及行為，尚待他的某位能幹同胞來為之辯明伸冤，這方面的資料目前還是存在的。

㉘ 漢譯者按：奧倫治親王為稱號，不是一個人的名字，當時的奧倫治親王為威廉三世（William III, 1650-1702），於 1672 年獲國會推戴為大將軍，掌控荷蘭全國軍隊。後於 1688 年入主英國，登基為英王的威廉三世，亦為今荷蘭王室之祖先。請參見甘為霖英譯、李雄揮漢譯，《荷據下的福爾摩莎》，頁 102。

心滿意足。親王殿下要求十七人董事 (Court of Seventeen) 下令釋放
揆一，公司董事們也無法抗拒此一威嚴的要求 (雖然先前揆一的親友
已不斷提出相同的請願)，揆一終於得以返回荷蘭祖國。由於揆一非
常能幹，充分瞭解東印度公司的財務狀況，所以公司當局認為，他
若替東印度地區的其他國家服務，肯定會傷害到公司。因此，公司
當局為避免此事發生，事先採取了預防措施，請見下列信函：

1674 年 5 月 12 日東印度公司董事會致東印度總督及評
議會信函摘錄：

福雷德里克・揆一的兒女和友人數度來訪，懇求免除巴達
維亞司法評議會所判決的終身監禁，將之釋放。他們也多次向
最高當局提出相同訴願，但屢遭拒絕。然而，目前已有好幾
位政府要人 (包括奧蘭治親王在內) 數次為揆一陳情，他的前述友
人現在也提出了適當的擔保金，我們已無法再否決這項請求。
因此，請諸位閣下釋放目前幽禁在班達附近艾伊小島的揆一，
並允准他回到祖國本土，但條件是他必須先以口頭及書面做
出如下宣誓：「他會定居在荷蘭聯邦的某一省份，在那裡渡過
餘生；絕不接任其他東印度地區的職缺；今後不論是主動或受
邀，皆不再從事任何與東方有關的事務。」❷⁹為了保證揆一會

---

❷⁹ 漢譯者按：有些讀者不免好奇，揆一既然同意了這些條件，怎麼又會寫出這本詳論東印
度公司內部鬥爭的著作呢？鄭維中，《製作福爾摩沙》（台北：如果，2006），頁 172-3
有如下說明：「揆一於 1675 年底搭上船隻回國，可是當年度（在揆一真正抵達荷蘭以
前），在阿姆斯特丹，卻出版了一本作者署名為『C. E. S.』的匿名小冊子《被遺誤的福爾
摩沙》。該書雖然到目前為止，作者為誰仍未有確實證據，但一般咸認，這就是揆一及其
隨員（Coyett et Socii）所寫。本書趕在特赦令發布之後，揆一於荷蘭登岸之前出版，巧妙
規避了揆一不得過問東印度事務的特赦條件……」

履行這些條件，我們已收到兩萬五千荷盾的保證金，諸位閣下可從隨函附上的公證書 (Deed of Attorney) 獲得更多詳情。（請閱「可靠證據」第 36 號）

律師公證書及兩萬五千荷盾的保證金

可靠證據
第36號

本人 Hendrick Rosa 是政府許可的公證人，現居住於阿姆斯特丹，今有 Josephus Dantz、Abraham Velters 和 Steffen van Schoonevelt 等三位見證人前來宣稱：他們數年前曾代表前任東印度評議會特別委員福雷德里克‧揆一向荷蘭東印度公司十七人董事會陳情，懇求能免除巴達維亞司法評議會所判決的監禁，並允許揆一在嚴正宣誓和保證「除非公司同意，否則絕不在東印度任職或介入東方事務」的條件下，回到荷蘭本國。

「鑒於我們的再度請願似乎能蒙批准，吾等請願人保證福雷德里克‧揆一在獲得釋放並回到本國後，(1) 他必終生定居於荷蘭聯邦的一省，(2) 他絕不再回東印度，也不會接任其他東印度職位，且日後不論是主動或受邀，皆不再干涉任何與東印度有關的事務，(3) 他在離開東印度之前，將宣誓嚴格遵守這些承諾。

我們的請願如蒙恩准，吾等請願人願向東印度公司繳交兩萬五千荷盾做為保證金，假使揆一違反承諾，公司即可沒收之。除此之外，吾等請願人不僅願承受一切連帶懲罰，拋棄所有權益 (ordinus divisioni set excursions)，並願以生命財產擔保，絕對遵從法庭依法所判決的任何處分。」

此公證書在 1674 年 3 月 20 日於阿姆斯特丹製作並經核可，由 Lucus Schorel 及 Wouter Lootsman 作證。

▲ 18世紀前後的鹿皮圖，描繪熱蘭遮城、普羅民遮城一帶的景象【引自《福爾摩沙的虛構與真實》】

中國人對於福爾摩沙上的荷蘭牧師、教師及其他人員所爲的暴行紀實*

*漢譯者按：甘爲霖譯本未收錄這一部分，以下譯自 A. Blusse van Oud Alblas 的英譯，請參
見 Inez de Beauclair 編的 *Neglected Formosa* (1975)，頁 89-103；也參考 Lambach 譯本。
原文有些段落過長，爲方便讀者閱讀，漢譯文稍加斷行，並自行添加小節。

1. 中國人的暴行

　　我們既已詳述大員遭到圍城封鎖的前後始末，本可就此打住，但因荷蘭國內很想瞭解中國人在圍城期間，對荷蘭人及荷蘭婦女施加了哪些暴行、蹂躪及侵犯，且前文為了敘述流暢起見，並未提及這些情形，故似可在此簡短追記，以說明真實情況。

　　話說某日，國姓爺的士兵在澎湖群島襲擊我方人員，有十二、三名荷蘭俘虜被帶上一艘「估仔船」（koya, 小型的中國帆船），準備運往福爾摩沙，編入國姓爺的軍隊。當這條「估仔船」駛近到看得見熱蘭遮城的時候，俘虜們出於對自由的渴望和對終身為奴的恐懼，乃計謀要擊斃船上的中國船員，奪取船隻，以逃回城堡。此事看來並不困難，因為船上的中國船員僅有三十人左右，且夜間只剩下十五人在守望，其餘的都在睡覺。十三名孤注一擲的荷蘭俘虜應能輕易襲擊十五名中國人，將他們統統擺平，並在其餘十五名熟睡的中國人醒來前，順利奪下船隻。

　　荷蘭俘虜決定這項突擊行動，並宣誓彼此忠誠後，就計畫在當天晚上，等半數的中國船員入睡一小時左右，隨即付諸實行。不幸的是，俘虜中有個名叫伊天 (Etienne) 的法國人，害怕一旦突擊失敗，他的小命便會不保，就卑怯地向中國人全盤告發這個計謀。中國人得知後，立刻向附近的中國船隻發出警訊，這十二名俘虜遂遭壓制，並被加上腳鐐手銬，送交國姓爺營部。這些俘虜被斥責道：你們真是忘恩負義之輩，不知感激我們的饒命之恩，必須割下鼻子和耳朵，並剁掉你們那雙打算遂行不軌的手，以儆效尤；但你們在受刑之後，將獲特別恩典，准許立即前往熱蘭遮城堡，接受荷蘭醫

師的治療，因為你們不配使用我們的中藥 (事實上中醫對於外科也不
太在行)。

　　於是這批俘虜被帶往熱蘭遮市鎮，受到這種可怕的刑罰。中國
人用麻繩繫住割下來的鼻子、耳朵和雙手，將之披掛在這批俘虜的
頸上，讓他們淌著血奔入城堡。幸好，我們的醫師及時緊急止血，
並加以妥善治療，這些人後來都痊癒，並重獲健康。至於那位法國
叛徒則留在國姓爺陣中，我未曾聽說他有受到什麼傷害，但我也不
相信他會獲得多大獎賞，因為中國人一向輕蔑歐洲人，也不慣於重
用倒戈的叛徒。

▲ 遭受鄭軍虐待的荷蘭人【引自《荷蘭人在福爾摩沙》】

　　幾乎因為同樣緣故，兩位荷蘭教師被極端殘酷地處死，其經過大致如下：國姓爺在攻打福爾摩沙初期，就帶領軍隊登陸，占據了平原地區，也迫使大部分的原住民順服。在此同時，許多在村落和鄉村間工作的荷蘭人，包括牧師、教師和士兵等，都淪為國姓爺的階下囚。其中有兩位荷蘭教師，試圖鼓動原住民起身反抗國姓爺的軍隊，突襲駐在他們村落裡的中國人，以引起其他部落群起響應。可是，有幾個原住民將這個計劃密告中國人，導致這兩位教師被殘酷地處決，雙手雙腳被牢牢地釘在一個大型的十字木架上，各自被豎立在上述村落裡，旁邊還貼上中文布告：無論是荷蘭人或原住民，凡是圖謀此類反叛者，皆會受到相同、甚至更殘酷的處死手法。幾個月之後，中國人又慘無人道地屠殺了超過五百名的荷蘭俘虜。

▼ 荷蘭教師被釘上十字架【原書附圖】

▲ 台灣殉教【引自《福爾摩沙的虛構與真實》】

2. 慷慨赴義的漢布魯克牧師

由於揆一長官所採取的謹慎策略相當成功，所以國姓爺遲遲攻不下熱蘭遮城，只能憑藉長期圍城一途，等待城內軍民因飢病而投降。既然武力行不通，國姓爺就決定改採陰謀詭計，於是派遣漢布魯克 (Hambrouck) 牧師進入熱蘭遮城招降；這位牧師先前在鄉間遭國姓爺軍隊擄獲，當時也有若干荷蘭人一併被抓。國姓爺命令漢布魯克牧師要盡一切努力規勸被圍者獻城投降，並警告說：城堡絕對無法長期抵抗他；此時若投降，他還會給予寬大對待；若膽敢拖延，他就會對城堡施加最恐怖的懲罰和折磨；如果被圍者還堅持無謂頑抗，只會更加激怒他，他的怒火就會發洩在那些擄自普羅民遮城和平原地區的荷蘭俘虜身上。

銜命前往城堡勸降的漢布魯克牧師，被迫把他的妻子和兩名兒女留在國姓爺軍營做為人質，以保證他會回來覆命。漢布魯克牧師走進了城堡，忠實地履行他的職責——啊，且看那股從高貴豁達的靈魂中所併發出的大無畏氣魄吧！他非但沒有勸說受圍困的軍民投降暴君，以拯救妻兒和自己的生命，反而以各種激勵人心的言詞鼓舞軍民，必須誓死抵抗敵人，絕不能自取其辱，和暴君交涉任何獻城投降的事宜。他說：敵人若持續圍城下去，城內的軍民固然會遭受眾多災難、悲哀和艱困，但切不可因此屈服，絕不能忘卻自身的職責所在，也不能放棄希望，要繼續抵抗下去，至少要撐到巴達維亞援軍抵達為止。他接著說：國姓爺的情況也非一帆風順；他在圍城期間已喪失大量精兵；他旗下很多帆船和戰船已逃逸無蹤；他的軍隊也因圍城過久而逐漸厭煩，開始怨聲四起；目前國姓爺所統治

的福爾摩沙原住民，也還未眞正屈服，只要敵軍露出一點戰敗的
跡象，我們就可以輕易地召集原住民來抵抗敵軍。這位尊貴的牧
師最後又說：我明知這樣說無異是宣告自己的死刑，可是基於榮
譽感、對東印度公司的效忠及對上帝的誓約，我義無反顧，不惜
犧牲自己的財產、鮮血、肉體、妻兒及一切，也不能絲毫膽怯，
或背叛、不忠於上帝和同胞。

　　漢布魯克牧師希望城堡裡的人都能有同樣的決心，他自己則
要率先爲大家做示範，他深信，嗜殺的國姓爺一旦誘降失敗，爲
了發洩心中怒氣，一定會假借某些名義，殘酷地屠殺所有荷蘭俘
虜。這些無辜的俘虜已是無法挽救，他們的命運只能交由上帝安
排，城堡內的軍民切不可出於無益的憐憫，爲拯救這些俘虜而和
敵人進行任何談判；這樣做，只不過是讓自己和被俘的同胞一起
掉進敵人所設下的陷阱，任憑異教徒生殺予奪罷了。無須期待國
姓爺會懷有信念與忠誠，他只想施展欺騙操弄的手段，等到我們
全落入其掌握，他便會將所有荷蘭人屠殺殆盡，無人能倖免，以
此種豐盛祭品來獻給他所信奉的撒旦。

　　漢布魯克牧師如此這般地鼓舞全城上下要英勇無畏、堅忍不
拔後，便準備返回國姓爺軍營。這時，一場世間罕見的悲劇上演
了。長官和評議會讓他自行選擇：是要留在城堡內，還是返回敵
營。在場的人，莫不被他的高尚話語所感動，紛紛含淚勸他留在
城堡，不要徒然犧牲，畢竟返回敵營也幫不了被俘的同胞。城堡
內有他的另兩名女兒，她們淚流滿面，放聲痛哭，不斷哀求她們
的父親，請父親憐憫她們和他自己，務必要留在城堡內。因此，
信念堅定的漢布魯克牧師在訣別之際，陷入了天人交戰。一方

▲ 慷慨赴義的漢布魯克牧師【引自《製作福爾摩沙》】

面，敵營中有他摯愛的妻子和兩名兒女被留作人質，他怎能拋下他
們，讓他們陷入痛苦悲慘的深淵呢？他深知，一旦他滯留城堡不
歸，國姓爺一定會遷怒人質，施加難以想像的酷刑折磨。另一方
面，城堡內有他的另兩名女兒，她們同樣是他的心頭肉；對他自己
來說，留在城堡內就能自由，免受敵人的控制和暴行，若是兩害相
權取其輕，保全自己的生命與自由應當勝過保住妻子和兩名兒女的
生命，況且自己返回敵營，也不一定可以挽救妻兒的生命，反而是
拿自己的性命來換取一個渺茫的機會，實在不合理。他的兩名女兒
就是用上述這番話來勸他，但他回答說：難道妳們要眼睜睜看著母
親和兄弟姊妹被砍頭嗎？她們聽完後，悲慟到無法言語，其中一

個竟昏厥在地，另一個則雙臂環繞他的頸子，癱倒在他身上。漢布魯克牧師害怕再這樣下去，自己返回敵營的決心可能會被動搖，遂趁機掙開女兒的雙臂，大步走出城堡，並向身旁含淚送行的士兵們說：「弟兄們！我此去雖必死無疑，惟望能對各位和被監禁在敵營中的同胞有些貢獻，以免日後遭人斥責，說我滯留城堡，害死許多誠實的人民和虔誠的基督徒。願上帝保佑你們，我深信祂終將拯救你們，請各位保持鬥志，繼續堅忍奮戰！」

漢布魯克牧師說完後，便往敵營走去。根據逃兵事後的描述，他以凜烈的神情向國姓爺報告說：城堡裡的軍民絕不投降，決志要奮戰到底，抵抗任何的武力與攻擊；他們看來精神抖擻，充分警

Hambroeck fu da Kochinga inviato al forte Zelanda per proporre condizioni di resa

▲ 漢布魯克牧師向國姓爺報告荷蘭守軍寧死不屈的決心【引自《風中之葉》】

▲ 鄭軍屠殺五百名荷蘭俘虜【原書附圖】

戒，並不欠缺什麼；他們一心守城，不會接受任何牴觸這項目標的
協定或條約；不過，如果國姓爺殿下願意和他們和談，他們會提出
讓國姓爺滿意的合理條件。

　　國姓爺聽完後勃然大怒，加上這場戰爭並未如他原先想像得那
麼順利，且遠方的原住民又起身反抗，突襲他派駐在部落裡的兩千
名士兵，殺死或趕走這些部隊。因此，國姓爺故意散布謠言，說被
俘的荷蘭人煽動原住民起來造反，然後以此為藉口，讓軍隊展開殺
戮。荷蘭俘虜被分成二十人、三十人或四十人一組，散布在各個村
落或地區，國姓爺一下達對所有男性俘虜的屠殺令，中國士兵立即
像餓狼撲羊似的，殺害手無寸鐵的荷蘭俘虜。中國士兵以各種方式
來殺人，其中大部分是斬首，他們似乎急切地想拿荷蘭人來試刀。
大部分的重要村落和地區都濺滿了荷蘭人的鮮血。中國士兵搜刮完

荷蘭俘虜的屍體後，就在地上開挖大坑，把五十至六十具屍體全丟在一塊，再以沙土掩蓋。這場大屠殺，造成五百名以上的荷蘭人慘死，除了地方官法蘭汀和約二十名隨員外，無人得以倖免。地方官法蘭汀一夥在熱蘭遮城投降後，全被移往中國，現在依舊被監禁著。

不少荷蘭婦女和孩童也在上述暴行中喪命。至於未被處死的荷蘭婦女，容貌姣好的被中國將領先挑走，其他的則分發給下面的部屬，這些婦女的際遇好壞，端看她們的中國主人而定。分發給單身男子的荷蘭婦女，通常會受到相當的憐愛，因為中國人很渴望能獲得女性，對於荷蘭女人更感新奇。因此，日後當荷蘭人獻城投降，這些婦女根據投降協定被送回荷蘭人陣營時，她們對中國人並沒有太多怨言，只不過肚子裡多了半個中國人。荷蘭的士兵和水手不會太挑剔，並不那麼介意她們的過去，因此某些荷蘭人把她們視為優質寡婦，娶為妻室，但有幾位要等到生產後才結婚。至於那些分發給有婦之夫的荷蘭女人，她們就沒那麼幸運了，因為善妒的中國妻子總是以各種方式來欺侮、折磨她們，把她們當作奴隸，驅使她們擔當挑水、砍柴、舂米等苦差事。因此，當她們後來回到我方陣營後，就大聲控訴中國人，述說中國人的種種虐待。至於那些因長相醜陋而未被分發的婦女，她們不僅最大聲批判敵人，還譴責她們的同伴，指責她們與中國人姦淫交歡。

由於被殺害的荷蘭人，除了前述的漢布魯克牧師之外，還有五、六名牧師和很多學校教師，所以在東印度和歐洲地區就開始流傳一種說法：中國人出於宗教因素而虐待、謀殺福爾摩沙的基督徒，牧師們因為不願放棄信仰而成為殉教者，因此應當在日曆上

加以紀念。雖然我們並不忌妒這些牧師所獲致的榮譽，但我們爲了捍衛眞理，不得不出面反駁上述說法。國姓爺從未因爲宗教信仰而虐待任何荷蘭人，他之所以將荷蘭人折磨致死，純粹是出自政治考量，以實現他自己的計畫。我們認爲有必要將此一事實公諸於世，因爲它有助於我們評判世界各地及遙遠國度所謂的「殉教者」，尤其是耶穌會 (Jesuit) 傳教士所高度讚揚的中國殉教者；就後者來說，我相信他們的確是遭中國人及韃靼人殘酷殺害，但我卻不相信這純粹是出自宗教因素，而沒有其他的政治理由，因爲時至今日，已不再流行焚身殉教這回事了。對此，我本可舉出很多例子來說明，但其實環顧四周就已足夠，我們不是親眼目睹數以千計的漢人，無論是大人物或小老百姓，只要有點利益可圖，就毫不遲疑地改變信仰，在改革教派 (Reformed)、阿米紐派 (Arminian)、索齊尼派 (Socinian)、路德教派 (Lutheran)、天主教派 (Popish) 等諸教派間穿梭來回嗎？鬼才相信這些人會爲信仰而焚身殉教。

3. 論東印度公司職員

再回來談我們派駐在福爾摩沙的牧師和學校老師。這些人也是血肉之軀，同樣喜愛吃香喝辣，渴望獲得別人的尊崇。他們大肆抱怨自己未得到應有的尊重，甚至還爲此寫了好幾本書，以致於當局爲安撫這些弟兄，最後通過了一項法令：如果牧師待在村落裡，就要順從當地盛行的意見；但這一意見若不受大員當局支持，牧師就該轉而順從大員的見解。我從來沒有讀過眞正的基督教殉道者會如此同流合污。

　　誠然，這些弟兄在傳教事務上的確是勤勉不懈，但他們的實際目的卻是爲了獲得鹿皮，然後裝滿整船運往日本。我聽說某位牧師因此積蓄了三噸黃金，且都運回了本國。此事不無道理，畢竟服務祭壇的，就得仰賴祭壇謀生，這個原則對於聖職和世俗職務同樣適用。東印度各地的公司職員都是貫徹這個原則的好榜樣，在短短幾年就積蓄了大量的財富。當然，我說的只是其中的一部分，而非全部，所謂「同傘不同柄，同人不同命」(*nam non cuivis nominum contingit adire Corinthum*)，並非每個人的運氣都那麼好。那些沒有發大財的人，被我們這群東印度商人稱作「正人君子」，因爲這些人總是不斷地嚷嚷說：「如果我也像某某人那樣搞的話，我也能賺到同樣多的財富，但我就是不願玷汙自己的良心……」，講得好像有人會費盡千辛萬苦、遠渡重洋來到東印度，只爲了在那裡捉蒼蠅，或領取東印度公司所發給的微薄薪資；當地的生活費用很高，公司的薪資根本不夠每個月塡滿妻子的茶罐。

　　因此，一個人如果身無長物，或不懂得透過正當手段來致富的話，那麼他就難以維生，更無法養家活口，一旦被公司開除，就要流落荒郊野外了。然而，當我說公司職員會爲了老邁後的生活設想時，並不意味著他們一定會欺騙或不忠於公司及會計，只是說他們可以藉由正當的手法來行之，對此，我能夠舉出很多實例來說明，但還是不要洩漏大家的秘密吧，以免招來不必要的仇恨。我只需要指出，公司職員的確能一方面在東印度任職期間致富，另一方面又忠誠地替公司服務。

　　但公司職員中確實有很多狡詐卑鄙的惡棍，主要是那些在短短幾年內就帶著巨額財富回到本國的人，而那些貧窮或不那麼富裕的

職員卻得跟著遭殃。因為，若有人要求再次遠赴那個溫暖國度，他們就會被公司高層 (governors) 視為居心叵測，只想到東印度地區撈錢，因此很多申請者被粗暴地回絕，最後反而錄取一群新手、蠢蛋，以及對東印度事務及語言一竅不通的傢伙。無所謂，反正東印度公司早晚會看清楚這種打擊忠誠的老員工、卻引進大批新手到東印度地區的政策將造成什麼後果：公司不可能再正常運作，或許很快就會步上西印度❶公司的後塵，悲慘地衰敗下去。我們這些不被錄用的老員工只好以說明、呼喊、喧嚷、投訴、書寫、講述、抗議、慟哭、斥責、泣告、搗鬧、怒吼和咆哮等方式極力爭取，直到公司有善意的回應，給我們超乎所值的薪水、職務或職位為止。屆時，那些曾被公司冒犯激怒的人，就會立即改口，預言東印度公司將會長久繁榮發展，因為公司高層在挑選員工方面相當謹慎明智，一心只想著公司的光榮和興旺。

哦，親愛的朋友，儘管藐視這些東印度移民，將他們撇在一旁吧！我的良心——我可是「正人君子」的一員——讓我不得不向你透露一個秘密（假設它真的是秘密，而非大家其實都心知肚明的「公開的秘密」），那是我最近靈光一閃才發覺的。我們之所以備受公司高層的漠視排擠，我們的申請書之所以日夜奔走請託依舊毫無進展，背後的主因就在於這個秘密。我們在言談中及申請書上，經常不慎誤用一個該死的字眼，害我們平白遭受許多苦難、不幸與痛苦。

---

❶ 漢譯者按：當時歐洲人將加勒比海地區稱作西印度，將真正的印度及聯繫印度的亞洲海域稱作東印度，即好望角以東，經過印度洋、南中國海及上達日本海的廣大亞洲海域以及瀕臨這塊海域的國家。請參見陳國棟，《台灣的山海經驗》（台北：遠流出版公司，2005），頁382。

或許你會抗議，一個簡單的字眼怎會製造出那麼多禍端呢？朋友啊，這是千真萬確的事呀！我嘗試過無數玄祕奇誕的方式，試圖理解埋藏在此字之下的深奧意義，也曾細心地加以閱讀研究，我發現，對申請公司職務的東印度移民來說，世界上沒有任何事比對公司高層說出這個字眼更加危險有害。我知道，你急著想聽聽這個具有龐大殺傷力的字眼究竟是什麼，好吧，我就告訴你，那便是：「老」。

▲ 東印度公司的標誌
【引自《製作福爾摩沙》】

　　禱告吧！請不要訕笑。你不妨做個實驗，在申請時對公司高層說：「我是一個老員工」，看看是否會立刻聽到這類回應：「如果你曾為公司服務過，你就已賺得應有的酬勞了。你若是個老員工，就一定懂得那些可恥的勾當，還會記得如何利用陰謀詭計來做點私人生意，還想試著從釜中撈取油脂、從雞蛋中吸走蛋黃，只留給我們一鍋清水、一個空蛋殼。不，我們不會再把這種『老手』送往東印度，我們將改派新手到東印度，他們對詐騙一無所悉，可望改善公司的運作。」如果你對另一位高層說你以身為老員工而自豪，他會把你看成蠢蛋而答道：「既然你是老員工，就該待在家裡清閒度日，何必再去經歷艱苦的航行和執行困難的任務呢？我們不需要衰弱不堪的老人，只想聘用能承受勞累、艱難和困苦的敏捷青年。」如果你還不死心，再向另一位高層提出申請，恐怕也會聽到：「既然你待過東印度，為何沒有繼續留在那裡？想必你的口袋已經裝滿

了吧！」或是：「你為何不機靈點呢？如果你連自己的利益都照料不好，就更不能運作好公司的事務，公司不需要這種懶惰、輕率、愚蠢的員工。」你將會如此這般地四處碰壁。雖然在很多情況下，公司高層並沒有猜錯，確實擊中了求職者的要害，但這些話聽在一位忠誠的老員工耳裡，發覺自己過去為公司所付出的辛勞，竟換來這種蔑視，真是情何以堪！朋友們，這個話題就此打住吧！

　　求職者還要避開另一個坑洞。如果你對高層敘述你過去對公司的貢獻，那麼你的申請就會全部搞砸，你的工作機會將瞬間消失，我就算絞盡腦汁也想不出如何補救這個滔天大錯。無論如何，你一定要學會這件事：在任何地方、任何國家，職位的授予純粹是一種恩賜，是全憑上級的喜好來決定的。因此，如果你竟敢拿過去的功績來叨煩高層，表現得好像你是債權人，強迫債務人 (也就是高層，他本想不受任何拘束地施捨手中的職缺) 來清償先前所欠的債務，那麼高層當然會把這類「嗆嚷功勞之輩」打發掉。「當你們做完一切所吩咐的，只當說，主啊，我是祢無用的僕人」，難道你不曾聽過這句話嗎？我們若能謙卑地遵守這個訓誡，往後的申請必能得到更好的回應。如果我們堅持「嗆嚷功勞」的話，高層就會反問：你們自誇的功勞究竟是什麼？你們的專業又是什麼呢？這時，我們就只能列舉一堆瑣碎的工作 (這些工作正是個別職務的具體內容，若沒做好就要受到懲處)，高層便會回應：「這些就是你們所謂的豐功偉績？你們的標準未免也太過寬鬆。公司值得為此每年支付高額的薪資及大量的津貼補助嗎？說實話，以十荷盾月薪所聘用的最平庸的臨時人員，也能輕鬆勝任這些工作。」

　　這番指責讓我們聽得既困惑又慚愧，只能瞠目結舌，傻傻地望

著高層。最糟糕的是，我們若一再喧嚷自己的功勞，讓高層因此睜開眼睛，起草新的規定，說爲了減輕公司龐大的開支，將來臨時助理即能勝任的職務，不得再支付高額的薪資云云，那麼我們簡直是在自討苦吃，往後得像驢子般辛勤勞動才能掙得一口飯，眼下嘴裡嚼著烤乳鴿的悠適生活將不復存。

　　諸位朋友們，這並非通往星星之路 (*hac via non itur ad astra*)，不是讓高層垂青我們的好方法；如果我們想要有所斬獲，就得先移除這些障礙才行。我同情你，不想對你有所隱瞞，而且我的內心也有一股洩露秘密的衝動，因此我將告訴你一樁至關緊要、只有少數大人物才知悉的秘密，即，公司內部幾位舉足輕重的紳士們曾做出一項極機密的決議：即刻起，天主教徒 (Popists)、「吹牛派」(roncadores)、「神秘派」(mysterious characters)、「懺悔派」(penitents)、「誹謗派」(calumniators) 等類的東印度移民絕不錄用，也不再送往東印度地區。此外，如果申請者膽敢提及過去的功績，儘管只是隻字片語，也會立刻被視爲：「唉呀！這個人有天主教徒自以爲是的味道，想藉其功勞，直登天堂。他打算替我們定下規則，以爲只要說出自己的貢獻，我們就非得立刻錄取他不可。不，我們要的是期待恩賜、懂得謙卑的員工。」

　　做出上述決議的紳士們所謂的「吹牛派」，是指自吹自擂者、吹牛者、酒鬼和饒舌者，其形貌大致如下：他們碰巧與公司的某位高層同船、同車或共進晚餐，就對該位高層大談他們其實並不瞭解的東印度事務，像蒼蠅般不斷叨擾著他；該位紳士出於禮貌，或是故意討好他們，有時就會問他們是否願意再次前往東印度，或是否想再爲公司服務等類的客套話；這些傢伙卻聽得飄飄欲仙，整個人

驕傲自負起來，便四處向窮光蛋或低階的東印度移民膨風吹嘘，讓別人誤以為他們真是受寵的爵爺，與高層結有深交，博得大家連忙脫帽致敬，希望他們能代為向高層說項引薦，好謀個一官半職；他們不屑再和理髮匠、鞋匠、織工、皮毛工或當地的販夫走卒為伍；他們不管走到哪裡，無論情況適合與否，總是與人談論東印度事務，內容無非是他們過去在東印度多麼了不起，曾替公司做出多麼驚人的貢獻，他們所擔任過的職位，少說也是長官或某地區的指揮官，公司高層深知他們才幹出眾，所以屢屢請求他們回鍋擔任高薪的大官，但他們暫時不願航往東印度，因此回絕了公司的請求，或是要暫緩個兩三年考慮看看，或再說服他們的妻子云云。

　　單純的老百姓，被這些「吹牛派」的胡謅瞎說所誤導，真以為東印度是蓬萊仙島，在那裡，人民不必辛苦工作就可以安逸過活，因此心生嚮往，並開始嫌棄自己目前的工作。於是這些老百姓不再好好照顧家計，等到家庭陷入貧窮，他們就到東印度公司申請，希望能攜家帶眷前往東印度享福。公司高層被這些人弄得煩透了，幾乎不知道要往哪裡躲。

　　不久之前我就遇過一個典型的例子。某位以製鞋為業的樸實市民，原本生意做得不錯，足以讓妻子及八名兒女安穩度日，之後卻不幸拜訪某位「吹牛派」一兩次，被灌輸了一番虛構誇張的東印度論調，從此腦海裡充滿短期內不勞致富的幻覺。若不是他的某位朋友告訴我整起事件的來龍去脈，這個良民必定會變成懶惰蟲，不再關心自己的事業，最後落得窮苦潦倒。原來，這位「吹牛派」（吾人暫且姑隱其名）誆稱：公司高層敦請他出任好望角（Cape de Bonne Esperance）的長官，以取代奎柏根（Quaelbergen），他正在考慮當

中；一旦他接受了，就會帶這位皮鞋匠及其家眷赴任，成為好望角的自由市民；他說，在那裡只要用點小手段、做點小生意，短短幾年即能賺取可觀金錢，足可安享餘年。我發現，那個「吹牛派」所謂受聘出任長官一事，根本是自己杜撰的，並傷害到公司的名譽，便費盡千辛萬苦勸告那位皮鞋匠，希望他能打消心中快速致富的不實幻想，回歸舊業。幸好，他現在再度生意興隆，並對我的忠告深懷感激。這個故事用以提醒純樸的老百姓，這些吹牛大王比瘟疫更可怕，更須謹慎提防，因為輕信這些謊言的人，身心都會受害。很多時候，他們吹噓慣了，久而久之，竟連自己都信以為真，那時就更加危險了。他們甚至愚蠢魯莽到連我們這群東印度移民也想騙，試圖讓我們這些比他更熟悉東印度事務的人，相信公司高層秘密聘請他出任某項要職！

唉！如果這些「吹牛派」真的前來公司應徵，他們除了受到激烈的指責與難堪的奚落外，還能期待什麼呢？公司絕對會說：「你不是常吹噓受到公司的禮聘邀請，怎麼現在自己跑來申請呢？滾蛋吧！可笑的小丑，你不是我們的人。」我們這些無辜的東印度移民，有時也得為此付出代價，因為公司高層把我們與那些「吹牛派」視作一丘之貉。所以吾人主張，我們這些東印度移民要冷眼對待那群自吹自擂的傢伙，並在我們或多或少染上膨風症之前，將他們逐出公司。

比「吹牛派」更糟，且對我們的申請造成十倍傷害的，就是那些「神秘派」。他們是沾沾自喜的走私者，瞞著所有人暗中申請公司職缺，卻一再裝出藐視和不屑這些職缺的模樣，好像他們一點也不在乎，但暗地裡卻在清晨及深夜，辛苦地守在公司高層的府邸之

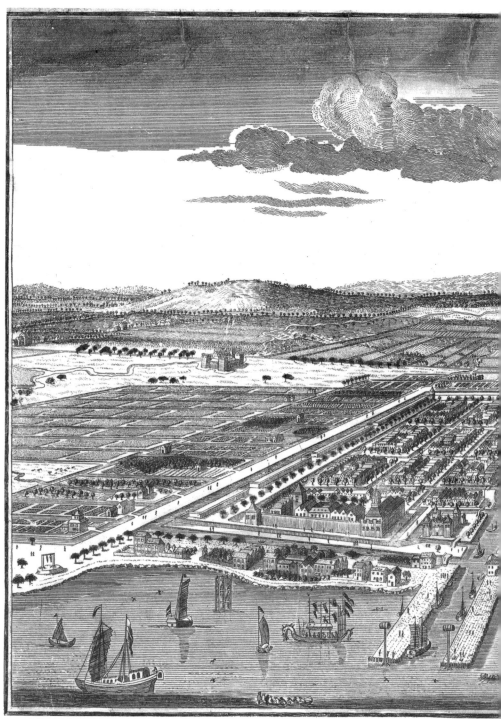

▲ 18世紀的巴達維亞【引自http://en.wikipedia.org/wiki/File:Ville_de_Batavia_c1780.jpg】

外，像步哨站崗似的全程注視大門，巴望著能與高層攀談。他們在搖動府邸門鈴之前，必先謹慎地眼觀八方，察看是否有其他東印度移民或認識的人出現，若發現苗頭不對，他們就會化身路人甲，故意多繞幾條街道，直到熟識者消失了，才一溜煙的鑽進府邸之內，以免被人發現他們也在申請職缺。這種偷偷摸摸的手法對我們東印度移民有不利的影響，因為公司高層早就懷疑我們是在東印度從事私人買賣的老手，一旦又被他們察覺我們在玩弄秘密申請的詭計，他們就會立即認定我們既然這麼擅長掩飾，到東印度後絕對會做出更多不可告人的事，所以公司不可晉用我們，以免造成巨大損害。

雖然「懺悔派」沒對公司造成重大危害，也不算東印度移民當中最壞的一類，但他們卻經常抱怨說：「如果我重回東印度，一定會改變昔日作風，絕不再愚蠢地錯失良機，必定要善加把握，避免再來第三次。」如果公司高層經由間諜或「抓耙子」得知此事，我們就會變得跟「神祕派」一樣可疑，那麼我們再怎麼費盡心思也得不到職位了。因此，我認為應把這一秘密懺悔深藏心中，時機成熟前不要輕易洩露，機會來臨之際便要勇敢把握，不要重蹈覆轍，切記「機會稍縱即逝！」 (*Fronte capillata, post est occasio calva.*) 這句話是每位東印度員工在早晚禱告之際，應該要一同吟誦的座右銘；也是我對「懺悔派」的忠告 (他們渴望重回東印度的熱情，一如猶太人期待救世主那般)，因為我聽說幾年前到東印度地區的新人 (當中有許多人懂拉丁文，相當清楚這句話的意義；這些人很受寵愛，所以敢做出其他人連想都不敢想的事)，皆努力奉行此諺語，從未因此而受害。

至於喜歡公然辱人、暗中謗人、背後傷人或嫉妒成習的「誹謗派」，我不想談論太多，因為他們對我們的求職事宜傷害不大，但

也不利於高層錄用我們，畢竟高層喜歡好相處的人。我們應該改掉慣常的壞習慣，不要總是忌妒地扯下別人頭上的皇冠，惡意地在背後道人長短，或互相羞辱對方的出身卑賤，因為大家都是亞當的子孫，本是同根生；不然的話，我們恐遭全體荷蘭人隔離，被看作惡劣的一群，如同猶太人遭基督教世界憎恨、唾棄那般。出身較高的荷蘭人大都看不起我們，認為我們「只不過是東印度移民」，這幾個輕蔑字眼意味著「可以丟在一旁不管」。其實，只要我們在與人談話時，能抑制傲慢自大的口氣，別人就不會那麼憎惡我們。但我們也無須妄自菲薄，因為「若把自己和餿水混在一起，就會被豬仔全吃掉」，我們還是可以互相尊敬 (雖然目前沒人打算這麼做)，並依照既有慣例，以在東印度公司時的職稱來尊稱彼此為某某先生，畢竟「一日市長，終身市長」。

　　親愛的弟兄，以上對於吾人常見缺點所提出的誠懇忠告及提醒，希望能夠獲得你們的贊同，並博得諸位衷心的感激。我們之所以提出這些建言，並非惡意地針對某人，只是痛恨那些惡劣的──若以世人的眼光來看，則是荒謬的──缺失和錯誤罷了；希望諸位聽完後，能夠深自警惕，有過即改。我並不是說所有曾在東印度服務過的公司職員 (每個人的任職原因各有不同) 都具有前述的個性和性質，我所說的只是少數的害群之馬，他們的愚蠢作為不僅讓其他公正的東印度移民大感憤慨，也為之蒙羞。如果有人能提出更好的見解，吾人洗耳恭聽，也願意接受更高明的意見。正如詩人所說：「你如有更完善之見解，請告訴我；否則，請贊同我的方法。」(*si quid novisti rectius istis. Candidus imperti; si non, his utere mecum.*)

　　這些厚顏無恥的害群之馬 (他們被其他有節制的東印度移民視為

恥辱），如果聽到這番指責後還冥頑不靈，繼續嚼動下流骯髒的毒舌，對我們做出更多危害的話，我們將毫不猶豫地指名道姓加以揭發；我個人也將獻策來整治這些不忠的職員，畢竟他們已大大地連累了我們這些忠實的好員工。我將向十七人董事會 (Heeren Seventeen) 提出一項妥當的好辦法，不僅能夠告發、逮捕東印度公司內部所有的私人買賣者，甚至還能防止所有非法的私人買賣。為了施行這項辦法，無須更動東印度公司的一般章程，只須把受理、調查和審判所有非法私人買賣的權力，從東印度的總督和評議員、各地的長官與司令官，以及全東印度地區的法官與檢察官的手中，轉移到一種特設的院會 (college) 之上即可。這種院會除了主席、檢察官和秘書外，由五至六位幹練者組成，它唯一的功能和權限，就是調查所有被禁止的私人買賣；追訴、禁止或撤銷所有私自買賣者；沒收被查獲的物品；監禁違反者，並將之遣返荷蘭。

這種為處理私自買賣所特設的院會，必須直屬於十七人董事會，唯有座落於荷蘭或熱蘭 (Zeeland) 的十七人董事會 (College of Seventeen) 才有權控告他們，或要求他們提出解釋，或調查盤問他們，或懲罰他們，或把他們移送相關法院或其他有管轄權的機構，依其過失、錯誤和罪責進行懲罰。若要控告他們，所有相關文牘都必須從東印度送到荷蘭祖國；且他們在訴訟期間及遣返回荷蘭的航行中，不得受到人身侵犯，只須安全地加以看守，直到把他們交由十七人董事會 (the Seventeen) 親自審訊為止。

另一件要緊的事，就是這種特設院會的成員，不管是在任職期間或任務結束之後的任何時候，終身不得兼任或擔任東印度公司的任何職務，十七人董事會需通過決議，斷絕他們從這方面獲利的任

何期待。因此，他們應該領取豐厚的薪津和榮銜，其檢察官也可以從扣押、沒收的物品中獲得若干合理份額，這一切的成本都能夠以沒收品來支付。

公司高層經過深思熟慮之後，當能瞭解此類院會與他們在東印度的地位和機會並不衝突，將會欣然同意設立這類院會。那麼，我可向高層提議簡單、省錢、實用又明確的方法，只要連續施行六年，就能逮捕、干擾、破壞、滅絕和預防東印度地區的非法買賣，屆時就很難在東印度聽到私自買賣的談論了。

那時，我若成了該機構的最高檢察長，我們將會如何怒目相視啊！你們這群非法買賣者，一旦有人落入我的手中，我將會把你的惡毒長舌閹割乾淨，就像猶太人之割禮那般。公司股東一旦發覺，嚴重侵蝕公司貿易的非法小買賣與走私撲滅後，公司會大幅發展，利潤大增，紅利將比平常增加 25％ 或更多，他們必定會暗自竊喜！先生們，再會了，此刻請容我在嘻笑中講述真相吧！

【附錄一】
C. E. S. 著《被遺誤的台灣》漢譯版編後記

周俊男(前衛出版社主編)

一、引子

　　還記得十幾年前，筆者在大學上「本國歷史」時，歷史教授是如此說明 1661-62 年荷蘭人與鄭成功在台灣上演的那場戰役：「荷蘭人代表當時西方最強的一股勢力，鄭成功則是當時中國內戰中失利的一方，當這兩股勢力在台灣正面交鋒時，鄭成功勝出，這意味當時的中國比西方世界強盛多了！」他講完這番話後，接著談到 19 世紀的鴉片戰爭，藉此引出一個問題：為何在 17 世紀比西方強盛許多的中國，卻在 19 世紀變得如此衰落？我忘了那位教授究竟如何解釋中國的衰落，卻對他所描述的 1661-62 年的荷鄭之戰印象深刻，心中不禁讚嘆：原來當時的中國這般強大！

　　然而，筆者近來有幸拜讀這本《被遺誤的台灣》，才擺脫上述幻覺，恍然大悟：原來這位歷史教授根本沒研究過 1661-62 年的荷鄭之戰，只是站在講堂上道聽塗說，做些偏離史實、純屬虛構的詮釋。筆者再翻閱坊間眾多台灣史教科書，發現它們對於這場戰役的說明大都千篇一律，甚至幾句話就簡略帶過。台灣史教科書尚且如此，台灣知識階層及一般民眾就更不用說了，今天有多少人知道 17 世紀荷鄭之戰的詳情始末呢？但我們還是耳聞過這場戰役，哪個人沒讀過「民族英雄」鄭成功趕走「紅毛番」荷蘭人的故事呢？

因為它早就被政治化，被兩岸的中國政府歌頌為中國人「收復」台灣的歷史壯舉。

若以台灣這塊土地為主體來認識 1661-62 年的荷鄭之戰，我們最在意的不是當時中國與西方的強弱對比，也不是鄭成功進攻台灣時所懷的悲憤激情，而是如實地掌握當時台灣究竟發生了什麼事：島上的荷蘭殖民政府如何防備外敵入侵？島上的漢人移民及原住民如何被牽涉進此一歷史劇變？外來的鄭成功軍隊如何在島上進襲圍攻？如果台灣本土史觀重要，這些問題就重要；如果這些問題重要，本書也就絕對重要，因為它是第一手文獻中唯一以這場戰役為主題的專著，乃是回答上述問題的首選之作。

二、C. E. S. 是誰？

可惜的是，這麼重要的著作，我們卻無法百分之百確定作者是誰。本書在 1675 年於阿姆斯特丹出版，以荷蘭文寫成，作者署名為 C. E. S.，這時離 1662 年荷蘭喪失台灣已有 13 年之久。由於書中對於荷蘭在台殖民政府的運作描述甚詳、對荷蘭東印度公司駐巴達維亞總督及評議會的決策批評甚力、對國姓爺鄭成功襲台前後的行動刻畫甚深，非熟悉東印度公司事務、親歷熱蘭遮城遭圍經過的人，是不可能寫出來的，因而在荷蘭國內引發頗大議論，紛紛猜測作者是昔日的駐台高官，但終究沒有定論。當時東印度公司嚴禁任何人曝露公司內幕，本書偏以公司遭誤喪失了肥沃的福爾摩沙為主題，因而不得不採匿名發表的形式。直到 19 世紀，編纂荷蘭佈教史料的著名荷蘭學者 J. A. Grothe 才斷定本書是當時台灣長官揆一

(Frederic Coyett) 所著，C. E. S.就是指Coyett et Socii，即揆一及其同僚。此說日後為學界普遍接受，本書的作者也就被視為揆一。

揆一是荷蘭東印度公司派駐台灣的第十二任、也是最後一任的長官，1656 年上任，一直到 1662 年鄭成功攻占台灣，不得不撤離為止。揆一隨後帶著一千多名荷蘭人及其眷屬，陸續回到巴達維亞。這位末任長官立即被去職，遭起訴，被判處死刑、財產充公，但處死時刻遲遲未能決定，最後改判終身監禁在今印尼班達附近的一座叫Ay的小島上，後來因為親友和兒女們極力奔走，透過荷蘭親王威廉三世的特赦，才得以在 1675 年歸國，但條件是終身不得再回東印度，不再接任其他東印度職位，也不再過問任何與東印度公司相關的事務。歷盡生死折磨、流放之苦的揆一既然同意封口，怎麼又會寫出這本詳論東印度公司內部鬥爭、決策矛盾的著作呢？原來揆一是在 1675 年底搭上返國船隻，可是當年度，在揆一真正抵達荷蘭以前，阿姆斯特丹即出版了這本署名為C. E. S.的匿名小冊子，也就是說，本書趕在特赦令發布之後、揆一於荷蘭登岸之前出版，巧妙規避了不得過問東印度事務的特赦條件。本書的出版，讓不少東印度高官咬牙切齒，為之氣結，同時也為揆一長官及其評議會所背負的喪失台灣之罪名，提出最鏗鏘有力的答辯書，更為這場決定台灣命運的關鍵戰役，留下不朽的歷史見證。

三、這份答辯書為何重要？

揆一在台灣居留甚久，對當時台灣的政經措施、人文地理、涉外事務及鄰邦情勢，不但廣泛瞭解，也都親自參與。因此，就透徹

認知當時台灣內外情勢而言，實在找不到任何人可以和他媲美。恰巧的是，就是在這位極熟稔台灣事務的荷蘭長官任內，爆發了台灣歷史上第一次的政權轉移戰爭。因緣際會下，荷方主事者揆一與來襲的國姓爺粉墨登場，在台灣上演列強爭奪廝殺的頭一齣戲碼：一方是鄭成功爲了逃避滿清軍隊重重剿殺，準備由中國轉進福爾摩沙，以圖偏安，乃率大軍猛烈來犯；另一方則是巴達維亞殖民總部不聽警告，因應遲鈍，最後錯誤百出，導致揆一在必敗無疑的形勢下屈辱投降，抱恨撤離福爾摩沙。

揆一遭放逐期間，各種相關書籍紛紛出版，許多親歷其境者也逐一返國，於是關於台灣如何淪陷這一議題，出現了各種不同的說法，並增添上許多捏造、誇大、加油添醋的情節。在這種莫衷一是的情況下，全程參與這場戰役的揆一於 1675 年出版的這份答辯書，無異是想撥亂反正，爲這一戰役的前後始末提出最詳實正確的說明。因此，本書並非發洩情緒的辱罵小冊子，而是結構嚴密的歷史著作，全書分作兩大卷及補述。

卷一敘述戰爭爆發前夕的整體情勢：中國的國姓爺儘管虛與委蛇不斷，依舊掩飾不住侵犯台灣的意圖與準備，但巴達維亞總部對於台灣當局的警告卻置諸不理，反而責備、干涉台灣當局所做的必要防禦工作，因而導致台灣處於難以防備的狀態。卷二敘述戰爭的實際經過：國姓爺一來襲，旋即奪下防禦薄弱的普羅民遮城，開始圍攻頑抗的熱蘭遮城，經九個月的圍城，荷蘭人最終被迫投降。在這兩卷的行文中，揆一引述多達 36 份的重要文件，絕大部分出自決議錄、議事錄、日誌、官方信函，用以佐證書中所言絕非虛言，而是有充分堅實的證據。補述部分則詳述戰爭期間國姓爺軍隊對荷

蘭人所施加的暴行，以及日後成為荷蘭民族英雄的漢布魯克牧師 (Hambrouck) 的英勇事蹟，最後則以嘲諷口氣描述東印度公司職員的眾生相。接下來，就讓我們跳脫習慣上從中國鄭成功角度所看到的「收復」台灣，改從荷蘭長官揆一的描述來重新認識鄭成功「攻台」的始末吧！

四、國姓爺到底來不來？

17 世紀中葉，中國正處於明清鼎革之際，滿清韃靼人征服龐大的明帝國，國姓爺鄭成功追隨父親鄭芝龍的腳步，成為反清復明的領袖。滿清掃蕩群雄後，傾舉國之力猛攻國姓爺，無力回天的國姓爺，鑑於韃靼人不諳航海，無心海上貿易，轉而朝海洋發展。此舉產生兩大影響：其一，國姓爺由於擁有異常強大的海上力量，已足以和韃靼人抗衡多年；其二，鄰近的國家開始害怕國姓爺會攻上門來。

荷蘭東印度公司擔心這個惡運會降臨在他們所統治的福爾摩沙，因為這個島嶼鄰近中國海岸，且土地遼闊、肥沃，很可能引來國姓爺的覬覦。荷蘭人在 1624 年落腳大員，也就是今日的安平區。當時的大員是一塊貧瘠的小沙洲，面積約一平方哩，四面環海，和台灣本島之間隔了一道海峽，即所謂的台江內海，內海最寬處約兩倍大砲的射程。

荷蘭人在大員沙洲上建築了一座石造城堡，取名為熱蘭遮城 (今日的安平古堡)。因為荷蘭人最初只需對付少數赤身裸體的原住民和若干沒有武裝的漢人農民，所以當時的建堡者只考慮船隻裝卸貨

物是否便利，很少考慮地理位置的優劣，且在城堡的建構上也犯下諸多錯誤。例如，熱蘭遮城的大砲架設得過高，砲管只要稍微朝下，砲彈幾乎就會垂直射進地面；城堡內雖鑿挖了一兩口水井，但井水是鹹的，又不衛生，所以飲用水通常要用船從鄰近的台灣本島運來。

在熱蘭遮城的東邊，逐漸有些漢人移民集結定居，形成一個四周沒有圍牆的市區，稱作熱蘭遮市鎮 (或稱大員市鎮)。熱蘭遮市鎮的其他三面，被台灣本島和大員之間的台江內海所圍繞，小船容易進出靠泊，商業發展相當鼎盛。

國姓爺在中國遭逢不利後，開始窺伺台灣，荷蘭人最早在1646 年從日本方面獲悉這方面消息，因此東印度公司董事會在1650 年決議：即使在和平時期，熱蘭遮城的守軍也不得少於 1200名。1652 年，島上的漢人移民認為被荷蘭人欺壓太甚，極思解放，遂在國姓爺的鼓勵下，懷著可以獲得國姓爺支援的期待，鋌而走險，挺身反抗荷蘭人。這些人大多是農民，只有少數人擁有武器，大部分人只有木棍和竹篙。因此，荷蘭人在忠誠的原住民盟友協助下，很快就把這場動亂鎮壓下來。這場台灣歷史上首次爆發的漢人起義，史稱「郭懷一事件」。當時的台灣長官富爾堡 (Verburg)說：「我的毛髮悚然，不斷擔憂國姓爺染指福爾摩沙的野心。」

這場漢人叛亂雖很快就被敉平，秩序也恢復如往常，但荷蘭人仍擔心漢人會再度謀叛，而且規模還會更大、更成功。因此，荷蘭人於 1653 年在台灣本島的赤崁建築了一座新城堡，取名為普羅民遮城 (今日的赤嵌樓)。此城堡由磚塊砌成，有四個城角，據說建得有些簡陋。

赤嵌夕照

▲ 乾隆年間的赤嵌樓【引自《續台灣文化史話》】

　　1654-55 年期間，甚少商船從中國航向福爾摩沙，卻有甚多國姓爺將有不軌企圖的傳言，引起時任台灣長官的凱撒 (Caesar) 的警戒。1656 年底，本書作者揆一被任命爲台灣長官，一上任即試圖重啓中國貿易，以增進東印度公司和國姓爺之間的友誼。原來在前任凱撒長官時代，國姓爺封鎖了中國貿易，禁止大小船隻航行於中國和台灣之間。因此，揆一在 1657 年派遣通譯何斌，攜帶幾封信函和一些禮物，前往中國會見國姓爺及其大臣，最後成功地重啓中國通商之門，讓蕭條多時的台灣再度繁榮起來。

　　雖然台灣的情勢因重啓中國貿易而平靜下來，但國姓爺迫於局勢，總有一天會突襲台灣的陰霾，還是揮之不去。這時，雖然東印度總督曾致函揆一長官，請他務必小心戒備外敵來犯，但對於揆一所請求的，「爲了福爾摩沙的安全，不但要重建幾座已殘破的要塞，還要增建幾座新要塞」，東印度總督卻以財政拮据爲由來拒絕。

　　1658-59 年，大批漢人逃到台灣避難，並傳來消息說：國姓爺在南京遭韃靼軍隊重創，因而退守廈門，並準備攻打台灣云云。這些消息引起大員漢人社區一片譁然。1660 年，台灣的漢商所輸出的貨物遠多於他們的進口，大員的債務人則盡量延遲還款速度。各種謠言滿天飛。有名望、有錢的漢人前來警告長官：漢人社區對國姓爺即將攻打台灣的傳言感到非常恐慌；有些人已準備要逃亡，他們相信，在台灣原住民舉行地方會議的時候（即將在三月月圓的那一天進行），國姓爺就會率領軍隊和大批戰船進攻台灣。就整體情勢觀之，現在已沒有人會懷疑國姓爺入侵台灣的決心。

　　於是，台灣進入全面警戒。所有要塞都配置了充足的士兵、彈藥和其他軍需品，並通告城堡外圍的住民：國姓爺即將來犯，所有人都要準備抵抗。原住民的地方會議被延到翌年，並下令漢人一律不得進入普羅民遮城。所有漢人長老和若干有名望的漢人都被拘留在熱蘭遮城當人質，以防止他們和敵人串通，也防止他們自立爲領袖，號召手下的商人、農民和其他人發動叛變。台灣當局也關閉對中國的出口貿易，以免商船淪爲敵人戰船，並讓敵人獲悉福爾摩沙的狀況；通令所有穀物必須從各處鄉村運進熱蘭遮城；鄉村所有房子的門窗都被拆下，運到普羅民遮城儲存；許多載運漢人逃跑的小

船都被追捕回來，一些航行於海岸、準備載運逃難者及其財物的小船，也都予以追捕或破壞；並派遣一艘快船攜帶信函到巴達維亞，向總督和評議會報告前述國姓爺準備侵犯台灣的種種傳言，以及台灣當局所做的防衛準備。

1660 年 4 月，多艘帆船從廈門抵達大員，他們證實國姓爺確曾大張旗鼓地準備犯台，但因韃靼人此時對國姓爺的壓迫稍有減緩，且國姓爺也得知台灣全面警戒，並獲悉揆一長官已向巴達維亞請求增援，加上其他緣故，看來國姓爺已改變襲台的計劃，暫時按兵不動，以待更適宜的時機。

由於傳言的國姓爺入侵時刻已過，國姓爺並沒有真的攻來，所以台灣漢人的驚恐心情稍微舒緩下來，情勢再度恢復平靜。原住民也更加確信巴達維亞會派遣強大的援軍前來相助。於是，一切又回歸往日的安寧。漢人農夫被允許回到他們的村落，但對他們的管束比以前嚴格許多。同時，前往中國的通商航道重新開啓，因此彌補了先前因準備防禦所遭受的損失。

巴達維亞總部收到台灣長官的告急信函後，固然贊同台灣當局所採取的抗敵措施，卻很難相信國姓爺有挑戰東印度公司的氣魄。這些高官信心滿滿，認爲單憑東印度公司響亮的名號，就足以遏制任何侵略野心。最後，在揆一的不斷請求下，巴達維亞總部才不情願地派遣一支艦隊來台。這支艦隊由范德蘭 (Jan van der Laan) 指揮，包括十二艘船隻和六百名士兵，打算在國姓爺沒有攻擊台灣的情況下 (很多人認爲國姓爺不敢進攻)，於回程途中奪取葡萄牙人在澳門的城堡，以彌補派出這支艦隊的開銷。

這支艦隊於 1660 年 9 月抵達大員。艦隊司令官范德蘭先前在

印度的其他地方享受過掠奪葡萄牙人財產的樂趣，這種掠奪的美味依舊令他難忘，且葡萄牙人的澳門向以豐饒富裕聞名，因此他一心遠征澳門，完全否認台灣此刻正面臨危險。他將揆一長官所報告的關於國姓爺即將來犯的傳言和確切徵兆，看作毫無根據，跟老太婆在紡車旁所講的饒舌話沒什麼差別。他認為，這些不過是一群骯髒漢人所講的閒言碎語，根本不足探信。他斷定，為防衛台灣所做的努力和花費全無必要；即使出現最壞的情況，國姓爺真的膽敢來犯，以台灣豐沛的資源，要對付他們綽綽有餘，甚至只需動用一半的防禦工事和兵力，就足以擊退那些中國狗 (他這樣形容中國人)，因為他們根本不是士兵，頂多只比娘娘腔強些。但台灣長官和評議會反駁其見解，認為國姓爺來犯的徵兆絕非空穴來風。

最後，台灣當局於 1660 年 10 月召開評議會，針對遠征澳門一事投票表決，結果只有范德蘭和隨他同來的副司令贊成攻擊澳門，揆一長官和其他評議員則一致反對，提議將此事延至明年 2 月，並決定派遣使者拜訪國姓爺，一探虛實。

這位使者到達廈門後，受到國姓爺以禮相待。國姓爺表達了他對東印度公司的極高尊敬和友好，以及雙方進行和談的意願。他也請東印度公司諒解，之所以禁止商船航向台灣，是因為他需要這些船隻來運送軍隊。對談中，荷蘭使者試圖探明國姓爺對於韃靼人的態度，以及當時他在廈門進行的大規模備戰情形。國姓爺不但是英勇的戰士，也是高明的政治家，便以如下數語打斷荷蘭使者的探詢：他不慣於公開揭示自己的計劃，但經常會散布於己有利的風聲。

這名使者回來後，台灣評議會便就遠征澳門一事做出最終決

議。長官和評議員以多數票決議此事須暫緩執行，且將前來的援軍留在台灣，以增強防衛力量；同時加強熱蘭遮城的防禦功能，且不准服役期滿的士兵返回巴達維亞，命令他們留下來再服役一年；1661 年的原住民地方會議再次推遲一年，同時更嚴厲地控管糧食等物資的輸出；島上多處易受攻擊的地區，由於巴達維亞總部不准設防，只好強制撤離當地的漢人百姓。

期待遠征澳門卻落空的范德蘭，對揆一長官的怨恨變得難以遏制。他無所不用其極地傷害揆一，簡直到不消滅誓不甘休的地步。他為了貫徹這一目的，就和一些不滿份子共謀來對付揆一。范德蘭受到推舉，代表這群不滿份子前往巴達維亞報告他們對長官的指控，也受託帶去他們寫給巴達維亞親友的私函。這些信的措詞非常激烈，故意要激起強烈情緒。

范德蘭帶著這些信件和他的軍官，在 1661 年 2 月離開台灣，返回巴達維亞。台灣當局曾請求他留下這些軍官，但未被許可，所以最後只留下一批沒有軍官指揮的士兵。這支救援艦隊的其餘船隻，都被逐一派往印度各處，只留下赫克托號、斯·格拉弗蘭號及小帆船溫克號來防護大員的港口。另外，快艇瑪麗亞號也留下，做為通信船之用。然而，范德蘭前腳剛走，國姓爺後腳就從廈門誓師啟航了。

五、國姓爺全面來襲

國姓爺在和韃靼人作戰多年後，已至存亡絕境，必須尋找一個韃靼勢力所不及的安全處，才能避免被消滅的危機。韃靼人缺乏船

隻，又不具航海知識和技巧，故沒有渡海作戰的能力。台灣看來最符合國姓爺的理想，因為他可以在那裡維持自身的安全與自由。尤其目前又出現一個絕佳的攻擊時機：范德蘭已率領軍官回到巴達維亞，救援艦隊的船隻又被派往不同地方。因此，目前增援的兵力不超過六百人，即使加上原有的駐軍，荷蘭當局還是無力保衛台灣這塊廣闊的殖民地。另一重要因素是，北季風快要停歇，所以台灣若遭攻擊，也幾乎沒有船隻能開往巴達維亞求援。

清初台灣府城圖

現在北季風已經結束，國姓爺抓住這個時機，率領數百艘戰船，在 1661 年 4 月 30 日拂曉現身台灣外海，熱蘭遮城已近在眼前。艦隊上載著約兩萬五千名士兵，這些士兵因長年與韃靼人交戰，深具實戰經驗。國姓爺的主將名叫馬信，精於作戰，是一名倒戈歸降的韃靼人。馬信率領整支艦隊冷不防地進入北方諸小島間的鹿耳門水道。該水道距離熱蘭遮城約一哩，水面頗寬，可容許約二十艘帆船並排通過 (但各船須相互緊靠)。馬信通過水道後，便將旗下諸戰船散布於大員和台灣本島間的台江內海，並開始登陸士兵。數千名島上漢人前來迎接馬信，並用牛車及其他工具協助他們登陸。因此，不到兩個小時，大部分敵軍都進入了荷蘭人的海灣，數千名敵兵已完成登陸，而大批敵船就停泊在熱蘭遮城和普羅民遮城之間。

對於國姓爺軍隊輕而易舉的侵入和登陸，揆一長官和評議會只能瞠目結舌，完全束手無策。因為他們手頭上的有限武力，根本無法抵抗如此龐大的敵軍。熱蘭遮城附近只有一艘領航船，由於吃水太深，無法靠岸；雖還有些漢人船隻，但全都不適合作戰。城堡內約有一千一百人，以及全副武裝者四十人。火藥部分，陸上約有三萬磅，船上也有一些。可是熟練的軍官、能幹的警察、擲彈兵和工兵卻很少，其他種類的軍火和戰爭物資也很有限。明顯地，荷蘭人因兵力不足和船隻短缺，根本無法阻擋敵軍登陸，但他們仍勇敢地決定要竭盡所能，帶給敵人最大的阻礙與創傷。

台灣當局於是展開三路反擊。他們指派兩艘戰船，連同溫克號和瑪麗亞號，前去攻擊敵軍帆船；培德爾上尉 (Pedel) 則自告奮勇，主動進行敵情偵察，參與小規模戰鬥，並率領兩百四十名士

兵前往鹿耳門溝口附近，欲驅逐在該處登陸的敵軍；艾多普上尉 (Aeldorp) 也受命率領兩百名士兵，搭乘領航船，航向普羅民遮城，目的是阻擋敵軍從該處登陸，並保護兩個城堡之間的航道。但這三場戰役 (一場在海上，兩場在陸上) 都沒能成功，荷蘭人無力再阻擋，大批敵軍以決堤之勢開始湧入。揆一長官只能坐困愁城，眼睜睜看著敵人把握良機，輕易地通過鹿耳門灣。

　　侵略者從容地登陸，沒有遭遇任何抵抗，並隨心所欲地到處行動。國姓爺截斷一切海陸交通，同時包圍普羅民遮城，將它與熱蘭遮城相互隔絕，各自孤立。國姓爺也完全控制了鄉村，並禁止台灣原住民與被包圍的荷蘭人聯繫，防止原住民援助這些荷蘭人。國姓爺軍隊在兩萬五千名漢人壯丁的協助下，短短三、四個小時就完成上述所有行動。驚恐絕望的原住民也被迫投降侵略者，並和所有漢人一樣，成為對付荷蘭人的工具。國姓爺在大獲全勝後，趾高氣揚地命令兩個城堡投降，並威脅說：若敢不從，將下令屠城。

　　台灣評議會因此舉行緊急會議，並召集主要軍官和官員參加，會商如何面對此一恥辱的敗戰。最後決定和強大的敵人進行談判，只要國姓爺肯撤離台灣，放棄他所侵略的土地，並同意讓船隻自由航行的話，就願意支付他一筆賠償金；如果國姓爺不接受這項提議，仍堅持原來的要求，那麼荷蘭人就讓出他已實際占領的台灣本島，但條件是准許荷蘭人自由前往大員。他們料想國姓爺應會接受這兩個方案中的一個，以維持和東印度公司的友好關係，因為雙方一旦成為對立仇敵，荷蘭人肯定會在海面上不斷騷擾為難他。評議會也進一步決議，不管和國姓爺交涉的結果為何，絕對要堅守熱蘭遮城，直到流盡最後一滴血。

　　因此荷方派出兩名評議員前往交涉。特使們在 1661 年 5 月 3 日清晨啟程前往台灣本島的赤崁，國姓爺及其全部大軍，當時正駐紮在普羅民遮城附近的曠野。國姓爺雖熟悉戰爭之道，也擁有大批重砲，但這時卻沒有挖掘戰壕，也沒有設立砲台，可見他自信滿滿，認為不必如此麻煩即可攻陷普羅民遮城。國姓爺動用一萬兩千名士兵包圍普羅民遮城，其餘兵力則派往全島各地，降服當地的原住民。大部分原住民眼見自己遭到東印度公司拋棄，便接受了敵人的統治。

　　荷蘭特使到達國姓爺軍營後，由一名軍官把他們帶進一個大帳蓬，在那裡等候國姓爺召見。等待期間，有好幾隊全副武裝的精兵從帳蓬前經過，據這位軍官表示，這只是要去接替衛戍的一小部分士兵。再過一會兒，另一名軍官進來，準備帶領特使們去晉見國姓爺。那名軍官說，待國姓爺梳洗完畢，就會接見他們。在此之前，他先引導這個特使團到他自己的帳蓬。這個帳蓬和前一個帳蓬有點距離，中間隔了一道丘陵，因此視線稍微受到遮蔽。他們到達後，又碰到另一大隊武裝部隊經過，那位軍官說，這支部隊是要派往最近的幾個鄉村。但特使們碰巧發現，在這支部隊當中，有幾張面孔在先前那批準備接替衛戍的士兵中就出現過。因此，特使團猜想這支部隊行經他們面前，其實是一種虛張聲勢的策略，目的是讓國姓爺的軍力看起來比實際的更加壯大。特使們因此示意隨員，要他們在另有部隊行軍經過時，留意是否有剛才出現過的人。不久之後，第三位軍官率領另一支部隊出現，並說這些士兵全是國姓爺的衛士，但荷方人員認出其中幾位已在前次出現過。

　　在這些把戲之後，特使們終於獲准晉見國姓爺。他們進入一個

四面開放的藍色帳蓬，看見國姓爺端坐在一張方桌後的太師椅上，旁邊圍繞著眾大臣，那些大臣穿著長袍，看起來就像教堂裡的執事。國姓爺本人沒配槍，他身旁的大臣們也沒有，僅畢恭畢敬地站在國姓爺兩旁，有如雕像一般。荷蘭評議員們穿過這些手下，來到國姓爺的方桌前，並在行禮如儀後，脫帽站立，遞上委任書。國姓爺說：他為了持續和韃靼人打仗，不得不占領台灣；這個島嶼一向屬於中國，當中國人不需要它時，荷蘭人才被允許暫住於此，現在中國人自己要用了，荷蘭人理應物歸原主。特使們則反駁道：台灣不屬於中國，而是東印度公司所有，因為公司以前和中國大臣訂有正式契約，以撤離澎湖群島來換取台灣，因此國姓爺對台灣既無所有權，也不能提出任何領土主張。雙方經過漫長討論後，國姓爺仍斬釘截鐵地堅持荷蘭人必須放棄整座島嶼，並限荷蘭人在次日清晨八時之前做出決定：是要立刻離開全島，心懷感激地接受他的寬厚條件，或是繼續抵抗交戰下去。如果荷蘭人決定撤離台灣，則升起親王旗；否則就直接掛出血旗，屆時無須派遣任何使者來叨擾他，他拒絕再做談判。

　　特使團在當天下午回到了熱蘭遮城，當著被召集而來的全體官員面前，報告他們的所見所聞。這真是一個艱難的局面。國姓爺軍隊隨時會在大員沙洲登陸，荷蘭守軍不得不長久處於警戒和疲乏的狀態。即使以最樂觀的情況來看，假定國姓爺沒有攻城之舉，僅僅圍城封鎖，那麼不出幾個月，就可讓城堡內鬧饑荒，士兵們不是饑渴而死，就是因糧食不足而虛弱無力。而且，城堡內的飲水係取自水井，又鹹又不衛生，勢必讓情況更加惡劣。這一切困難都經評議會慎重考量，所有出席者都明白，公司的處境相當不利。然而，他

們並未因此而喪志，反而以堅忍和剛毅互勉，期待能及時得到巴達維亞的援救。他們重申先前的決議，要像光榮的勇士般死守熱蘭遮城。他們也認為，應該在隔日將所有熱蘭遮市鎮的居民都遷入城堡內，因為該市鎮三面臨海，完全無法防守。

5 月 4 日，熱蘭遮城高掛一面大血旗，向國姓爺展示荷蘭人將英勇固守城堡的決心。另一方面，國姓爺也沒有閒著，他命令普羅民遮城必須在有利的條件下投降，若膽敢拒絕，逼他把大砲架設在堡壘前方的話，那麼他在奪取這座孤立無援的堡壘的戰鬥中，絕不會展現絲毫的寬赦或憐憫。於是，普羅民遮城地方官法蘭汀 (Valentijn) 在若干無謂的談判之後，獻出了整座堡壘，以及裡頭的全部軍用配備和物資，法蘭汀本人和所有部屬也都成了戰俘。

國姓爺軍隊拿下普羅民遮城後，士氣大振，當晚就渡過台江內海，在大員南邊的角落登陸，此處正是距離熱蘭遮城最遠的地方。數千名鄭軍 (其中有些是騎兵) 開始往城堡逼進，進行偵察工作。荷蘭人派出大員僅有的十或十二名騎兵，連同一些步兵，出城突擊，試圖引誘鄭軍進入步兵所設下的埋伏，但並未成功。

5 月 5 日，大批的鄭軍小船從四面八方朝熱蘭遮市鎮駛來。荷蘭守軍從城堡上猛烈砲轟敵人，但徒勞無功，因為大砲架得太高，打不到底下迅速逼近的敵船。因此，改在熱蘭遮市鎮部署若干火槍兵，由艾多普上尉指揮，準備阻擋敵軍登陸。然而，數量龐大的敵軍同一時間從四面八方湧來，他們根本無從應付，只得退回城堡。他們在撤退前，依照指令在市鎮的四個角落放火，至少讓市鎮內的主要建築著了火，希望將整個市鎮化為灰燼。但敵人卻設法把火撲滅，保全了市鎮。

　　國姓爺軍隊從 5 月 5 日進入市鎮，一直到同月 25 日之前，始終按兵不動。這二十天之中，雙方只有零星交火，鄭軍一心進行大規模的備戰，打算以一場大戰來結束這次戰爭。他們認為，只要在半天之內密集砲擊薄弱的熱蘭遮城城牆，城牆就會出現大缺口，城堡也就門戶大開，難以守備了。鄭軍為了發動這次大戰，事前的準備很快就緒。5 月 24 日，他們將二十八門大砲運進市鎮，並在黃昏後，將大砲架設在平地上，但周圍尚未有防禦工事。5 月 25 日，天還未亮，東方就傳來一陣砲聲怒吼，鄭軍無數的砲彈開始轟擊熱蘭遮城的城牆，荷蘭守軍也立即奔往城堡的胸牆上，打算以真正的荷蘭人氣魄，來回敬中國人的晨間問候。

　　揆一長官忙了一整晚，才剛躺下來休息，這時也被恐怖的轟隆巨響吵醒，於是他立即起身前往城堡的胸牆察看。他老練的眼睛立刻察覺到敵人大砲的弱點：它們全然沒有設防，很容易受到攻擊。他也發現敵軍因砲擊成功而歡天喜地，期待能把城牆打出一個缺口，所以很多敵兵都跑到防禦工事外頭，毫無戒心地暴露在外。於是揆一遏止荷蘭軍士焦躁迫切的情緒，命令他們暫停射擊。他調動了槍砲的位置，使砲火可以交叉射擊，並一一裝上火藥、子彈和大鐵釘，火槍兵則沿著胸牆各就各位。最後，適當時機一到，長官便一聲令下，同時從上下左右各個方向攻擊沒有遮蔽的敵軍。這個命令執行得相當成功，第一次攻擊就讓敵人死傷遍野，也讓敵人得到教訓，不敢再輕率地暴露自身。

　　儘管如此，鄭軍指揮官還是非常頑強，據說他曾以項上人頭向國姓爺保證，第一次攻擊就要攻陷城堡。他兩度在城堡砲火最猛烈的轟擊下，極度急躁魯莽地率領後頭部隊往前衝，接替已陣亡的前

頭部隊，城堡內的荷蘭守軍逮住此一良機，以火槍和大砲猛烈掃射這群愚勇之輩。此役陣亡的鄭軍足足有一千人，傷者更是不計其數。最後，這些莽勇的攻擊者只得慌亂地退入市鎮街巷內，以躲避城堡射來的槍砲。

當鄭軍從市鎮發動上述攻擊之際，另一支約六、七千人的鄭軍也從南面逼近城堡。這支入侵隊伍一進入荷蘭人大砲的射程範圍內，就遭到猛烈轟擊，因而被迫退到沙丘之後，躲避城堡的砲火。他們在那裡靜候著，等待從市鎮發動攻擊的同袍成功擊破城牆，再一齊衝進城堡內。這時，圍城中的荷蘭守軍發覺南邊的鄭軍躲藏在鳳梨園附近(位在連接大員與台灣本島的狹長陸地上)，東邊的鄭軍也躲在市鎮之中，兩者都遮蔽得很好，城堡的槍砲已發揮不了作用。

國姓爺對於此次攻擊失利甚感驚駭，似乎已放棄了強攻猛打，他認為，只要繼續封鎖包圍下去，最終就足以讓荷蘭守軍屈服。因此，自6月1日起，所有通往城堡的街道都築起了防柵，並挖掘一條很寬的壕溝，裡面放置攻城工具和幾門輕砲。從那天開始，一直到巴達維亞的增援艦隊到達為止，雙方都沒有發生什麼重大事件。鄭軍不急著進攻，因為熱蘭遮城已被他們團團包圍，城內孤立無援，根本無力再出擊突圍。他們又占據了美麗肥沃的土地，正好讓漂泊海上多年的士兵，趁機休養生息。

至於前述懷恨離台的范德蘭，當他平安回到巴達維亞後，就對揆一提出嚴厲指控。在此之前，巴達維亞高官們對揆一的印象原本就不佳，因為對揆一懷恨已久的前任台灣長官富爾堡，總是不斷地挑撥離間，誣報揆一的施政作為。現在，這些高官們聽完范德蘭的報告後，對揆一更加不滿。於是，巴達維亞總督和評議會未經進一

步調查，就輕信讒言，認定揆一的危機警告毫無根據，立刻將揆一及其第一、第二副官革職，褫奪他們所有的榮耀和公職，將他們顏面盡失地召回巴達維亞，接受處罰；同時任命檢察官克連克 (Clenk) 爲新任台灣長官，於 1661 年 6 月 21 日啓程赴任。

　　新任長官克連克出發後不久，在上述那場失敗的海戰中脫身的快艇瑪麗亞號也抵達了巴達維亞，帶來中國人率領大軍攻擊台灣的消息。此一消息猶如晴天霹靂，出乎所有人的預料，頓時在巴達維亞造成極大騷動。因此巴達維亞高官們立即召集了十艘戰船，上頭載運七百名士兵，以及若干水手和作戰物資，準備救援大員。但要爲這支迅速成軍的救援艦隊找到一名指揮官，卻不是一件易事。巴達維亞評議員們先前誇口說，自己是勇敢的男子漢，不知懦弱爲何物，時時刻刻都準備爲偉大的東印度公司的利益效命，從不會在生命面臨危險或大砲隆隆的威脅下驚恐、卻步。如今，當公司需要有人出面擔當重任時，所有人卻都開始找藉口推諉：總督年事已高，且身負要責，不能隨便離開巴達維亞；忠良的經理雖是令人尊敬的商務員，卻不諳戰爭之道；勇敢、再怎麼讚揚也不爲過的英雄福拉明格 (Vlamingh) 已在安汶戰役充分證明其氣魄，現在該換其他人出馬了；至於中國通富爾堡，則只會反對一切合理的計劃，卻不擅長解救台灣當前的困境；以及諸如此類的託辭。每個人都想逃避責任，不想被牽扯進戰爭的泥淖。大家都心知肚明：足以保護台灣免於外敵侵略的種種防衛措施，早已被巴達維亞當局貽誤殆盡矣！

　　最後，在重賞引誘之下，他們終於找到一個名叫卡烏 (Caeuw) 的冒險份子，願意接受這項任務。卡烏是巴達維亞城的律師兼司法評議員，口齒極度不清，聲音發自鼻腔，其他人若要聽得懂，幾乎

得靠專人翻譯才行。他自己坦承，除了在萊登學院求學時，經常拿劍刺路上石頭或善良人家的窗戶外，沒有其他的作戰經驗。像這樣的人，竟被荷蘭高官賦予如此艱鉅的任務，期待他從中國人手中救出福爾摩沙。由此可見，巴達維亞當局是如何看待援救大員這件事了。總之，這支急忙從各地湊集而成的救援艦隊，在卡烏的率領下，於 1661 年 7 月 5 日出發了。

新任長官克連克在 7 月 30 日抵達大員海灣。他原以為此地平靜安寧，會興高采烈地掛旗歡迎新長官到任。但他停泊在海灣南端沒多久，就驚駭萬分地發現，海灣北端已被數百艘敵方船艦占領，同時看到熱蘭遮城上正飄揚一面血旗。他意識到台灣的情勢相當嚴峻，因而進退維谷，不知所措。克連克派人上岸通知他的到來，說明此行的身分，但推說因有特殊原因，所以目前尚未登岸。揆一長官數度敦請他的繼任者上岸，以共商局勢，同時交接職務，但克連克卻一再推遲。數天後，由於暴風雨即將逼近，克連克就率隊離開停泊處，航往外海。後來暴風雨不斷，他乾脆藉口船上缺乏飲水和食糧，直接前往日本。從此，大員就沒有再聽過他的消息了。

克連克離開後不久，卡烏所率領的救援艦隊在 8 月 12 日抵達了大員海灣。這支艦隊的到來，讓城堡內的人員欣喜若狂，病床上、城牆後及其他所有人，都把他們視作從天而降的援助，完全出乎意料之外。鄭軍則大為驚訝，他們想不通台灣遭侵犯的消息是如何傳到巴達維亞的，因為北季風早已結束，船隻幾乎不可能航至巴達維亞。當下，他們認定這支艦隊雖然只有十艘船，但至少會載來兩千名士兵。但他們很快就恍然大悟了。原來救援艦隊中的厄克號因暴風雨而觸礁，船上人員全落入鄭軍手中，國姓爺就從這些戰俘

口中逼問出救援艦隊的真正實力，再度鬆了一口氣。

　　由於新來的荷蘭援軍急著要試試敵人的能耐，於是當下做出決議：既有人員應在新加入的援軍及船隻的協助下，將敵軍逐出熱蘭遮市鎮，並摧毀停泊在普羅民遮城附近水道的敵船。這項作戰計劃在 9 月 14 日決定，而於同月 16 日付諸執行。但荷蘭人運氣不佳，碰上了不利的氣候還硬打，結果再度吃下一場敗戰。

　　鑑於城堡裡的荷蘭守軍日趨減少，就計劃將淡水和雞籠兩要塞的駐軍和物資移防到大員，於是派出三條船去執行這個任務。但這三艘船遭遇風暴，最後開到福建沿海，船上的商務員哈梭威爾 (Harthouwer) 被送去福州見靖南王耿繼茂等人，談起鄭成功攻打台灣之事，雙方遂有意合作，水路夾攻鄭成功在台灣及廈門一帶的軍隊。11 月 6 日，揆一長官收到靖南王的來函，提及雙方合作的事宜。11 月 26 日，台灣評議會決定接受靖南王的提議，要求卡烏盡快備妥三艘火力最強、速度最快的帆船，外加兩隻小船，並裝載充足的糧草、彈藥和其他作戰物資，以及最精良的士兵，打算和韃靼人聯合出擊，殲滅國姓爺殘存在中國的勢力。此一計劃決定後，卡烏馬上自告奮勇，請求率軍出征。評議會不疑有他，不知道卡烏正在籌劃邪惡的陰謀，立即同意他的請求。於是，卡烏在 12 月 3 日從大員出發，並帶上東印度公司給靖南王的信函和禮品。

　　但卡烏卻無視自己的使命，一駛到寬闊海面，發現天氣稍有轉變，就下令船隊直航澎湖群島，並在停泊數天後，直接航向巴達維亞。臨陣脫逃的卡烏抵達巴達維亞後，對於台灣的情況和自己在海上漂流的過程，做了荒誕不實的報告。這些謊言之後被戳破，被圍困在大員的人對他提出嚴厲的指控，因此檢察官奉命將他起訴。但

法院審查的結果，卡烏卻只被處以小額罰鍰及停職六個月的處分；停職期滿後，東印度總督和評議會不但立刻恢復卡烏原先的榮譽和職位，還賞給他更多的恩惠與榮耀。

卡烏落跑的消息傳回大員後，所有被圍者莫不萬分驚愕和沮喪，不只因為他們失去了食物、軍需品和最精良的士兵，更因為卡烏這般卑鄙無恥的逃逸，讓他們原本所期待的，可以經由殲滅國姓爺在中國的勢力，以化解城堡遭圍的期望，也全都落了空。大家都認為，現在只好任憑異教徒敵人宰割了。於是開始有些士兵投奔敵陣。一位很有實戰經驗的中士羅狄斯 (Radis) ，在 12 月 16 日叛逃，將圍城內的詳情一一提供給國姓爺，並指引國姓爺務必先奪取烏特勒支碉堡，指出一旦該碉堡淪陷，熱蘭遮城就難保了。

國姓爺聽從了這項建議，便在 1662 年 1 月間，將在台所有軍力集結於大員沙洲。該處本來就有充足的戰爭物資和大砲，如今國姓爺遵照這位新軍師的建言，又增建了三座新砲台，一座在烏特勒支碉堡的南邊，兩座在烏特勒支碉堡的東邊，並架設了二十八門大砲，同時也挖掘許多戰壕來強化，並採取許多防禦措施，以防備城堡大砲的轟擊，以及被圍者任何可能的突擊。

1 月 25 日清晨，鄭軍開始從東、南兩面砲擊烏特勒支碉堡。在數小時的砲擊後，鄭軍連續兩次試圖衝入烏特勒支碉堡南側被轟出的缺口，但均遭荷蘭守軍擊退，傷亡相當慘重。他們為了避免犧牲過多，又重新恢復砲擊，烏特勒支碉堡嚴重受損。當晚，烏特勒支碉堡幾乎片瓦無存，變成一片廢墟。碉堡內的守軍已瀕臨生死關頭，唯剩奔入城堡避難一途。但他們在逃離之前，先破壞掉未遭損壞的大砲，再將地窖裡的四大桶炸藥裝上引信。不久，烏特勒支碉

堡爆炸了，幾個為了強化陣地而駐紮在此的鄭兵也隨之喪命。事後得知，烏特勒支碉堡爆炸前，國姓爺本來想親自前往視察，但因前述那位叛逃中士的勸阻才作罷。

鄭軍因順利攻下烏特勒支碉堡而大受鼓舞，遂採取更多行動。他們開始在山丘上挖掘戰壕，準備要建造一座大砲台，也用不計其數的堡籃堆疊成許多戰壕，不斷地往熱蘭遮城推進。荷蘭守軍為阻止敵人的行動，徹夜以大砲、迫擊砲、火槍和手榴彈攻擊，導致城堡煙霧瀰漫，火花四射，有如著了火似的。當晚荷蘭守軍也進行多項防禦工事，以提高禦敵能力，防備敵人隨時可能再起的攻勢。

在此同時，台灣評議會再次召開隆重的祕密會議，所有商務員和士官都受邀參加。大家分析了敵我情勢後，認定荷蘭守軍只剩下三條路可走：或是英勇地向敵人發動一場全面攻擊、或是等待敵人即將發動的猛攻、或是爭取在最有利的條件下投降。大家否決了全面突擊一案，因為這樣做看來沒什麼好處，尤其是守軍近來已損失慘重，且敵人現在又確立了堅強的陣地。揆一長官則主張耐心靜候敵軍的一兩次攻擊，並承諾身先士卒，以鼓舞士兵和人民。但評議會認為，士兵經過長期的守望，已完全筋疲力竭，無法再支撐下去，且他們的鬥志日漸低落，對敵人已生怯意，根本不情願再坐候敵軍來攻。最終，長官同意評議會幾乎全體一致的意見，決定由評議會同國姓爺進行談判，在公平合理的條件下獻出城堡。雙方經過五、六天的會商談判後，最後簽訂十八條降約，荷蘭人在台灣的38 年統治也隨之告終。

六、小結

　　透過揆一這份精采的答辯書，我們對 1660 年代在台灣島上所爆發的那場震驚東西的歷史大戰有了第一手的認識，也驚嘆揆一的描述是多麼栩栩如生，當時的情景彷彿重現眼前：荷蘭殖民當局費心籌謀，試圖保住他們視作金雞母的台灣，但遠方的巴達維亞總部卻錯估形勢，打錯算盤，最終喪失掉台灣；國姓爺在情勢所迫下，不得不攻佔台灣，面對不可小覷的荷蘭守軍，以孤臣孽子自居的國姓爺，也展現出兵不厭詐的政治手腕及殺雞儆猴的凶殘面目；兵荒馬亂下，富裕、有名望的漢人移民各自選邊站，有人向荷蘭長官密告，有人對國姓爺通風報信，沒錢沒勢的漢人移民則隨風飄蕩，或是逃回中國，或是留下來拚命保全畢生心血；原住民則在威脅利誘下，淪為島上強權的馬前卒，有時幫荷蘭人鎮壓漢人起義，有時替漢人攻打落難的荷蘭人，台灣最初主人的地位與尊嚴蕩然無存。

　　揆一的這本大作，記錄了台灣脫離西方商業殖民勢力掌握，被捲入中國內戰漩渦的歷史轉捩點，如今再回首這場戰役，我們不在意當時中國與西方孰強孰弱，也不關心中國內戰群雄的是非對錯，而是深刻體悟到當中怵目驚心的歷史教訓：外來侵略者總會以甜言蜜語來掩飾其備戰行動，「捕鳥人在誘捕小鳥時，會吹出溫柔的簫聲」。對當前台灣島上住民來說，這一教訓應猶未過時吧！

【附錄二】延伸閱讀書目

C.E.S. (著)、周學普 (譯),〈被遺誤的台灣〉,收於周學普譯、台灣銀行經濟研究室編,《台灣經濟史三集》,台灣文獻叢刊第34種 (台北:台銀經研室,1956)。

Campbell, William (英譯)、李雄揮 (漢譯),《荷據下的福爾摩莎》(台北:前衛,2003)。

Herport, Albrecht (著)、周學普 (譯),〈台灣旅行記〉,收於周學普譯、台灣銀行經濟研究室編,《台灣經濟史三集》,台灣文獻叢刊第34種 (台北:台銀經研室,1956)。

Riess, Ludwig (著)、周學普 (譯),〈台灣島史〉,收於周學普譯、台灣銀行經濟研究室編,《台灣經濟史三集》,台灣文獻叢刊第34種 (台北:台銀經研室,1956)。

Zandvlet, Kees (舟福立) (著)、江樹生 (譯),《十七世紀荷蘭人繪製的台灣老地圖》,上、下二冊 (台北:漢聲雜誌社,1997)。

江樹生 (譯註),《熱蘭遮城日誌》,第一冊:1629-1641 (台南:台南市政府,2000)。

江樹生 (譯註),《熱蘭遮城日誌》,第二冊:1641-1648 (台南:台南市政府,2000)。

江樹生 (譯註),《熱蘭遮城日誌》,第三冊:1648-1655 (台南:台南市政府,2000)。

村上直次郎 (日譯)、郭輝 (漢譯),《巴達維亞城日記》,一至三冊 (台中:台灣省文獻會,1970)。

阮旻錫,《海上見聞錄》(台北:南天,1995)。

程紹剛 (譯註),《荷蘭人在福爾摩沙》(台北:聯經,2000)。

黃永松 (總策劃)、廖雪芳 (主編),《梅氏日記:荷蘭土地測量師看鄭成功》(台北:漢聲雜誌社,2003)。

楊英,《從征實錄》,台灣文獻叢刊第32種 (台北:台銀經研室,1958)。

董天工,《台海見聞錄》,台灣文獻叢刊129種 (台北:台銀經研室,1961)。

歐陽泰 (Andrade, Tonio) (著)、鄭維中 (譯),《福爾摩沙如何變成台灣府?》(台北:遠流,2007)。

鄭維中,《製作福爾摩沙》(台北:如果,2006)。

福爾摩沙
紀事

From Far Formosa

馬偕台灣回憶錄

一位改變台灣歷史的宣教英雄，一部影響台灣深遠的不朽傳記

馬偕博士 原著

林晚生 翻譯
台灣神學院之教會歷史學
鄭仰恩 教授 校注

19世紀台灣的
風土人情重現

百年前傳奇宣教英雄眼中的台灣

前衛出版
AVANGUARD

台灣經典寶庫
譯自1895年馬偕 著《From Far Formosa》

甘為霖牧師 原著

素描 福爾摩沙

Eslite
Recommends

誠品選書 | 2009.OCT 二〇〇九‧十月

Wm Campbell

一位與馬偕齊名的宣教英雄，

一個卸下尊貴蘇格蘭人和「白領教士」身分的「紅毛番」

一本近身接觸的台灣漢人社會和內山原民地界的真實紀事⋯⋯

譯自《*Sketches From Formosa*》(1915)

原來古早台灣是這款形！
百餘幀台灣老照片
帶你貼近歷史、回味歷史、感覺歷史⋯⋯

前衛出版
AVANGUARD

誠品書店
www.eslite.com

台灣經典寶庫4

封藏百餘年文獻
重現台灣

Formosa and Its Inhabitants

密西根大學教授
J. B. Steere（史蒂瑞） 原著
美麗島受刑人 **林弘宣** 譯
中研院院士 **李壬癸** 校註

2009.12 前衛出版　312頁　定價 300元

本書以其翔實記錄，有助於我們瞭
解19世紀下半、日本人治台之前台灣島
民的實際狀況，對於台灣的史學、人類學、博物
學都有很高的參考價值。

——中研院院士 **李壬癸**

◎本書英文原稿於1878年即已完成，卻一直被封存在密西根大學的博物館，直
到最近，才被密大教授和中研院院士李壬癸挖掘出來。本書是首度問世的漢譯
本，特請李壬癸院士親自校註，並搜羅近百張反映當時台灣狀況的珍貴相片及
版畫，具有相當高的可讀性。

◎1873年，Steere親身踏查台灣，走訪各地平埔族、福佬人、客家人及部分高山
族，以生動趣味的筆調，記述19世紀下半的台灣原貌，及史上西洋人在台灣的
探險紀事，為後世留下這部不朽的珍貴經典。

Pioneering in Formosa

歷險
福爾摩沙

台灣經典寶庫5

W. A. Pickering
（必麒麟）原著

陳逸君 譯述 ｜ 劉還月 導讀

19世紀最著名的「台灣通」
野蠻、危險又生氣勃勃的福爾摩沙

Recollections of Adventures among Mandarins,
Wreckers, & Head-hunting Savages

前衛出版
AVANGUARD

林野文《二十年台商一場夢》

綠色和平電台 強力放送
台商受害申訴協會理事長 高雄邦 強力推薦

書號：NC70 定價：220 作者：林

台灣生意人拾著小公事包全球走闖的故事，全世界知名。有謂是：只要有錢賺的地方，就有台灣生意人的足跡，誠非虛言。但曾幾何時，台商轉向錢進中國，一窩蜂都往中國讚的熱潮，沛然莫之能禦，彷若中國是新興賺錢天堂，演變至今，中國台商已是台灣社會的一種新潮流，大大動搖了台灣國本，成為台灣致命緊箍咒了。

其實小企業台商投資中國，九虧一盈已是不爭的事實，最後死得不明不白者有之，脫褲走未離者有之，淪為暗巷乞丐者也大有人在，只是大家都心照不宣罷了。

本書以早期台商王晉杰的20年中國投資經緯為主軸，細述中國設廠契機，經營運作過程危機四伏，最後前功盡棄，僅以身倖免而亡台的實際境遇，可謂血淚斑斑，表面看雖是滄海一粟，骨子裡卻是芸芸眾台商普遍遭遇的切身苦痛，尤其揭露台商與在地中國人過招，往往是真小人明槍之戰，而假台灣人吃台商卻是偽君子暗箭難防，鬥爭詐，人性險惡也不輸中國人，足可讓有識者引以為鑑，奇語正派進出的台商們，危邦既入，就請善自珍重了。

陳奕齊《看！中國熱？！》

書號：NC65 定價：350 作者：陳

這不是另一本「華綺論」，但必定可以讓你多知道一些中國國力新擴張主義的意圖、中國人心裡到底在想什麼，及其群體效應的滲透流。

在「東北下崗，歐洲上崗」中，你依舊看得到中國政府管控社會的能力，卻不得不搖頭「安定」的代價，竟是大批東北男女淪為歐洲陰暗角落的黑工與私娼。

「鬥牛士的怒火」一篇，肯定讓你同意「溫州發展模式」的商業威力，但中國移民在西班牙的惡性競爭，對當地社會文化的嚴重破壞，以及門牛士火燒華府城的報復回應，可能是你前所未聞的了。

「被中國「熱到」的比利時巧克力」所描繪的，誠然是廣為歌頌的中國

遊客的強大消費力，但目睹比利時人引以為傲的「巧克力聖地」遭國導遊、遊客、商家合力狙擊的悲慘過程，應該會讓你無法忘懷中國時刻想要欺壓控制台灣，但「「阿六仔」在高雄」卻展演了姑娘時刻被台灣男人控制欺壓的運作實況，你照樣會同意中國愈強大，但可能開始反思中國人命運的悲哀。

透過全書29篇案例，作者以「冷眼趴熱情」的左派觀點，帶領讀者受一下「中國崛起」的況味，以及世界各地傳統社會文化因之質變事實。這本書可能遠不想熱愛蔓延的「中國熱」，但或許可以讓你清楚其背後隱藏的真實，當你不幸身陷其境。本書已悄悄告訴你，「危險，跳走」！

姚嘉文《台灣建國論》

書號：NC67 定價：200 作者：姚

世上各洲大陸附近的較大島嶼，總是與各洲大陸間存在複雜的歷史糾葛，例如北美洲大陸東南的「古巴」、南美洲大陸東南的「福克蘭群島」、非洲大陸東南的「馬達加斯加」、印度次大陸東南的「錫蘭」，以及澳洲大陸東南的「紐西蘭」等。遠些海島，雖然位於大陸的邊緣，即使有大量非來自大陸的移民，其命運卻是屬於海洋，注定要發展出與大陸不同的文化與社會。這點，完全適用於亞洲大陸東南的台灣。

本書站在全球地緣政治的高度，精要地敘述歷代各國分合的歷史演變，然後以此為架構，析論近百年來「台灣獨立建國運動」的各種理論、組織與活動，從日治時代最初的「六三法案撤廢運動」、林獻堂的「台灣議會設

置運動」、蔣渭水的「台灣民眾黨」，到戰後廖文毅的「台灣共和臨時政府」、海外的「台灣獨立聯盟」及島內的「民主進步黨」等說明這些運動團體如何在當時的國際情勢及島內生態下進行政治思後續接棒者又如何一步步朝更切合台灣人利益的方向修正改進。

釋迦牟尼說，只要一個國家的人民團結，經常舉行國會，沒有專制公平的法律，允許信仰自由，又尊重婦女、敬老愛賢，那麼，他們法被征服的。釋迦的智慧，恰與本書的結論若合符節：以台灣的地置、當前國際形勢的發展，只要我們循著正確的理論行動，台灣建定成功！

蔡百銓《南島民族與國家：台灣篇‧太平洋篇》

書號：NC69 定價：420 作者：蔡

「美麗之島、婆娑之洋」，連雅堂早就預告，台灣是個太平洋群國度。太平洋島民老祖宗來自台灣，睽違數千年，他們的文化展現不同風華。

本書就像一艘獨木舟，載著您闖入太平洋美麗新世界，處處充滿驚艷！數千年前南島民族祖先，究竟為何與如何征服廣袤的太平洋？太平洋原住民來自東南亞嗎？太平鼠ից不是。平埔族群已從人間蒸發了嗎？他們被推出賣了？凱達格蘭族曾是縱橫西太平洋的海盜，經常近百名武士合力操駕一艘雙體獨木舟，就像要濟武士一樣。

雅浦帝國石幣，真的能買東西嗎？吉里巴斯最高處，高出海平面兩公尺？諾魯在磷酸礦採光後，要如何維生？鸕鶿計畫得到報酬嗎？毛伊神向天神偷火，因而使人類永生，卻被女死神夾死在陰道裡。夏威夷人是台灣人

雙胞胎？夏威夷快樂國王曾經想與日本天皇結為親家。復活節島石像傾頹，預示人類命運？萬那杜坦那島船貨運動，升起美國國旗等待約翰弗洛姆攜帶財物復臨。

大溪地女孩BPP，激發叛艦喋血記，叛兵落腳在皮特肯島！索羅門島族群衝突，能夠找到真相、達成轉型正義嗎？美國橫掃島嶼防線中國推出內海戰略，台灣如何求生存？想要觀賞大溪地草裙舞與其島嶼文化嗎？請參本書指引【YouTube觀賞】的技巧，就可在家裡徜太平洋。太平洋與南島研究乃是作者蔡百銓全球研究的一環。他基「營造具有世界風貌的台灣文化」理想，矢志把全球文化帶來台灣

戴天昭《台灣 法律地位的歷史考察》

超商界熾烈趣動「陽唱均衡‧遊戲」的問題核心！究明台灣島法律地位根低的歷史考察！
因與中國大陸糾葛不清而苦惱不馳的美麗島！戴天昭博士畢生決定稿

書號：J175 定價：900 作者：戴天昭 譯者：李

本書：《台灣法律地位的歷史考察》，是如謎樣隱遁山林，又如不死鳥般重出江湖的戴天昭博士的畢生學問決定稿。

聯貫著者前書《台灣國際政治史》，本書將焦點置於國際法上的「台灣法律地位」的歷史考察，重新予以建構，並針對二戰有關台灣地位問題的國內及國際情勢，詳盡敘述其迂迴曲折的激烈變化。尤其自2000年台灣政權轉移，陳水扁全民政府上台以來，台灣不僅有內部綠藍政權的基本態勢，變成以美、中、日為主的相關大國之間的多邊角力，誠屬錯綜複雜又詭譎微妙。

台灣原本就是個美麗、傲岸的存在，卻因與中國的歷史糾葛、列強現實羈絆，淪為東西方恐怖平衡的棋子籌碼，使台灣陷入苦惱、豐的境地。這懸宕未決的台灣歸屬問題，其法律地位究竟何屬？事已收關國際政治與台灣自身未來運命的「公案」，如何破解？這本揉見日、抽絲剝繭的體系性鉅著，非但涵蓋著者無限苦心、苦情之作，同時也充分流露著者的學術良心的自負與自信，正是學界、政界知識界探究台灣問題不可或缺的基本文獻之一。

國家圖書館出版品預行編目資料

被遺誤的台灣：荷鄭台江決戰始末記／揆一(C.E.S.)
原著；林野文譯. -- 初版-- 臺北市：前衛，2011.12
272面；17×23公分
ISBN 978-957-801-677-4（平裝）

1.(明)鄭成功　2.荷據時期　3.台灣史

733.25　　　　　　　　　　　　100020886

被遺誤的台灣

荷文原著　C. E. S.
英　　譯　William Campbell
漢　　譯　林野文
責任編輯　周俊男
美術編輯　Nico
出 版 者　前衛出版社
　　　　　10468台北市中山區農安街153號4樓之3
　　　　　Tel：02-2586-5708　Fax：02-2586-3758
　　　　　郵撥帳號：05625551
　　　　　e-mail：a4791@ms15.hinet.net
　　　　　http://www.avanguard.com.tw
出版總監　林文欽
法律顧問　陽光百合律師事務所
出版日期　2011年12月初版第一刷
　　　　　2023年2月初版第六刷
總 經 銷　紅螞蟻圖書有限公司
　　　　　台北市內湖區舊宗路二段121巷19號
　　　　　Tel：02-2795-3656　Fax：02-2795-4100
定　　價　新台幣300元
©Avanguard Publishing House 2011
Printed in Taiwan　ISBN 978-957-801-677-4

＊「前衛本土網」http://www.avanguard.com.tw
＊請上「前衛出版社」臉書專頁按讚，獲得更多書籍、活動資訊
　　http://www.facebook.com/AVANGUARDTaiwan